2026

대표유형+실전문제

2026

공군부사관 대표유형+실전문제

인쇄일 2026년 1월 1일 5판 1쇄 인쇄	**발행처** 시스컴 출판사
발행일 2026년 5월 5일 5판 1쇄 발행	**발행인** 송인식
등 록 제17-269호	**지은이** 정윤성
판 권 시스컴2026	

ISBN 979-11-6941-768-6 13320
정 가 17,000원

주소 서울시 금천구 가산디지털1로 225, 514호(가산포휴) | **홈페이지** www.nadoogong.com
E-mail siscombooks@naver.com | **전화** 02)866-9311 | **Fax** 02)866-9312

부사관은 장교와 사병 사이에서 징검다리 역할을 수행하는 하사, 중사, 상사, 원사 계급의 군의 최일선 초급 간부로서, 육군, 해군(해병대), 공군에서 활동하며 업무영역도 분야별로 전문화되어 있습니다. 각급 제대의 지휘관을 보좌하고 사병의 업무를 감독·지시·통제하며, 분대 또는 소대와 같은 규모의 집단을 지휘하거나 전투 기본교육, 보급·정비, 행정, 부대관리 등의 기술과 숙련을 요하는 분야에서 임무를 수행합니다.

부사관에 임관되면 국가공무원으로서 다양한 혜택을 누리며 안정적인 생활의 영위가 가능합니다. 다양한 복지 혜택, 안정된 임금 등 단기 복무만으로도 충분한 자금 조성이 가능할 뿐만 아니라 20년 이상 장기 복무를 하게 되면 자녀들의 교육비 지원, 전역 후 연금수혜 등 다양한 혜택을 누릴 수 있기 때문에 평생직장으로 삼기에도 아주 매력적입니다.

부사관 시험은 고등학교 졸업 수준의 평이한 난이도로 출제되지만, 절대평가가 아닌 상대평가이기 때문에 최대한 좋은 성적을 거둬야만 필기시험을 통과할 수 있습니다. 시험을 보는 영역에 대한 다양한 유형 파악과 그에 따른 문제 학습이 필요합니다.

본 교재는 수험생이 최단기간 내에 좋은 성과를 얻을 수 있도록 효율적인 학습 방향을 제시하고 있습니다. 부사관 출제수준에 맞추어 영역별로 적중률이 높은 예상문제를 수록해 수험생이 실제 시험에서도 당황하지 않고 문제풀이를 할 수 있도록 구성, 부사관 시험을 대비하기 위한 핵심이론도 함께 정리해 놓았습니다.
  - 시험정부를 한눈에 파악할 수 있도록 구성
  - 가 영여별 출제유형 반영을 반영히어 적중예상문제 구성
  - 실전모의고사 2회 수록, 상세한 해설로 단기간에 학습이 가능하도록 구성

무한한 가능성을 가진 부사관에 도전함으로써 여러분의 꿈을 이루기 바라며 이 책이 든든한 동반자가 되었으면 합니다.

육군 부사관

○ 육군 부사관의 종류

학군부사관후보생(RNTC), 민간부사관(남군 · 여군), 군 가산복무 지원금 지급대상자(부사관), 임관시 장기
복무 부사관, 예비역의 현역 재임용(부사관), 현역부사관, 임기제부사관, 특전부사관

※ 분야별 모집요강은 육군 홈페이지 참조

○ 육군 부사관이 되는 방법

구분	세부내용
현역에서 지원	– 고졸 이상 / 현역 일병~병장(장려금 지급) – 양성교육 : 부사관학교 16주
예비역에서 지원	– 예비역은 의무복무기간에 따라 1~3세(임관일 기준 만 28~30세)지원 연령 연장 – 예비역 병장 출신자로(전역 2년 이내 입영시) 지원 후 하사로 임관시 지원 장려수당 지급 – 양성교육 : 하사 이상 예비역(부사관 학교 16주), 중사 이상 예비역(부사관 학교 3주)
민간인에서 지원	– 고졸이상 / 임관일 기준 만 18~27세 이하 남 · 여 　※ 중학교 졸업자는 국가기술자격법에 따른 자격증 소지자에 한 함 – 양성교육 : 21주(육군훈련소 5주 + 부사관학교 16주)
군 가산복무지원금 지급대상자(부사관)	– 전문대 이상 대학(원), 　※ 2학년 재학생(단, 3년제 학교는 3학년 재학생), 4년제 대학은 4학년 재학생, 대학원은 2 　　학년 재학생) 　※ 장학금 지급(1개 학년 분) – 전문의무 부사관 : 3년제 의무보건계열 대학(교) 임상병리과, 방사선과, 치위생과 2학년 재 　학생 　※ 장학금 지급(2개 학년 분) – 전투 부사관 : 협약 전투부사관학과 1학년 재학생(남) 　※ 장학금 지급(2개 학년 분) – 양성교육 : 21주(육군훈련소 5주+부사관학교 16주)
임기제부사관에서 부사관 지원	– 임기제부사관으로 6개월 이상 복무 후 단기하사 전환 지원 가능

※ 의무복무기간 : 임관 후 4년

※ 군 가산복무지원금 지급대상자(부사관) : 의무복무 4년 + 장학금 수혜기간(1~2년)

※ 복무연장 또는 장기복무 지원 기회 부여

○ 복무기간

- 단기복무 : 임관 후 4년
- 장기복무 : 7년 이상 복무(단기복무 + 3년)
- 진급(계급별 최저 복무기간)

계급	하사→중사	중사→상사	상사→원사
최저복무기간	하사로서 2년	중사로서 5년	상사로서 7년

※ 근속진급 : 중사(하사로서 6년 이상), 상사(중사로서 12년 이상)

- 전역 : 규정에 의한 정년 도달시 전역

계급	하사	중사	상사	원사
연령	40세	45세	53세	55세

○ 시험전형

- 평가 시간 및 과목

교시	평가 시간	평가 과목
1	09:00〜10:25 / 85분	지적능력평가 (공간능력, 지각속도, 언어논리, 자료해석)
2	10:40〜11:40 / 60분	상황판단 검사/직무성격 검사
3	12:00〜12:50 / 50분	인성검사

- 과목별 문항 수

구분	계	지적능력				상황판단 / 직무성격		인성 검사
		공간 능력	지각 속도	언어 논리	자료 해석	상황판단 검사	직무성격 검사	
문항	626	18	30	25	20	15	180	338

○ 대우 및 혜택

- 장기복무 선발시 전문 직업군인으로 안정된 직업
  - 장기복무 기회 부여 및 장기복무자로 임명 시 상위 계급 진출
  - 군 복무 20년 이상 경과시 연금 수혜

- 초급 지휘자로서 부하를 지휘 통솔할 수 있음
  - 군복무 후 취업 시 리더십 능력을 평가, 우대 선발

- 미혼자, 기혼자에게 숙소 제공
  - 미혼자 : 독신간부숙소 제공
  - 기혼자 : 부양 가족수를 고려한 관사, APT 제공
  ※ 장기복무자에게는 대도시권 내 군인공제회 분양 APT 입주 우선권 부여

- 연간 휴가 보장, 여가시간 보장
  - 연간 21일 휴가 보장, 주 5일제 근무제 시행
  - 여가시간 보장으로 개인 능력계발 가능
  - 취미생활, 학업, 레저생활 가능
  ※ 저렴한 비용으로 군 체력단련장 이용 가능

- 장기복무 부사관에게 폭넓은 복지혜택 부여
  - 자녀 학비지원 및 별거 학업중인 자녀 기숙사 지원, 대학 특례입학 기회 부여
  ※ 군 기숙사 : 영등포, 송파, 의정부, 화성, 춘천, 원주, 계룡, 대전, 광주, 대구, 부산
  - 의료보험 혜택, 군 복지시설 이용
  - 휴양시설 및 체력단련장을 저렴한 비용으로 이용 가능 등

○ 국사시험 -> 한국사능력검정시험으로 대체

- 유효기간: 서류접수 마감일 기준 4년 이내
- 배점

구분	심화 등급			기본 등급		
	1급	2급	3급	4급	5급	6급
장교	각 선발 과정별			배점의	배점의	배점의
준, 부사관	국사시험 배점의 만점			90%	80%	70%

○ 해군 부사관의 종류

기술계열부사관, 군악부사관, 특전부사관, 심해잠수부사관, 학군부사관(RNTC)

※ 분야별 모집요강은 해군 홈페이지 참조

○ 해군 부사관이 되는 방법

지원대상	민간인	현역병	군 전문대장학생
지원자격	고졸이상 학력소지자로서 임관일 기준 만18~27세인 자	임관일 기준 만 27세를 초과하지 않는 자로 대령급 부대장의 추천을 받은 자 ※ 타군의 경우 참모총장	전문/기능대학 이상의 대학의 최종학년 재학생
교육기간	11주	11주	11주(졸업 후 입대)
복무기간	임관 후 4년	임관 후 4년	임관 후 4년+장학금 수혜기간 ※ 재학시 등록금 전액지원
모집시기	연 3~4회	민간모집 시 지원	연 1회(4~5월)

○ 지원자격(RNTC 공통)

- 임관일을 기준하여 만 18세 이상 27세 이하의 대한민국 남자 및 여자(단, 임신 중인 자 제외)

  ※ 단, 예비역의 경우 현역으로 복무한 기간에 따라 30세까지 지원가능(전역증 사본 구비시)

  − 2년 이상 복무 후 전역한 제대군인 : 30세까지

  − 1년 이상 ~2년 미만 복무 후 전역한 제대군인 : 29세까지

  − 1년 미만 복무 후 전역한 제대군인 : 28세까지

- 학력 : 고등학교 졸업자 또는 동등 이상의 학력을 가진 자
- 신체 : 신체 등급 3급 이상, 신장 · 체중비에 관한 등급 3급 이상
- 현역병의 경우 소속 지휘관의 추천을 받은 자

  − 해군/해병대 : 영관급 이상 지휘관

  − 육군/공군 : 해당 군 참모총장

- 군인사법 제10조 2항의 임용결격사유가 없는 자

○ 시험전형

- 과목 : KIDA 간부선발도구, 한국사능력검정시험
- 평가요소 및 배점

평가 항목	계	KIDA 간부선발도구							한국사 능력검정 시험
		소계	언어 논리	자료 해석	지각 속도	공간 능력	상황 판단	직무 성격	
배점	130	100	35	35	10	10	10	면접 참고	30

※ 한국사 시험 → 한국사능력검정시험으로 대체

※ 영어 시험 폐지 → 공인영어성적(TOEIC/TOEFL/TEPS) 가산점 유지

○ 영어 관련 가산점(2~20점)

- 공인영어성적 유효기간: 2년 이내
- 공인영어성적 배점

구분	20점	10점	5점	2점
TOEIC	810 이상	730~805	630~725	500~625
TOEFL	93 이상	83~92	72~82	56~71
TEPS	315 이상	277~313	237~276	196~236

○ 한국사능력검정시험 인증제

- 한국사능력검정시험 인증 유효기간: 3년 이내
- 한국사능력검정시험 급수별 배점

구분	점수반영 비율	소계	소계
1~3급	100%	30점	심화 과정
4급	90%	27점	기본 과정
5급	85%	25.5점	
6급	80%	24점	
미제출	0%	0점	지원 가능

○ 공군 부사관이 되는 방법

구분	내용
항공과학고등학교	우수 공군 부사관의 정규 양성기관인 공군항공과학고등학교에서 3년간 군사교육 후 장기복무 부사관으로 임관하는 제도
학군부사관후보생(RNTC)	문무를 겸비한 우수 부사관 양성을 위하여 학군단이 설치된 전문대학교 재학생을 선발하여 졸업과 동시에 부사관으로 임관하는 제도
부사관후보생	다양한 전공분야의 전문지식을 갖춘 부사관 획득을 위하여 고등학교 졸업 후 일정 기간의 군사교육을 이수한 후 부사관으로 임관하는 제도

※ 분야별 모집요강은 공군 홈페이지 참조

○ 지원자격(RNTC 공통)

- 임관일 기준 만 18세 이상, 27세 이하인 대한민국 남, 여
  - 군 복무 미필자 : 만 27세까지
  - 1년 미만 군 복무자 : 만 28세까지
  - 1년 이상~2년 미만 군 복무자 : 만 29세까지
  - 2년 이상 군 복무자 : 만 30세까지
- 고등학교 이상의 학교를 졸업한 사람 또는 이와 같은 수준 이상의 학력을 가진 사람(임관일 이전 졸업 예정자 포함)
- 중학교 이상의 학교를 졸업한 사람으로서 「국가기술자격법」에 따른 자격증 소지자
- 입영일 기준 병장, 상등병, 또는 일등병으로서 입대 후 5개월 이상 복무중인 사람
- 별도의 지원자격을 명시한 전형(특별전형 등)은 해당 기준을 충족하는 자
- 사상이 건전하고 품행이 단정하며 체력이 강건한 사람

○ 시험과목·배점 및 시간표

구분	KIDA 간부선발도구								한국사 능력검정시험	총계
	1교시(13:30~14:55)					2교시(15:10~16:13)			인증서 등급별 점수	
	언어 논리	자료 해석	공간 능력	지각 속도	소계	상황 판단	직무 성격	소계		
문항수(개)	25	20	18	30	93	15	180	195	1급~4급	313
배점(점)	30	30	10	10	80	20	면접자료	20	50점~42점	150

○ 한국사 과목 면제 기준

• 「한국사능력검정」 인증서 보유 시 한국사 과목 면제(필기시험 중복응시 가능)

등급	4급	3급	2급	1급
점수	42점	45점	47점	50점

- 지원서에 한국사능력검정 성적 입력 시 각 등급에 해당하는 점수 부여
- 지원서 접수 마감일 기준 5년 이내 성적 유효(구비서류 우편 제출 시 성적표와 함께 제출)

○ 영어 가점 제도(10점)

• 공인영어성적(TOEIC): 470점 이상 구간별 차등 부여

• 공인영어성적 인정 유효기간: 5년 이내

• 공인영어성적 가점 반영 기준

점수	470~ 509	510~ 549	550~ 589	590~ 629	630~ 669	670~ 709	710~ 749	750~ 789	790~ 829	830 이상
가점	1점	2점	3점	4점	5점	6점	7점	8점	9점	10점

○ 신체검사(공통)

군 병원 검사 –> 군 병원 또는 국공립 병원, 민간 종합병원의 신체검사 결과 인정

○ 교육

- **기본군사훈련**
  - 기간 : 입영 후 12주(입영전형 1주 포함)
  - 교육내용 : 행군, 사격, 구보, 유격, 총검술, 제식훈련, 화생방, 기타 정신교육 등
  ※ 면회, 외출 없음
  - 특박 : 입대 8주 후 2박 3일
  - 종교활동 : 매주 일요일 10:20~11:40(입대 2주차부터) / 매주 수요일 19:00~20:20(입대 4주차부터)
  - 청원휴가 : 직계 존비속 사망시 2박 3일
  ※ 자세한 내용은 교육사 홈페이지 교육훈련안내 참고

구성과 특징

유형파악&핵심이론

부사관 시험에 나오는 영역별 문제들의 유형과 그 문제들을 통해 측정하고자 하는 능력을 설명하여 이해에 도움을 주고자 하였습니다. 또한 중요 핵심 내용만을 모아 체계적이고 효율적인 학습이 가능하도록 구성하였습니다.

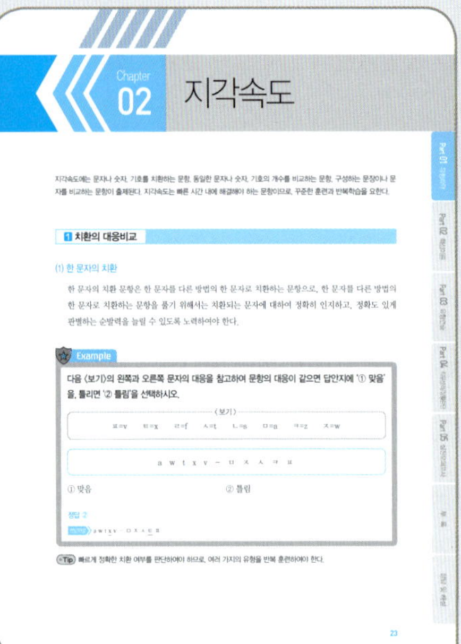

유형연습&실전모의고사

꼼꼼히 학습할 수 있도록 유형연습을 실어 실전에 대비할 수 있도록 하였습니다. 또한 실전 감각을 익혀 시험장에서 당황하지 않게 풀 수 있도록 실전모의고사 2회분을 실었습니다. 부사관 시험의 최근 출제 경향을 보다 정확하게 파악하여 대비할 수 있도록 하였습니다.

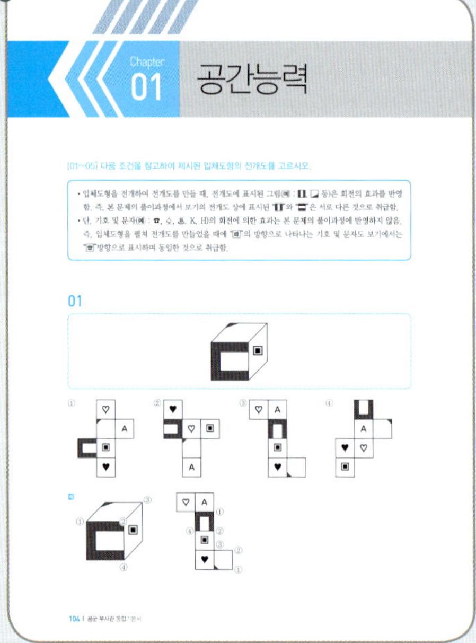

부록

부사관 문제를 쉽게 이해하고 풀 수 있도록, 실전 면접에 대비해 논리적 답변을 하는데 도움이 되도록, 부사관 필수 어휘와 부사관 기본 지식을 꽉꽉 채워 부록으로 수록하였습니다. 머릿속에 쏙쏙 담아가세요.

꼼꼼하고 상세한 해설&핵심정리

수험생들이 명쾌하게 이해할 수 있도록 상세하게 설명하였습니다. 정답해설 뿐만 아니라 오답해설도 실어 꼼꼼한 학습이 가능하도록 하였습니다. 문제와 관련된 중요한 내용이나 보충사항을 핵심정리로 정리함으로써 충실한 수험공부가 가능하도록 하였습니다.

목차

목차

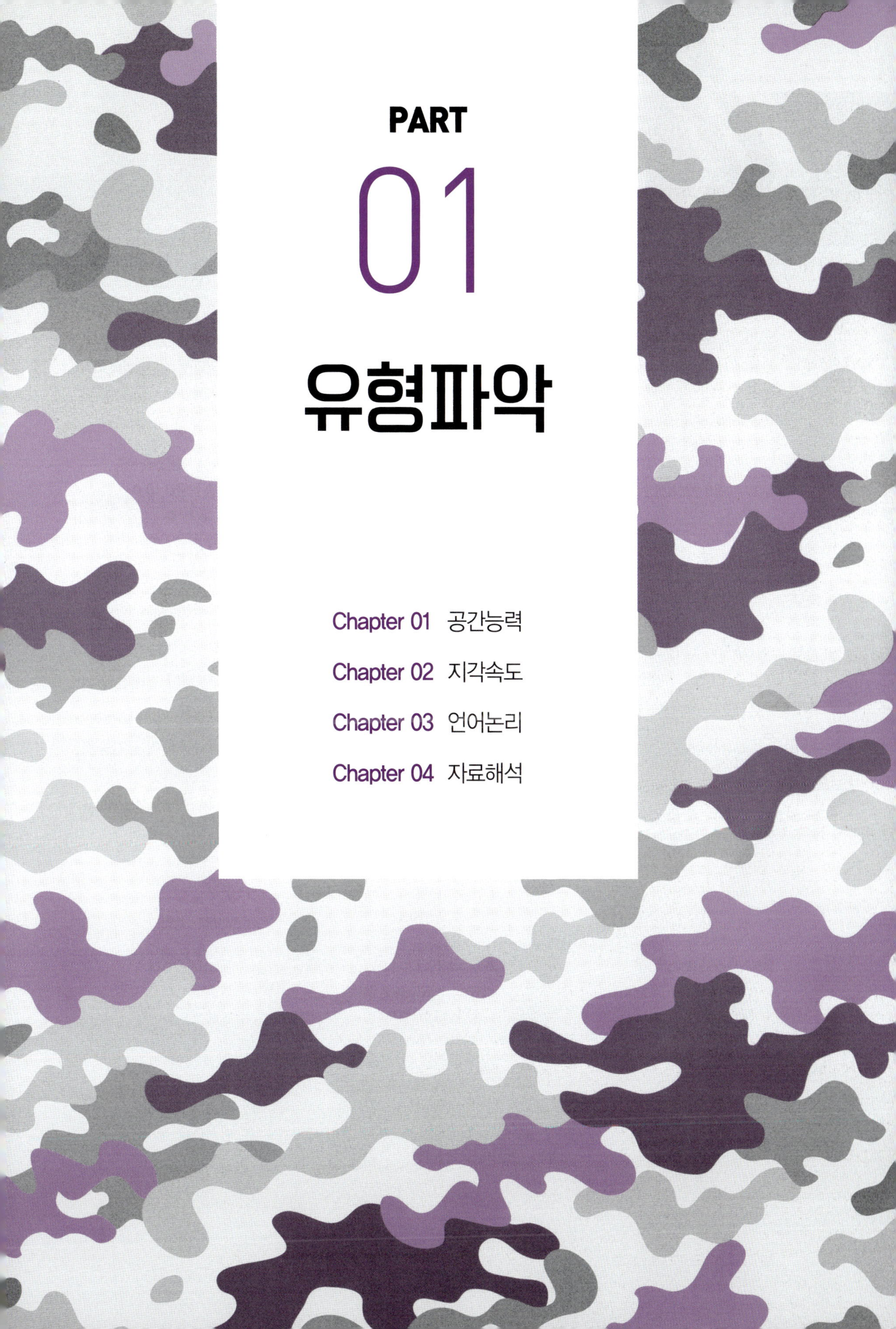

PART
01
유형파악

공간능력

공간능력에는 입체도형의 전개도에 관련된 문항, 블록에 관련된 문항, 겨냥도에 관한 문항이 출제된다. 입체도형의 전개도를 찾거나, 전개도를 통하여 입체도형을 유추하는 문제가 출제유형이고, 블록의 개수를 구하는 문제나 쌓인 블록을 방향에 따라 바라보는 겨냥도를 찾는 문항이 출제된다. 이전에는 지도를 통해 공간 감각을 측정하는 문제들이 출제되었으나, 요즘은 지도 관련 문항을 블록 관련 문항으로 대체하여 출제되고 있다.

1 전개도

(1) 입체도형의 전개도

입체도형의 전개도 문항은 주어진 입체도형을 보고 해당 입체도형의 전개도를 찾는 문항으로, 해당 입체도형의 전개도를 정확히 추론하기 위해서는 입체도형을 펼쳤을 때의 면과 면이 맞닿는 선, 선과 선이 만나는 점에 대한 이해가 반드시 필요하다. 또 기호나 문자가 아닌 도형 또는 색이 칠해진 면의 경우는 방향을 고려하여 전개도 상의 올바른 모양을 찾을 수 있도록 유념하여야 한다.

공간능력은 2차원적 전개도뿐만 아니라 실제 주위에서 관찰할 수 있는 입체도형을 통하여 공간능력을 평가하므로, 평상시에도 여러 방면으로 훈련하는 노력이 필요하다.

전개도 문항을 연습할 때에는 하나의 전개도뿐만 아니라 최대 11개까지 만들 수 있는 정육면체의 전개도 형태를 고려하여 연습하도록 한다.

 **대표유형**

다음 조건을 참고하여 제시된 입체도형의 전개도를 고르시오.

- 입체도형을 전개하여 전개도를 만들 때, 전개도에 표시된 그림(예 : ▊, ◢ 등)은 회전의 효과를 반영함. 즉, 본 문제의 풀이과정에서 보기의 전개도 상에 표시된 "▊"와 "▬"은 서로 다른 것으로 취급함.
- 단, 기호 및 문자(예 : ☎, ♨, ♨, K, H)의 회전에 의한 효과는 본 문제의 풀이과정에 반영하지 않음. 즉, 입체도형을 펼쳐 전개도를 만들었을 때에 "☎"의 방향으로 나타나는 기호 및 문자도 보기에서는 "☎"방향으로 표시하며 동일한 것으로 취급함.

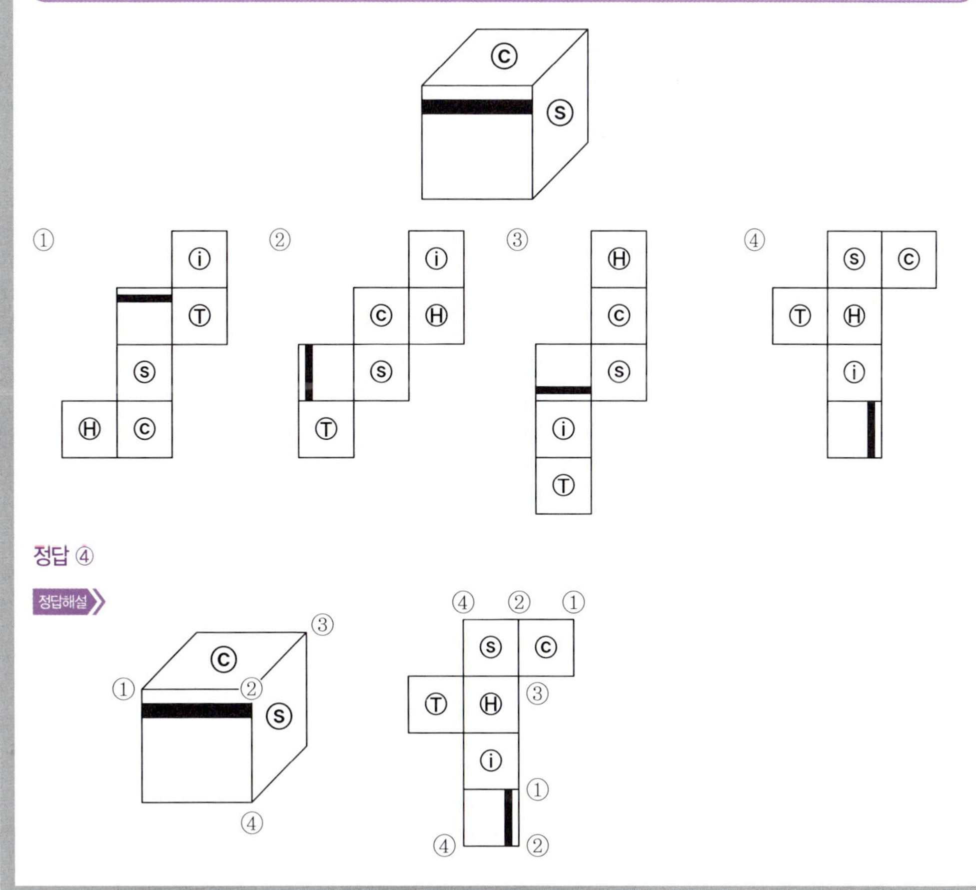

정답 ④

정답해설

19

(2) 전개도의 입체도형

전개도의 입체도형 문항은 전개도를 보고 해당 입체도형을 찾는 문항으로, 전개도를 통하여 입체도형을 정확히 추론하기 위해서는 입체도형의 각 면의 관계를 정확히 파악하는 것이 가장 중요하다.

대표유형

다음 조건을 참고하여 제시된 전개도의 입체도형을 고르시오.

- 입체도형을 전개하여 전개도를 만들 때, 전개도에 표시된 그림(예 : ▮▮, ◩ 등)은 회전의 효과를 반영함. 즉, 본 문제의 풀이과정에서 보기의 전개도 상에 표시된 "▮▮"와 "▬"은 서로 다른 것으로 취급함.
- 단, 기호 및 문자(예 : ☎, ♨, ♨, K, H)의 회전에 의한 효과는 본 문제의 풀이과정에 반영하지 않음. 즉, 입체도형을 펼쳐 전개도를 만들었을 때에 "☎"의 방향으로 나타나는 기호 및 문자도 보기에서는 "☎"방향으로 표시하며 동일한 것으로 취급함.

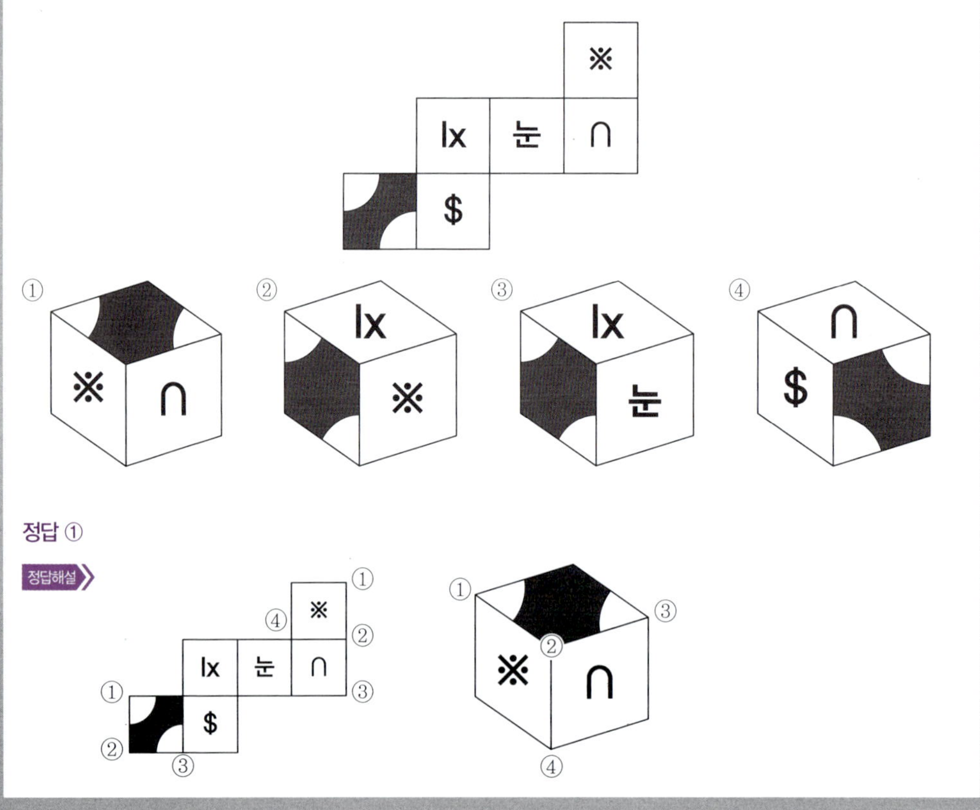

정답 ①

정답해설

○Tip 보이는 전면을 중점적으로 파악하고, 나타난 그림들의 위치와 회전을 고려하여 주어진 입체도형과 일치하는 전개도를 찾는다. 인접한 면과 마주보는 면을 구분하여 파악한다.

② 블록파악

(1) 블록의 개수

블록의 개수 문항은 3차원 입체도형 블록을 쌓아두고 개수를 파악하는 문항으로, 블록의 개수를 파악하기 위해서는 보이는 블록 이외의 밑에 놓여 있는 블록의 개수를 정확히 파악하여야 한다. 보이지 않는 블록의 개수를 유추하여야 정확한 블록의 개수를 구할 수 있다.

대표유형

제시된 그림과 같이 쌓기 위하여 필요한 블록의 개수를 고르시오.(단, 블록의 모양과 크기는 모두 동일한 정육면체이고, 보이지 않는 뒤의 블록은 없다고 가정한다.)

① 22   ② 24   ③ 26   ④ 28

정답 ②

정답해설 ▶ 왼쪽 열부터 차례대로 세어 보면 7+2+3+6+6=24개

Tip 층별 또는 열별로 나누어 블록의 개수를 구하는 것이 일반적인 방법으로 사용된다. 실수를 줄일 수 있는 각자만의 방법을 채택하는 것이 중요하다.

(2) 블록의 겨냥도

블록의 겨냥도 문항은 쌓인 입체도형 블록과 일치하는 겨냥도(정면, 측면)를 찾는 문항으로, 쌓인 블록의 겨냥도를 파악하기 위해서는 바라보는 방향에 따른 블록의 층수를 정확히 파악하는 것이 가장 중요하다.

⭐ 대표유형

제시된 블록을 화살표 방향으로 바라볼 때의 모양을 고르시오.(단, 블록은 모양과 크기가 모두 동일한 정육면체이고, 원근은 무시한다.)

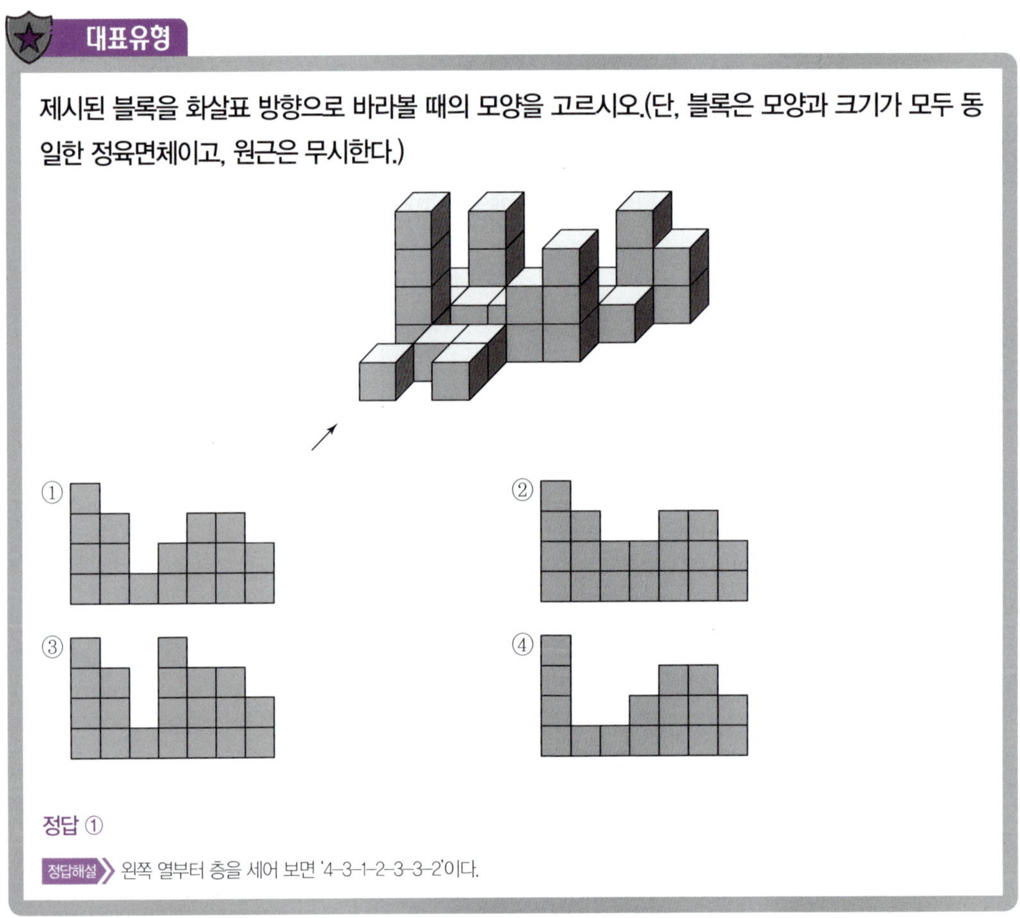

정답 ①

정답해설 왼쪽 열부터 층을 세어 보면 '4-3-1-2-3-3-2'이다.

Tip 바라보는 방향에 주의하며, 바라보는 방향의 왼쪽 또는 오른쪽 방향으로 층수를 세는 것이 일반적인 방법이다.

Chapter 02 지각속도

지각속도에는 문자나 숫자, 기호를 치환하는 문항, 동일한 문자나 숫자, 기호의 개수를 비교하는 문항, 구성하는 문장이나 문자를 비교하는 문항이 출제된다. 지각속도는 빠른 시간 내에 해결해야 하는 문항이므로, 꾸준한 훈련과 반복학습을 요한다.

1 치환의 대응비교

(1) 한 문자의 치환

한 문자의 치환 문항은 한 문자를 다른 방법의 한 문자로 치환하는 문항으로, 한 문자를 다른 방법의 한 문자로 치환하는 문항을 풀기 위해서는 치환되는 문자에 대하여 정확히 인지하고, 정확도 있게 판별하는 순발력을 늘릴 수 있도록 노력하여야 한다.

대표유형

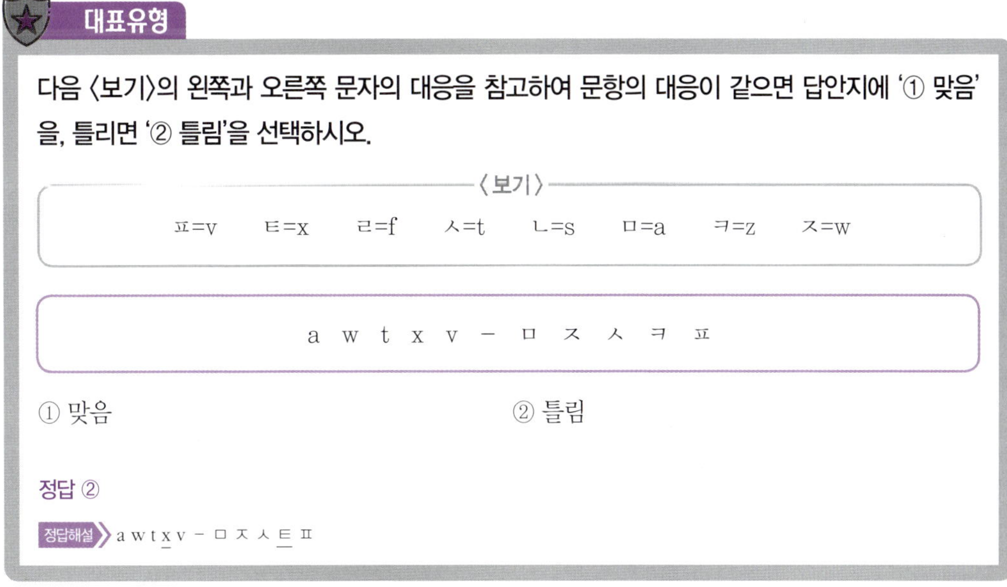

다음 〈보기〉의 왼쪽과 오른쪽 문자의 대응을 참고하여 문항의 대응이 같으면 답안지에 '① 맞음'을, 틀리면 '② 틀림'을 선택하시오.

〈보기〉

ㅍ=v ㅌ=x ㄹ=f ㅅ=t ㄴ=s ㅁ=a ㅋ=z ㅈ=w

a w t x v − ㅁ ㅈ ㅅ ㅋ ㅍ

① 맞음 ② 틀림

정답 ②

정답해설 a w t x v − ㅁ ㅈ ㅅ ㅌ ㅍ

Tip 빠르게 정확한 치환 여부를 판단하여야 하므로, 여러 가지의 유형을 반복 훈련하여야 한다.

(2) 여러 문자의 치환

여러 문자의 치환 문항은 여러 문자를 다른 방법의 여러 문자로 치환하는 문항으로, 여러 문자를 다른 방법의 여러 문자로 치환하는 문항을 풀기 위해서는 치환되는 여러 문자의 나열에 주의를 기울여야 할 뿐 아니라, 정확한 문자와 문자 사이의 치환까지 신경을 써야 한다. 따라서 한 문자를 치환하는 것보다 더 많은 신경을 써야 하므로, 더 많은 집중력을 투자하여야 한다.

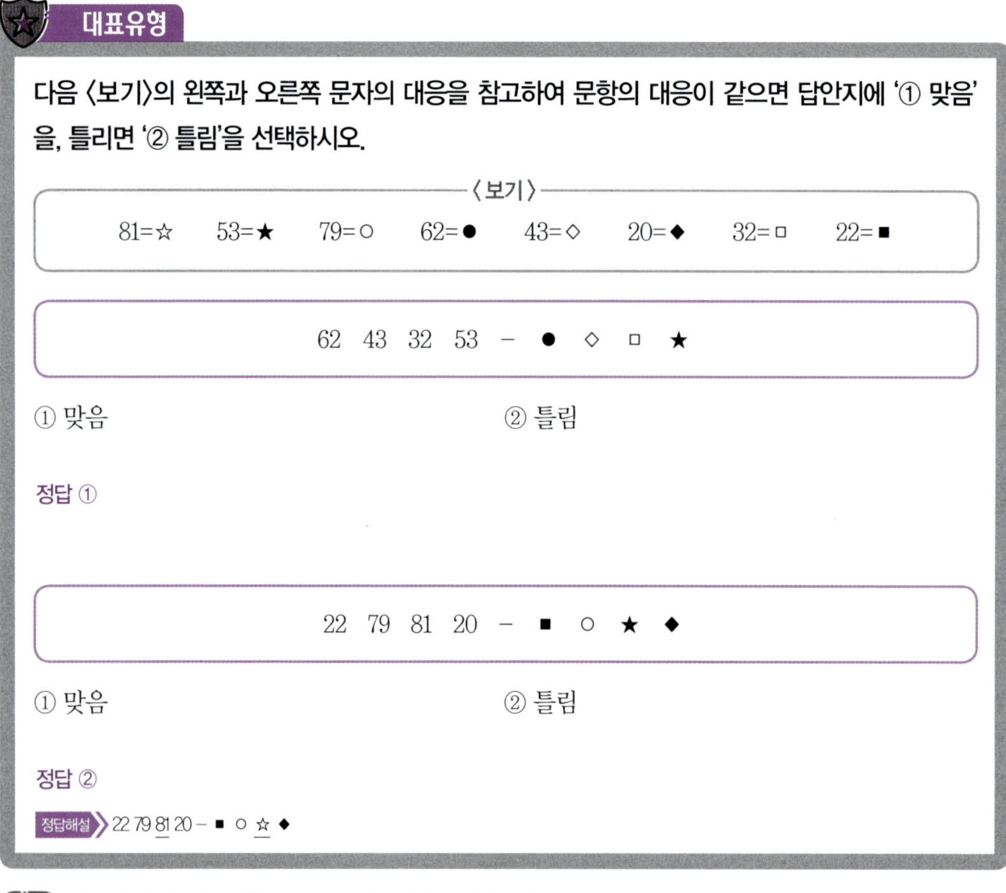

대표유형

다음 〈보기〉의 왼쪽과 오른쪽 문자의 대응을 참고하여 문항의 대응이 같으면 답안지에 '① 맞음'을, 틀리면 '② 틀림'을 선택하시오.

〈보기〉

81=☆   53=★   79=○   62=●   43=◇   20=◆   32=□   22=■

62 43 32 53 − ● ◇ □ ★

① 맞음　　　　　　　　　② 틀림

정답 ①

22 79 81 20 − ■ ○ ★ ◆

① 맞음　　　　　　　　　② 틀림

정답 ②

정답해설 22 79 81 20 − ■ ○ ☆ ◆

Tip 한 문자 치환보다는 정확도에 조금 더 중점을 두어야 하며, 여러 문자를 빠른 시간 내에 자신의 눈 또는 머리에 인식할 수 있는 방법을 찾아야 한다.

② 동일의 대응비교

(1) 개수 파악

개수 파악 문항은 주어진 문자나 기호 등과 동일한 것의 개수를 파악하는 문항으로, 문항을 풀기 위해서는 주어진 문자 또는 기호 등을 정확히 암기하는 것이 가장 중요하다.

대표유형

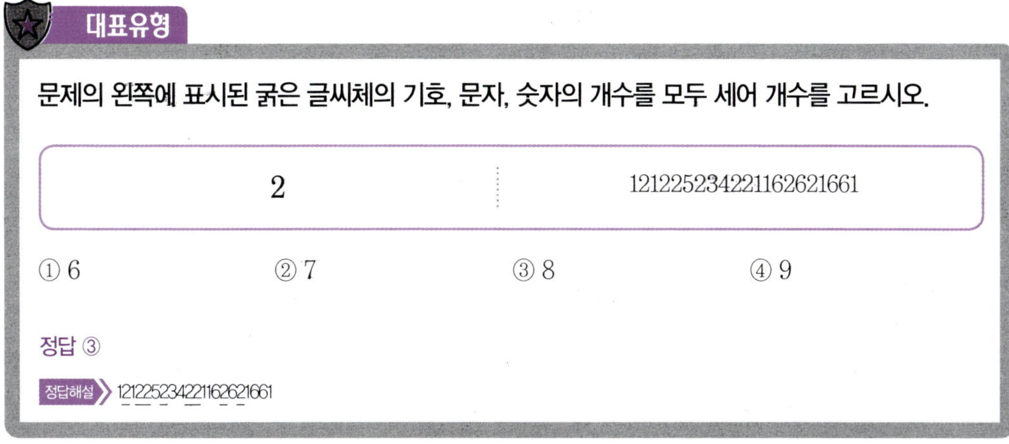

문제의 왼쪽에 표시된 굵은 글씨체의 기호, 문자, 숫자의 개수를 모두 세어 개수를 고르시오.

| 2 | 121225234221162621661 |

① 6　　　② 7　　　③ 8　　　④ 9

정답 ③

정답해설 1_212_25_234_221_1_626_21661

Tip 주어지는 형태의 문자, 기호, 숫자 등이 한 글자가 아닐 수 있음을 유념하여 여러 경우를 대비하여 학습하여야 한다.

(2) 일치 파악

일치 파악 문항은 두 문구를 비교하여 일치여부를 파악하는 문항으로, 주어진 문장이나 문구 등의 일치 여부를 풀기 위해서는 주어진 문장이나 문구 등의 낱개를 하나하나 정확히 비교하여야 한다.

대표유형

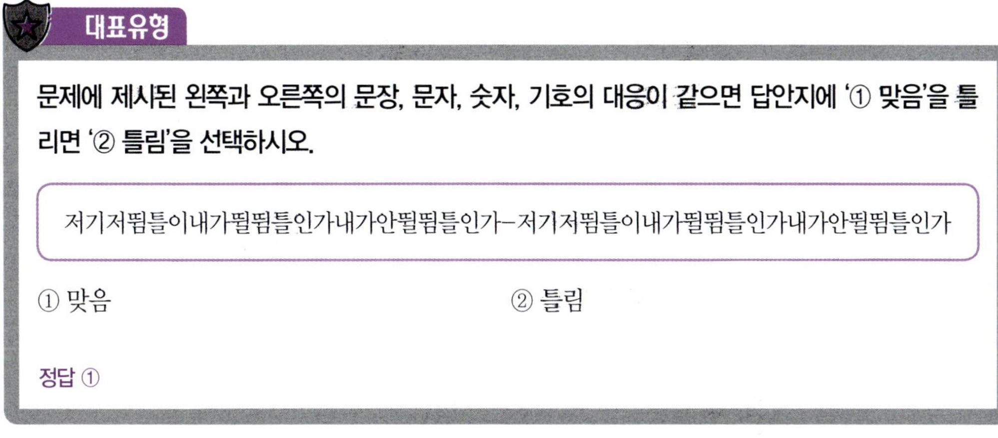

문제에 제시된 왼쪽과 오른쪽의 문장, 문자, 숫자, 기호의 대응이 같으면 답안지에 '① 맞음'을 틀리면 '② 틀림'을 선택하시오.

저기저뜀틀이내가뛸뜀틀인가내가안뛸뜀틀인가 – 저기저뜀틀이내가뛸뜀틀인가내가안뛸뜀틀인가

① 맞음　　　② 틀림

정답 ①

Tip 주어지는 말이 문자나 기호, 숫자가 아닐 수 있으니, 이 점을 유의하여 준비하여야 한다.

언어논리

언어논리에는 사자성어, 속담, 한자어에 관한 어휘 문항, 한글맞춤법과 표준어 규정에 관한 문법 문항, 단어나 문장을 추리하는 문항, 글을 이해하는 독해 문항, 글의 순서를 파악하는 문항이 제시된다. 따라서 어휘력을 키우기 위하여 평상시에도 어휘와 해석에 대한 학습을 꾸준히 해야 한다.

1 어휘

(1) 사자성어 · 속담 · 관용구

사자성어 · 속담 · 관용구에 관한 문항을 풀기 위해서는 여러 사자성어와 속담의 바른 뜻과 쓰임을 알고 있어야 한다. 사자성어나 속담, 관용구는 직접적으로 의미를 전달하기보다 비유적이고 간접적으로 의미를 전달하는 표현법이므로, 숨어 있는 뜻을 함께 숙지하여야 한다.

 **대표유형**

다음 중 사자성어와 속담의 연결이 옳지 <u>않은</u> 것을 고르시오.

① 농가성진(弄假成眞) – 마른 논에 물 대기
② 견문발검(見蚊拔劍) – 모기 보고 칼 뽑기
③ 갈이천정(渴而穿井) – 목마른 놈이 우물 판다
④ 표리부동(表裏不同) – 밑구멍으로 호박씨 깐다
⑤ 적반하장(賊反荷杖) – 물에 빠진 놈 건져 놓으니까 망건값 달라 한다

정답 ①

정답해설 농가성진(弄假成眞)이란 농담으로 한 말이 참말이 되는 것을 뜻하며, 이와 같은 의미의 속담은 '말이 씨가 된다'이다. 마른 논에 물 대기와 같은 의미의 한자성어는 '사배공반(事培功半)'이다.

 유사한 뜻의 사자성어나 속담 또는 반대의 뜻의 사자성어나 속담을 잘 정리하여 숙지해야 사자성어와 속담과의 의미 관계를 파악하는 데에 도움이 된다.

(2) 한자어 · 고유어

한자어 · 고유어에 관한 문항을 풀기 위해서 모든 한자어와 고유어를 암기할 수는 없을 것이다. 따라서 빈출 또는 기출 문항을 분석하여 우선적으로 학습하는 것이 바람직하다.

 **대표유형**

다음 중 한자어의 의미를 잘못 해석한 것을 고르시오.

① 이번 사안이 <u>초미</u>의 관심사로 부각되었다. → '꼬리에 불이 붙었다'라는 뜻으로 '많은 사람들의 주목을 받음'을 이른다.

② 아무리 가르쳐도 그 학생은 <u>몰각</u>하지 못하였다. → '깨달음이 잠겼다'라는 뜻으로, '깨달아 인식하지 못함'을 이른다.

③ 그 사람은 <u>확집</u> 때문에 다른 사람들과 잘 어울리지 못하였다. → '굳게 잡다'라는 뜻으로, '자기의 의견을 굳이 고집하여 양보하지 아니함'을 이른다.

④ 형의 끊임없는 노력의 형설지공에 <u>비견</u>될 만하다. → '어깨를 나란히 하다'라는 뜻으로, '낮고 못할 것이 없이 정도가 서로 비슷함'을 이른다.

⑤ 약속을 어겨 그를 대할 <u>면목</u>이 없다. → '얼굴의 생김새 혹은 낯'이라는 뜻으로 '없다'와 결합하여 '부끄러워 남을 대할 용기가 나지 않는다'라는 의미로 쓰인다.

정답 ①

정답해설 ▶ '초미(焦眉)'는 눈썹에 불이 붙었다는 뜻으로 매우 급박한 상황을 비유한 말이다.

Tip 한자가 글자 하나하나를 가리킨다면, 한자어는 한자가 모여 일정한 의미를 갖고 있어 하나의 덩어리처럼 느껴지는 단위이다. 따라서 한자어에 대한 학습은 그 한자어를 구성하고 있는 개별적인 단어들의 의미에 얽매이지 말고 그것들이 모여 새롭게 형성된 의미를 정확히 이해하고 활용하는 방향으로 해야 한다.

2 문법

(1) 한글맞춤법

한글맞춤법에 관한 문항을 풀기 위해서는 띄어쓰기, 문장부호 등과 같은 기본적인 지식을 꾸준히 암기하여야 한다. 암기뿐만 아니라 실생활에서 사용되는 헷갈리는 맞춤법을 찾아가며 학습하여야 한다. 맞춤법에 관한 새로운 지식이나, 개정된 사항을 틈틈이 확인하여야 한다.

다음 중 밑줄 친 말의 표기가 올바른 것을 고르시오.

① 어머니께서는 <u>넉넉찮은</u> 살림에도 살림을 잘 꾸려나가셨다.

② 그런 실력으로 네가 나를 <u>당할소냐?</u>

③ 조금만 기다려 내가 곧 <u>갈께</u>.

④ 내가 나중에 <u>섭섭잖게</u> 사례를 하마.

⑤ 이 옷은 앞뒤가 모두 <u>틔여</u> 시원하다.

정답 ④

정답해설 '섭섭잖게'는 '섭섭하지 않게'의 준말이고 '섭섭잖게'로 표기하는 것이 올바른 표기이다.

오답해설 ① '넉넉찮다'는 '넉넉하지 않다'의 준말로 '넉넉잖다'가 맞는 표기이다.
② 의문형 어미의 경우 된소리가 나는 것은 된소리로 적어야 하므로 '당할쏘냐?'가 맞는 표기이다.
③ '갈께'는 의문형 어미가 아니므로 '갈게'가 맞는 표기이다.
⑤ '트이어'의 준말은 '틔어'나 '트여'로 써야 올바른 표기이다.

Tip 한글맞춤법의 원리를 이해하고, 주요 표준어 규정을 우선적으로 학습하여 폭넓은 학습이 될 수 있도록 한다.

(2) 문장성분의 호응

문장성분의 호응에 관련된 문항을 풀기 위해서는 문장성분의 호응관계에 관한 정리가 되어있어야한다. 특히, 부사어와 서술어의 호응이 고정화 되어있는 경우는 반드시 숙지하여야 한다.

다음 중 올바르게 표현된 문장을 고르시오.

① 요리가 잘 되어지고 있다.

② 종찬이는 햄버거와 콜라를 먹었다.

③ 대관절 내가 어떻게 했기에 다들 나를 무시할까?

④ 이 장면은 연출된 것이므로 반드시 따라하지 마세요.

⑤ 나는 매일매일 밤낮으로 별로 러닝머신을 즐겁게 한다.

정답 ③

정답해설 '대관절'은 의문 표현과 호응하는 부사어로, 주어진 문장에서 서술어와의 호응은 적절하다.

오답해설 ① 요리가 잘 되고 있다.
② 종찬이는 햄버거를 먹고 콜라를 마셨다.

④ 이 장면은 연출된 것이므로 절대 따라하지 마세요.
⑤ '별로'는 부정을 뜻하는 말과 함께 쓰인다.

Tip 부사어와 서술어의 호응뿐만 아니라, 주어와 서술어의 호응, 목적어와 서술어의 호응에 관련된 지식 역시 숙지하고 있어야 한다.

3 언어추리

(1) 빈칸 넣기

빈칸 넣기 문항을 풀기 위해서는 문맥을 정확히 파악하여 필요한 문장이나 문구, 단어가 무엇인지 찾아야 한다. 그러기 위해서는 문맥을 파악하는 독해능력과 문구와 단어의 뜻을 정확히 아는 어휘력을 복합적으로 겸비하여야 하고, 더불어 추리력까지 겸비하여야 한다.

대표유형

다음의 빈칸에 들어갈 말로 가장 적절한 것을 고르시오.

> A나라에서는 부동산 투기를 하면 공직자가 될 수 없다. 영수는 부동산 투기를 했으므로 ______
> ______________

① 영수는 공직자이다.
② 영수가 A나라에 산다년 공직사가 될 수 없다.
③ 영수가 공직자라면 A나라에 산다.
④ 부동산 투기를 안 한 사람은 모두 공직자이다.
⑤ 영수가 다른 나라에 살더라도 공직자가 될 수 없다.

정답 ②

정답해설 A나라에서 부동산 투기를 하면 공직자가 될 수 없다. 만일 영수가 A나라에 산다면, 영수가 부동산 투기를 했으므로 공직자가 될 수 없다.

Tip 문맥의 정확한 의미를 추론해 내고, 문장을 구성하기 위해서는 앞뒤 내용과 전체의 내용을 반드시 파악하여야 한다.

(2) 접속사

접속사를 찾는 문항을 풀기 위해서는 앞 문장 또는 문단의 내용과 뒷 문장 또는 문단의 내용을 비교하여 그 관계를 파악하여야 한다. 의미 관계에 맞는 적절한 접속사를 숙지하고 있을 뿐 아니라 적절히 사용할 수 있어야 한다.

대표유형

다음 글의 흐름에 따라 ㉠, ㉡에 들어갈 접속어를 고르시오.

> 어린이들은 본성적으로 호기심이 많은 존재이다. ___㉠___ 자유롭게 내버려두면 주위 환경에 대한 탐색을 즐기고, 새로운 것에 대해 흥미로워하며, 문제에 부딪히면 궁리를 거듭하여 끝내는 그 문제를 풀어내려고 한다. 그런데 어떤 부모들은 어린이들이 하기 어려워한다고 대신해주려고 한다. 부모가 자녀의 일을 대신해주는 것은 아이들의 마음속에서 움트는 성장의 씨앗을 짓밟는 결과가 된다. ___㉡___ 어린이들이 힘들어하는 경우에는 부모가 대신해주는 것이 필요하다. 어린이들이 자발적으로 할 수 있게 하는 부모의 배려가 필요하다.

	㉠	㉡
①	그래서	그러나
②	그래서	그리고
③	물론	왜냐하면
④	그리고	한편
⑤	그리고	따라서

정답 ①

정답해설 ㉠의 앞 문장은 아이들이 호기심이 많다고 이야기하고 있다. 이어 호기심이 많은 아이들의 행동에 관하여 이야기하고 있다. 따라서 ㉠에 들어갈 가장 적절한 접속사는 '그래서' 또는 '그러므로'이다. ㉡의 앞 문장은 부모가 아이의 일을 대신 해주는 것은 아이의 성장을 방해한다는 내용이다. ㉡의 뒷 문장에서는 아이들이 힘들어하는 경우에는 부모가 대신해주어야 한다고 이야기한다. 따라서 ㉡의 앞뒤 내용이 서로 상반되므로, '그러나' 또는 '하지만'의 접속사가 ㉡에 들어가는 것이 적절하다.

Tip 앞뒤 내용의 의미 관계에 따른 접속사를 둘 이상 숙지하여, 여러 가지의 접속사의 사용 시를 대비한다.

4 독해

(1) 내용일치

글의 내용과 일치하거나 일치하지 않는 내용을 찾는 문항을 풀기 위해서는 글의 내용을 머릿속에 그리고 있어야 한다. 대부분의 내용을 이해하고, 이해하기 어려운 내용은 찾기 쉽게 따로 표시를 하여 문항과 비교하여 답을 찾는데 어려움이 없도록 하여야 한다.

 **대표유형**

다음 글의 내용과 일치하는 것을 고르시오.

> 공포는 태어날 때부터 가지고 나오는 '선천적 공포'와 태어난 후에 여러 가지 경험으로 배우게 되는 '후천적 공포'로 나눌 수 있다. 죽음에 대한 공포는 선천적 공포의 대표적인 예다. 이 공포는 우리 대뇌 신경회로에 태어날 때부터 새겨져 있다. 워낙 강력해서 어떤 이성적 결단도 죽음의 신경회로 앞에 굴복하게 된다.
>
> 반면 후천적 공포는 공포를 불러올 수 있는 상황에 노출됐을 때 그 상황이나 그때의 감정(극심한 공포)을 기억하는 것이다. 미국의 9·11 테러 사건을 예로 들자. 비행기가 충돌하며 건물이 무너지는 상황에 대한 기억과 함께, 그때 느꼈던 공포가 또 다른 기억으로 남는다. 그래서 사건 이후 다른 건물이 폭파돼 무너지는 것만 봐도 9·11 테러상황을 떠올리게 되고, 그때 느꼈던 공포도 같이 되살아나 몸서리를 치는 것이다.
>
> 9·11 테러와 같이 큰 고통과 충격을 동반한 사건은 공포 감정이 함께 기억된다. 만약 공포 감정만 골라 지울 수 있다면 외상 후 스트레스장애로 고통 받는 환자를 치료할 수 있지 않을까.
>
> 공포의 발현과 기억에는 양쪽 귀의 안쪽 대뇌 부위에 위치한 아몬드 모양의 소기관 '편도체'가 중추적 역할을 한다. 실제로 사고로 편도체를 잃은 환자는 감정, 그 중에서도 특히 공포를 잘 느끼지 못한다. 수술을 위해 편도체 부위를 약하게 전기로 자극하면 환자는 공포를 느낀다.
>
> 편도체가 망가진 쥐는 고양이 앞에서 잡혀 먹힐 때까지 장난을 친다. 이것을 보면 선천적 공포인 죽음의 공포 역시 편도체가 관여하는 것이 분명하다. 다만 편도체에 죽음의 공포가 각인된 것인지, 아니면 대뇌의 다른 소기관에 각인된 죽음의 '메시지'가 편도체를 활성화시켜 죽음의 공포를 느끼게 되는 것인지는 불분명하다.

① 선천적 공포는 기억된 공포감정을 다시 환기 하는 현상이다.

② 선천적 공포에 편도체가 어떻게 관여하는지는 아직 밝혀지지 않았다.

③ 선천적 공포는 합리적인 사고와 강인한 의지로 극복이 가능하다.

④ 선천적 공포는 편도체를 조작하더라도 약화되거나 사라지지 않는다.

⑤ 선천적 공포는 경험의 영향을 많이 받게 된다.

Tip 주어진 제시문의 문단을 정리하거나, 중심내용을 표시하여 문항을 풀어 가는 것이 바람직하다. 중심내용을 파악하고 제시문과 선택지를 비교하여 문항을 푸는 것도 좋은 방법이다.

(2) 추론하기

글의 제목이나 이어질 내용을 추론하는 문항을 풀기 위해서는 주어진 글의 중심내용을 찾는 것이 가장 중요하다. 글의 중심내용을 찾기 위해서는 핵심단어 또는 반복단어를 찾거나, 문단의 처음과 중간, 끝을 예의주시하여 보아야 한다.

대표유형

다음에 제시된 글에서 추론할 수 있는 글의 제목으로 가장 적합한 것을 고르시오.

실재하는 형상들은 일정한 법칙에 따라 움직인다. 이것은 누가, 언제, 어디서 보든 똑같은 보편타당한 것이다. 그러므로 누구나 실험 등으로 이를 찾아낼 수 있으며 이것이 과학자의 일이다.

① 법칙의 인과성　　　　　② 법칙의 특수성
③ 법칙의 객관성　　　　　④ 법칙의 동시성
⑤ 법칙의 통속성

정답 ③

정답해설 제시문에서는 누가, 언제, 어디서 보든 보편타당성을 지닌 것이 법칙이라 했다. 객관성이란 주관에 좌우되지 않고 언제 누가 보아도 그러하다고 인정되는 성질을 말한다. 따라서 주어진 글의 제목으로 가장 적절한 것은 '법칙의 객관성'이다.

Tip 글의 중심내용을 통하여 글의 제목을 추론할 수 있을 뿐 아니라 이전 또는 이후의 글의 내용을 짐작할 수 있어야 한다. 글의 흐름, 전체 내용을 파악하여 주어진 빈칸을 채울 수 있어야 한다.

(3) 글의 배열

문장 또는 문단의 배열 순서를 찾는 문항을 풀기 위해서는 각 문장 또는 문단의 처음과 끝의 내용을 정확히 파악하여야 하고, 전체적인 글의 흐름을 파악하여야 한다.

대표유형

다음 문장을 의미맥락이 통할 수 있도록 논리적 순서에 맞게 나열한 것을 고르시오.

> (가) 외국의 사례를 참조하여 대응하면 충분하였다.
>
> (나) 우리나라는 그동안 선진국을 따라가는 기술축적 과정을 밟아왔기 때문에 첨단과학기술의 순기능과 역기능을 조직적으로 연구하고 평가하는 기능은 별로 필요하지 않았다.
>
> (다) 따라서 우리나라도 첨단과학기술의 경제·사회적 영향을 보다 조직적으로 연구하고 평가 하는 체제를 강화하여야 하며, 그 결과에 따라 우리의 법령과 제도도 적절히 수정·보완해야 할 것이다.
>
> (라) 그러나 한국의 첨단과학기술 수준은 급속히 높아지고, 그것이 산업과 사회에 광범위하게 응용되는 단계에 이르게 되었다.

① (가) → (나) → (다) → (라)

② (가) → (나) → (라) → (다)

③ (나) → (가) → (다) → (라)

④ (나) → (가) → (라) → (다)

⑤ (라) → (다) → (나) → (가)

정답 ④

정답해설 (나)는 주어진 글의 핵심내용인 '첨단과학기술의 순기능과 역기능을 조직적으로 연구하고 평가하는 기능은 별로 필요하지 않았다'는 문제를 제기하였고, (가)는 (나)에서 제기한 문제가 그동안 문제로 제기되지 않은 이유를 설명하고 있다. 그러나 (라)에서 문제점이 제기된 이유에 대하여 이야기하고 있고, (다)는 (가), (나), (라)에서 제기된 문제의 해결책을 제시하고 있다. 따라서 의미맥락이 통할 수 있도록 논리적 순서에 맞게 나열한 것은 (나) → (가) → (라) → (다)이다.

Tip 문장의 배열순서는 내용과 더불어 접속사의 의미를 생각하며 글을 배열하여야 한다. 앞뒤 내용이 매끄럽게 이어지도록 하기 위해 반드시 필요한 접속사가 존재하므로, 이를 유념하여 학습하도록 한다.

Chapter 04

자료해석

자료해석에는 주어진 자료를 분석·파악하여 결론을 추론하는 문항, 규칙, 비율, 경우의 수 등의 수리 문항이 출제된다. 표현 방법에 따른 자료해석법을 익혀두어야 하고, 고등 수준의 수리 문항에 대한 계산법은 익혀두어야 한다.

1 자료해석

(1) 자료해석

주어진 자료의 내용을 분석하는 문항을 풀기 위해서는 주어진 자료에 맞는 해석법을 알고 있어야 한다. 주어진 자료의 올바른 해석법을 통해 내용을 파악하여 구하고자 하는 내용을 정확히 구하여야 한다.

대표유형

다음은 총 100명이 지원한 부사관 시험에서 지원자들의 시험점수와 면접점수의 상관관계를 조사하여 그 분포수를 표시한 것이다. 시험점수와 면접점수를 합친 총점이 180점 이상인 지원자 중 면접점수가 90점 이상인 사람을 합격자로 할 때, 합격자의 총 수를 고르시오.

(단위 : 명)

면접점수 시험점수	60점	70점	80점	90점	100점
100점	1	5	4	6	1
90점	2	4	5	5	4
80점	1	3	8	7	5
70점	4	5	7	5	2
60점	2	3	6	3	2

① 19명 ② 21명 ③ 23명 ④ 25명

정답 ②

 **정답해설** 총점이 180점 이상인 지원자는 아래 표에서 색칠된 부분으로, 총 25명이다. 이 중에서 면접점수가 90점 이상인 지원자는 면접점수가 80점인 4명을 제외하고 21명이다.

시험점수 \ 면접점수	60점	70점	80점	90점	100점
100점	1	5	4	6	1
90점	2	4	5	5	4
80점	1	3	8	7	5

Tip 자료는 표, 그래프, 그림 등의 여러 가지 방법으로 제시될 수 있다. 따라서 익숙하지 않은 자료해석 방법이 있다면 반드시 파해법을 찾아놓아야 한다.

(2) 자료비교

주어진 자료를 비교하여 분석하는 문항을 풀기 위해서는 우선적으로 완벽한 자료해석이 필요하다. 통계적으로 분석한 자료를 비교하고, 분석하는 과정에서 실수를 하지 않도록 꼼꼼히 하여야 한다.

대표유형

다음은 A, B, C, D 4개 국가의 연도별 인구증가율과 상수접근율의 도시·농촌 간 비교를 나타낸 것이다. 이 자료에 관한 설명 중 옳지 <u>않은</u> 것을 고르시오.

국가별 인구증가율과 상수접근율

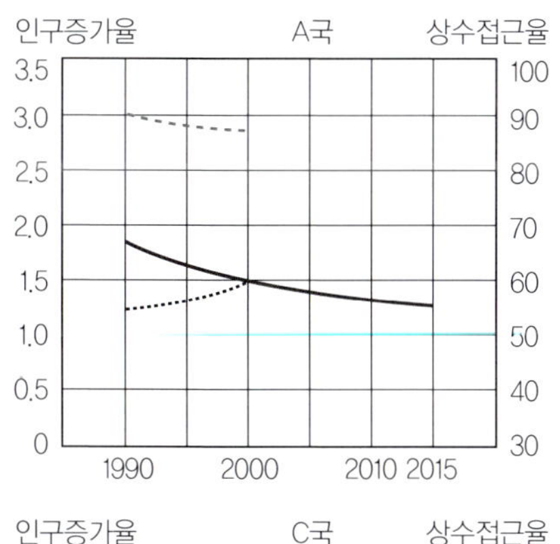

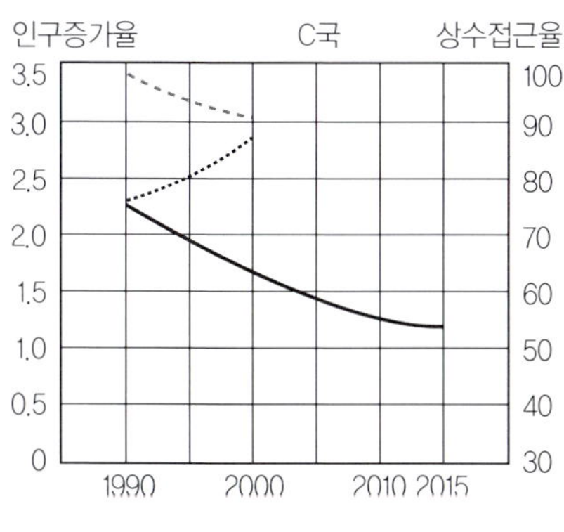

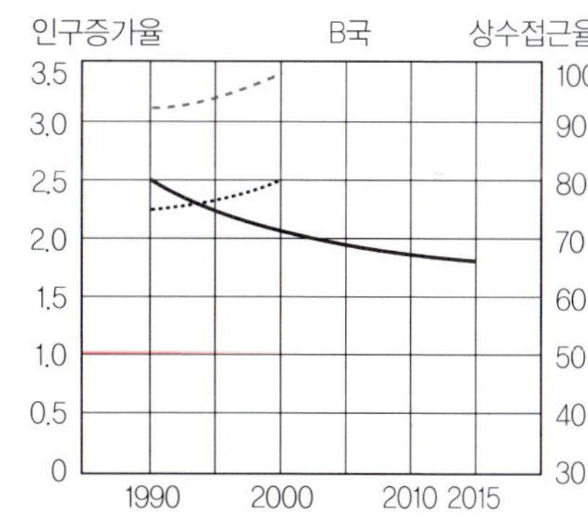

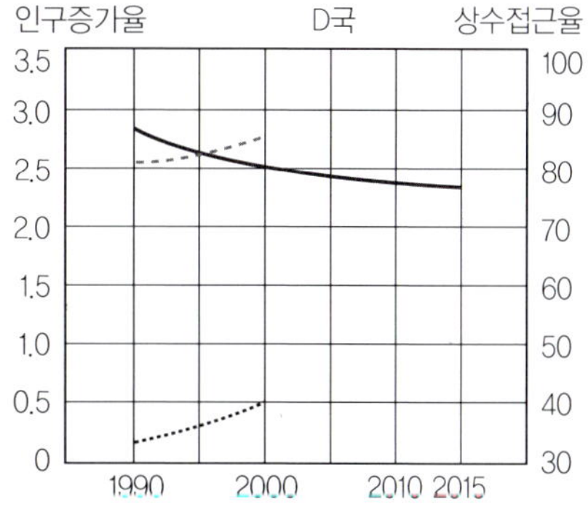

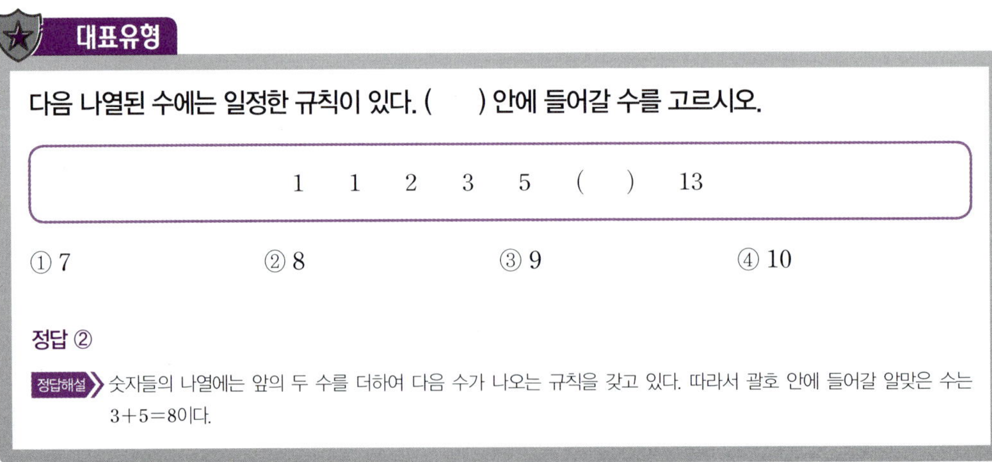

※상수접근율 : 총 인구 중 안전한 상수공급원에 접근 가능한 인구 비율

① 4개 국가 모두 농촌의 상수접근율은 상승하고 있다.

② 인구증가율이 가장 높은 국가의 경우 농촌의 상수접근율은 가장 낮다.

③ 1999년의 인구증가율이 가장 낮은 국가의 경우 도시의 상수접근율은 상승하고 있다.

④ 2000년 기준으로 도시와 농촌 간 상수접근율의 차이가 가장 작은 국가는 C이고 가장 큰 국가는 D이다.

정답 ③

정답해설 1999년의 인구 증가율이 가장 낮은 국가는 A이고, A의 경우 도시의 상수접근율이 하락하고 있다.

Tip 자료의 해석을 완벽히 한다면, 자료비교는 자료해석에 비하여 단순한 작업이 된다.

2 응용수리

(1) 규칙

수의 나열에 있어 이후의 숫자를 추론하는 문항을 풀기 위해서는 수와 수 사이에 있는 규칙을 찾는 것이 가장 중요하다. 그 규칙은 사칙연산($+$, $-$, $\times$, $\div$)을 포함하며, 경우에 따라 여러 가지의 방법을 가지고 있으므로, 고정관념을 갖지 말고 여러 가지 방법으로 시도해봐야 한다.

대표유형

다음 나열된 수에는 일정한 규칙이 있다. (   ) 안에 들어갈 수를 고르시오.

1   1   2   3   5   (   )   13

① 7　　　　② 8　　　　③ 9　　　　④ 10

정답 ②

정답해설 숫자들의 나열에는 앞의 두 수를 더하여 다음 수가 나오는 규칙을 갖고 있다. 따라서 괄호 안에 들어갈 알맞은 수는 $3+5=8$이다.

(2) 방정식

방정식을 세워 구하고자 하는 값을 구하는 문항을 풀기 위해서는 구하고자 하는 값을 정확히 정하는 것이 가장 중요하다. 구하고자 하는 값이 문항에서 구하고자 하는 값일 수도 있지만 아닌 경우, 추가 적으로 방정식을 세워야 하므로, 식을 세우는 연습을 꾸준히 해야 한다.

대표유형

1층에서 10층까지 운행하는 엘리베이터가 있다. 이 엘리베이터가 1층에서 5층까지 올라가는 데 걸리는 시간이 20초라고 한다면, 이 엘리베이터가 1층에서 8층까지 올라가는 데 걸리는 시간을 고르시오.(단, 매층 올라가는 데 걸리는 시간은 같고, 엘리베이터 탑승·하차 시간은 고려하지 않 는다.)

① 28초　　　　　② 32초　　　　　③ 35초　　　　　④ 36초

정답 ③

정답해설 ▶ 엘리베이터가 한 층을 올라가는 데 걸리는 시간을 x라 하자.
1층에서 5층까지 올라가는 데 걸리는 시간이 20초이므로
$4x=20$, $x=5$
엘리베이터가 1층에서 8층까지 올라가는 데 걸리는 시간은 $7x$이므로
∴ $7x=35$(초)

(3) 경우의 수

경로 또는 경우의 수를 구하는 문항을 풀기 위해서는 주어진 조건을 정확히 분석하는 것이 가장 중 요하다. 다수의 조건인 경우 조건을 하나하나 분석하고, 각각의 조건이 서로 영향을 미치는지도 확 인하여야 한다.

대표유형

A휴게소의 간식은 핫바, 핫도그, 소시지, 어묵이 있고, 음료는 커피, 아이스티, 핫초코가 있다. A 휴게소에서 간식 1개, 음료 1개를 택하는 모든 경우의 수를 고르시오.

① 8　　　　　② 10　　　　　③ 12　　　　　④ 14

Tip 한 사건이 아닌 여러 사건이 일어남에 있어 동시에 일어나는지 아닌지에 따라 경우의 수가 달라짐을 유념하도록 한다.

(4) 도수분포표

도수분포표를 이용하여 해결해야 하는 문항을 풀기 위해서는 도수분포표에 나타난 값의 의미를 아는 것이 가장 중요하다. 도수분포표의 값의 의미와 계산법을 익혀 둔다면 단순한 계산문항으로 바뀌게 된다.

대표유형

다음은 A부대 병사들의 부대와 자택 간 거리를 나타낸 표이다. (가)에 들어갈 값을 고르시오.

거리(km)	상대도수	누적도수(명)
0 이상 ~ 10 미만	0.1	
10 이상 ~ 20 미만	0.2	30
20 이상 ~ 30 미만	0.3	45
30 이상 ~ 40 미만		(가)
40 이상 ~ 50 미만	0.1	
합계	1	

① 30 ② 35 ③ 40 ④ 45

정답 ④

정답해설 도수분포표의 상대도수를 보면, 모든 상대도수의 합은 1이므로 '30 이상 ~ 40 미만'의 상대도수는 0.3이다.
따라서 상대도수가 0.3인 '20 이상 ~ 30 미만'의 누적도수가 45(명)이므로, (가)에 들어갈 값 역시 45(명)이다.

Tip 도수분포표의 특징과 명칭을 반드시 숙지하고 있어야 한다.

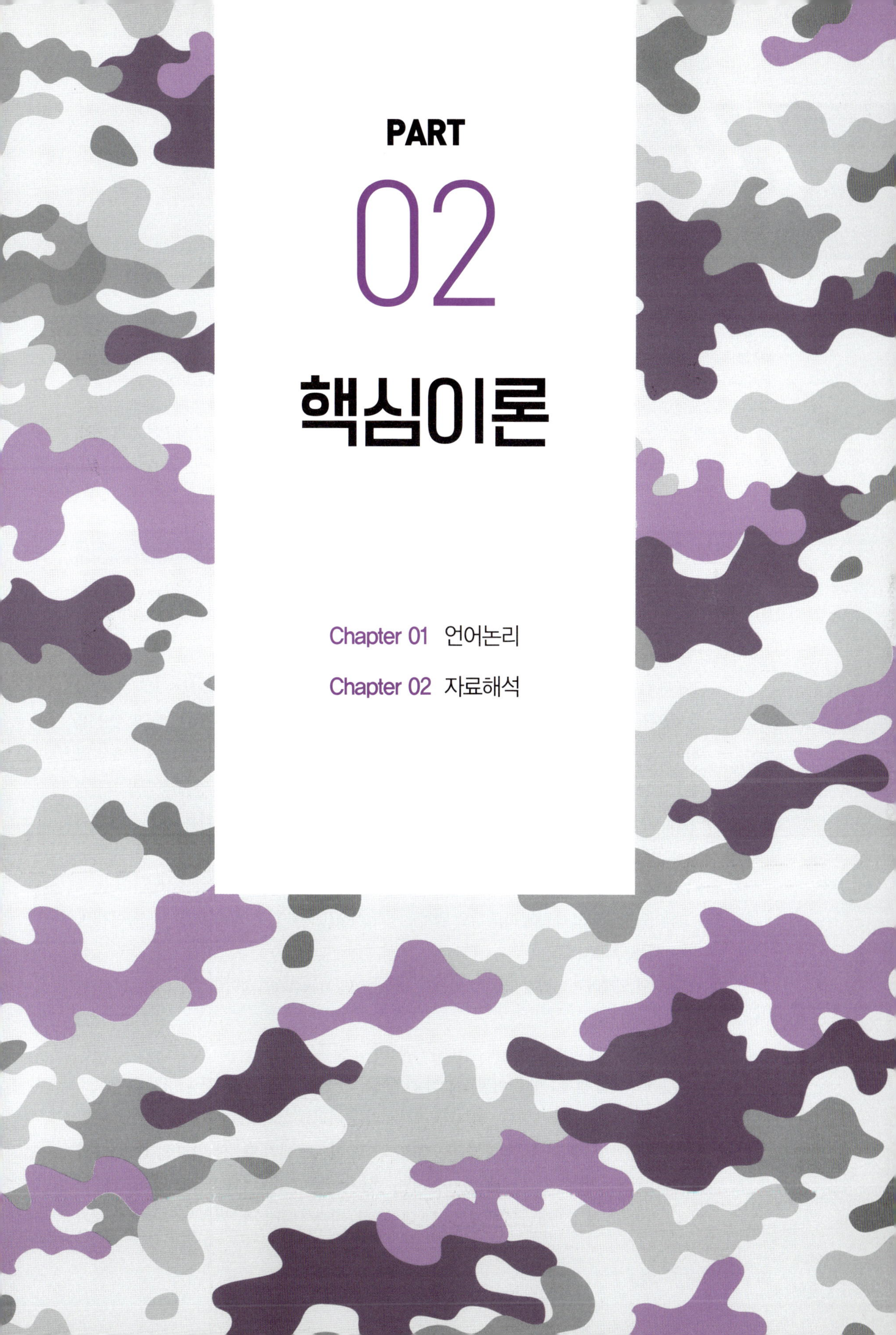

PART
02

핵심이론

Chapter 01 언어논리
Chapter 02 자료해석

언어논리

인지능력 중 언어논리는 언어에 대한 이론뿐만 아니라 언어에 대한 지식과 상식에 대하여 상세한 학습이 필요하다. 어휘영역은 고유어, 한자어, 속담 등의 뜻과 쓰임에 관하여 학습하여야 하고, 단어의 문맥상의 의미를 파악하고, 어휘 간의 관계를 파악할 수 있도록 학습하여야 한다. 문법영역에서 가장 중점적으로 보아야 할 어문규정은 표준어규정과 표준발음법이다. 표준어규정과 표준발음법은 단순한 암기가 아닌 어문규정에 대한 폭넓은 이해가 필요하고, 높임법, 띄어쓰기와 같은 기본적인 어문규정 역시 숙지하고 있어야 한다.

1 어휘

(1) 어휘 간 의미 관계

① 계열 관계

㉠ 유의 관계와 동의 관계 : 형태가 다른 두 어휘들 간에 의미가 유사성을 띠고 상호 교체될 수 있는 경우를 말한다. 예를 들어 '낯'과 '얼굴'의 경우 '사람의 눈, 코, 입 등이 있는 얼굴의 앞면'을 의미한다는 점에서 의미가 유사하다. 그리고 '낯이 뜨겁다', '얼굴이 뜨겁다'와 같이 문맥상 교체가 가능한 것은 유의 관계로 볼 수 있지만, '낯이 없다', '얼굴이 없다'와 같이 문맥상 교체가 어려운 경우도 발생하는 경우는 유의 관계라고 할 수 없다. 한편 형태가 다른 두 어휘가 의미가 같으며 모든 문맥에서 교체가 가능한 경우에는 동의 관계에 있다고 한다.

- 높임 체계에 따른 유의 관계 : 밥/진지, 주다/드리다, 먹다/잡수시다
- 고유어와 한자어의 대립에 따른 유의 관계 : 생각/사고(思考), 슬픔/비애(悲哀), 사람/인간(人間), 말미/휴가(休嘉)
- 고유어와 외래어의 대립에 따른 유의 관계 : 만남/미팅(meeting), 동아리/서클(circle), 집/아파트(apartment)
- 표준어와 방언에 따른 유의 관계 : 옥수수/강냉이, 고깃간/푸줏간

㉡ 반의 관계와 대립 관계 : 어떤 어휘들 간의 관계에서 한 가지 요소를 제외한 나머지 의미 요소가 동일할 때의 관계를 말한다. '처녀'와 '총각'이라는 어휘를 살펴보면 '사람', '미혼'이라는 공통점은 있지만, 오직 '여성', '남성'이라는 성의 요소만 차이가 나기 때문에 반의 관계에 해당한다. 대립 관계는 반의 관계와 혼동하기 쉽지만, '하늘'과 '땅'이라는 어휘를 살펴보면 공통된 의미요소가 없고 '위', '아래'라는 위치요소만 대립한다. 따라서 '하늘'과 '땅'은 반의 관계로 보기

힘들다.

예 '팽창'과 '수축'

- **팽창** : 1. 부풀어서 부피가 커짐 2. 수량이 본디의 상태보다 늘어나거나 범위, 세력 따위가 본디의 상태보다 커지거나 크게 발전함
- **수축** : 1. 근육 따위가 오그라듦 2. 부피나 규모가 줄어듦

예 '부상'과 '추락'

- **부상** : 1. 물 위로 떠오름 2. 어떤 현상이 관심의 대상이 되거나 어떤 사람이 훨씬 좋은 위치로 올라섬
- **추락** : 1. 높은 곳에서 떨어짐 2. 위신이나 가치 따위가 떨어짐 3. 할아버지나 아버지의 공덕에 미치지 못하고 떨어짐

예 '증가'와 '감소'

- **증가** : 양이나 수치가 늚
- **감소** : 양이나 수치가 줆 또는 양이나 수치를 줄임

ⓒ **상하 관계** : 한쪽이 의미상 다른 쪽을 포함하거나 다른 쪽에 포함되는 의미 관계를 상하 관계라고 한다. 이때 포함하는 단어를 상의어, 포함되는 단어를 하의어라 한다. 흔히 상하 관계는 생물학적 분류기준인 종(種)이 유지되는 단어들 사이에서 나타난다.

예 새 : 참새, 갈매기, 꿩, 까마귀, 독수리, …, 매(송골매, 보라매 …)

ⓔ **부분–전체 관계** : 한 단어가 다른 단어의 부분이 되는 관계가 부분 관계, 전체 부분 관계라고 한다. 부분 관계에서 부분을 가리키는 단어를 부분어, 전체를 가리키는 단어를 전체어라고 한다. 예를 들면, '머리, 팔, 몸통, 다리'는 '몸'의 부분어이며, 이러한 부분어들에 의해 이루어진 '몸'은 전체어이다.

② **복합 관계**

ⓐ **다의 관계** : 어떤 어휘에 대응하는 의미가 여러 개일 경우를 말한다. 다의 관계에 있는 어휘들은 중심 의미를 바탕으로 주변 의미로 확장되거나 비유에 의해 의미가 확장되기도 한다.

- '길'의 경우 중심 의미는 '사람이나 동물 또는 자동차 따위가 다닐 수 있는 공간'이지만, '시간의 흐름에 따른 개인의 삶이나 사회 · 역사적 발전이 전개되는 과정' 등 주변적 의미나 비유적 의미로 확장되어 다의 관계를 형성하기도 한다.

  예 출근길이 막혀서 회사에 늦을 뻔했다. → 중심 의미로 사용되었다.

  내가 살아갈 길은 희망으로 가득 차 있다. → 주변 의미로 사용되었다.

  그 양반이 어제 저승길로 갔다. → 비유적인 의미로 사용되었다.

- '같다'의 중심 의미는 '서로 다르지 않고 같다'이지만, '기준에 합당한'과 같은 주변적 의미로 쓰여 다의 관계를 형성하기도 한다.

예 그는 나와 같은 학교를 졸업하였다. → 중심 의미로 사용되었다.

　　우리 언니 같은 사람은 세상에 또 없을 거야. → 주변 의미로 사용되었다.

　　나 같으면 이를 악물고 더 열심히 할 거야. → 주변 의미로 사용되었다.

ⓒ **동음이의 관계** : 서로 다른 의미를 가진 어휘가 시간의 흐름에 따라 발음이 변하여 우연히 형태가 같아진 경우가 있다. '배'의 경우 '과일의 한 종류'나 '사람의 가슴 아래 부분', '바다에서 사람이나 화물을 수송하는 교통수단' 모두 같은 형태를 지니고 있으나, 의미상의 연관성이 없어 중심 의미에서 주변 의미로 확장된 경우로 볼 수 없는 경우에는 다의 관계와 구분하여 '동음이의 관계'에 있다고 하며 사전에서도 서로 다른 어휘로 취급한다.

(2) 고유어

① **의미** : 고유어란 우리말에 본디부터 있던 낱말이나 그것을 바탕으로 하여 새로 만들어진 낱말을 뜻하며, 다른 말로 토박이말 또는 순우리말이라고 한다.

② **종류**

　ㄱ **사람의 신체와 관련된 어휘**

　　• **가는 귀** : 작은 소리까지 듣는 귀 또는 그런 귀의 능력

　　• **명치** : 사람의 복장뼈 아래 한가운데의 오목하게 들어간 곳. 급소의 하나이다.

　　• **몽구리** : 바싹 깎은 머리

　　• **허우대** : 겉으로 드러난 체격. 주로 크거나 보기 좋은 체격을 이른다.

　　• **허울** : 실속이 없는 겉모양

　ㄴ **사람의 행위와 관련된 어휘**

　　• **가탈** : 1. 일이 순조롭게 나아가는 것을 방해하는 조건 2. 이리저리 트집을 잡아 까다롭게 구는 일

　　• **너스레** : 수다스럽게 떠벌려 늘어놓는 말이나 짓

　　• **넉장거리** : 네 활개를 벌리고 뒤로 벌렁 나자빠짐

　　• **옴니암니** : 1. 다 같은 이인데 자질구레하게 어금니 앞니 따진다는 뜻으로, 아주 자질구레한 것을 이르는 말 2. 자질구레한 일에 대하여까지 좀스럽게 셈하거나 따지는 모양 ≒ 암니옴니

　　• **허드렛일** : 중요하지 아니하고 허름한 일

　ㄷ **사람의 성품 · 관계 · 직업 등과 관련된 어휘**

　　• **가납사니** : 1. 쓸데없는 말을 지껄이기 좋아하는 수다스러운 사람 2. 말다툼을 잘하는 사람

　　• **가시버시** : '부부'를 낮잡아 이르는 말

　　• **괄괄스럽다** : 보기에 성질이 세고 급한 데가 있다.

　　• **마파람** : 뱃사람들의 은어로, '남풍'을 이르는 말

- 만무방 : 1. 염치가 없이 막된 사람 2. 아무렇게나 생긴 사람

- 맵짜다 : 1. 음식의 맛이 맵고 짜다. 2. 바람 따위가 매섭게 사납다. 3. 성미가 사납고 독하다. 4. 성질 따위가 야무지고 옹골차다.

- 맵차다 : 1. 맵고 차다. 2. 옹골차고 야무지다.

- 어험스럽다 : 1. 짐짓 위엄이 있어 보이는 듯하다. 2. 굴이나 구멍 따위가 텅 비고 우중충한 데가 있다.

- 찬찬스럽다 : 보기에 성질, 솜씨, 행동 따위가 꼼꼼하고 자상한 데가 있다.

㉣ 자연현상이나 자연물과 관련된 어휘

- 고도리 : 1. 고등어의 새끼 2. '고등어'의 옛말

- 늦사리 : 제철보다 늦게 농작물을 수확하는 일 또는 그런 작물

- 하릅강아지 : 나이가 한 살 된 강아지

- 해거름 : 해가 서쪽으로 넘어가는 일 또는 그런 때

- 해넘이 : 해가 막 넘어가는 때 또는 그런 현상

㉤ 상황 또는 상태, 외양과 관련된 어휘

- 가년스럽다 : 보기에 가난하고 어려운 데가 있다.

- 남우세스럽다 : 남에게 놀림과 비웃음을 받을 듯하다.

- 녹녹하다 : 1. 촉촉한 기운이 약간 있다. 2. 물기나 기름기가 있어 딱딱하지 않고 좀 무르며 보드랍다.

- 옴팡지다 : 1. 보기에 가운데가 좀 오목하게 쏙 들어가 있다. 2. 아주 심하거나 지독한 데가 있다.

- 잔다랗다 : 1. 꽤 잘다. 2. 아주 자질구레하다. 3. 볼만한 가치가 없을 정도로 하찮다.

㉥ 음성 상징어

- 감실감실 : 사람이나 물체, 빛 따위가 먼 곳에서 자꾸 아렴풋이 움직이는 모양

- 곰실곰실 : 작은 벌레 따위가 한데 어우러져 조금씩 자꾸 굼뜨게 움직이는 모양

- 데면데면 : 1. 사람을 대하는 태도가 친밀감이 없이 예사로운 모양 2. 성질이 꼼꼼하지 않아 행동이 신중하거나 조심스럽지 않은 모양

- 미적미적 : 1. 무거운 것을 조금씩 앞으로 자꾸 내미는 모양 2. 해야 할 일이나 날짜 따위를 미루어 자꾸 시간을 끄는 모양 = 미루적미루적 3. 자꾸 꾸물대거나 망설이는 모양

- 아등바등 : 무엇을 이루려고 애를 쓰거나 우겨대는 모양

㉦ 숫자를 나타내는 어휘

- 강다리 : 쪼갠 장작을 묶어 세는 단위. 한 강다리는 쪼갠 장작 백 개비를 이른다.

- 거리 : 오이나 가지 따위를 묶어 세는 단위(한 거리는 오이나 가지 오십 개)

• 모숨 : 길고 가느다란 물건의, 한 줌 안에 들어올 만한 분량을 세는 단위

• 뭇 : 1. 짚, 장작, 채소 따위의 작은 묶음을 세는 단위 2. 볏단을 세는 단위 3. 생선을 묶어 세는 단위(한 뭇은 생선 열 마리) 4. 미역을 묶어 세는 단위(한 뭇은 미역 열 장)

• 벌 : 옷, 그릇 따위가 두 개 또는 여러 개 모여 갖추는 덩어리를 세는 단위

• 줌 : 주먹으로 쥘 만한 분량

• 타래 : 사리어 뭉쳐 놓은 실이나 노끈 따위의 뭉치를 세는 단위

• 토리 : 실뭉당이를 세는 단위

• 갈무리 : 1. 물건 따위를 잘 정리하거나 간수함 2. 일을 처리하여 마무리함

• 거위영장 : 여위고 키가 크며 목이 긴 사람을 놀림조로 이르는 말

• 곰살맞다 : 몹시 부드럽고 친절하다.

• 공변되다 : 행동이나 일 처리가 사사롭거나 한쪽으로 치우치지 않고 공평하다.

• 곡두 : 눈앞에 없는 것이 있는 것처럼 보이는 것 = 환영(幻影)

• 대갈마치 : 온갖 어려운 일을 겪어서 아주 야무진 사람을 비유적 이르는 말

• 뒷배 : 겉으로 나서지 않고 뒤에서 보살펴 주는 일

• 마수걸이 : 1. 맨 처음으로 물건을 파는 일 또는 거기서 얻은 소득 2. 맨 처음으로 부딪는 일

• 섬 : 부피의 단위. 곡식, 가루, 액체 따위의 부피를 잴 때 쓴다(한 섬은 한 말의 열 배).

• 손 : 한 손에 잡을 만한 분량을 세는 단위. 조기, 고등어, 배추 따위 한 손은 큰 것 하나와 작은 것 하나를 합한 것을 이르고, 미나리나 파 따위 한 손은 한 줌 분량을 이른다.

• 쌈 : 1. 바늘을 묶어 세는 단위(한 쌈은 바늘 스물네 개) 2. 옷감, 피혁 따위를 알맞은 분량으로 싸 놓은 덩이를 세는 단위. 3. 금의 무게를 나타내는 단위(한 쌈은 금 백 냥쭝)

• 암상스럽다 : 보기에 남을 시기하고 샘을 잘 내는 데가 있다.

• 어둑서니 : 어두운 밤에 아무것도 없는데, 있는 것처럼 잘못 보이는 것

• 오금 : 무릎의 구부러지는 오목한 안쪽 부분

• 옹글다 : 1. 물건 따위가 조각나거나 손상되지 아니하고 본디대로 있다. 2. 조금도 축가거나 모자라지 아니하다. 3. 매우 실속 있고 다부지다.

• 씨엉씨엉 : 걸음걸이나 행동 따위가 기운차고 활기 있는 모양

• 잰걸음 : 보폭이 짧고 빠른 걸음

• 찹찹하다 : 1. 포개어 쌓은 물건이 엉성하지 아니하고 차곡차곡 가지런하게 가라앉아 있다. 2. 마음이 들뜨지 아니하고 차분하다.

• 톳 : 김을 묶어 세는 단위. 한 톳은 김 100장을 이른다.

• 한동자 : 끼니를 마친 후 새로 밥을 짓는 일

(3) 관용구 · 속담

① 의미 : 관용구란 두 개 이상의 단어로 이루어져 있으면서 그 단어들의 의미만으로는 전체의 의미를 알 수 없는, 특수한 의미를 나타내는 어구를 말하고, 속담이란 예로부터 전해지는 조상들의 지혜가 담긴 표현으로, 교훈이나 풍자를 하기 위해 어떤 사실을 비유의 방법으로 서술하는 간결한 관용어구를 말한다.

② 종류

㉠ 신체와 관련 있는 관용구

- **가슴이 콩알만 하다(해지다)** : 불안하고 초조하여 마음을 펴지 못하고 있다.
- **간도 쓸개도 없다** : 용기나 줏대 없이 남에게 굽히다.
- **눈에 어리다** : 어떤 모습이 잊혀지지 않고 머릿속에 뚜렷하게 떠오르다.
- **배알이 꼴리다(뒤틀리다)** : 비위에 거슬려 아니꼽게 생각된다.

㉡ 사물 · 자연물과 관련 있는 관용구

- **강 건너 불구경** : 자기에게 관계없는 일이라고 하여 무관심하게 방관하는 모양
- **바가지를 쓰다** : 1. 요금이나 물건값을 실제 가격보다 비싸게 지불하여 억울한 손해를 보다. 2. 어떤 일에 대한 부당한 책임을 억울하게 지게 되다.
- **바람을 일으키다** : 1. 사회적으로 많은 사람에게 영향을 미치다. 2. 사회적 문제를 만들거나 소란을 일으키다.
- **산통을 깨다** : 다 잘되어 가던 일을 이루지 못하게 뒤틀다.
- **하늘이 노래지다** : 갑자기 기력이 다하거나 큰 충격을 받아 정신이 아찔하게 되다.

㉢ 속담

- **가난 구제는 나라님(임금)도 못한다** : 남의 가난한 살림을 도와주기란 끝이 없는 일이어서, 개인은 물론 나라의 힘으로도 구제하지 못한다는 말
- **가는 말에 채찍질** : 1. 열심히 하는데도 더 빨리 하라고 독촉함을 비유적으로 이르는 말 2. 형편이나 힘이 한창 좋을 때라도 더욱 힘써야 함을 비유적으로 이르는 말
- **뚝배기보다 장맛이 좋다** : 겉모양은 보잘것없으나 내용은 훨씬 훌륭함을 이르는 말
- **마른나무를 태우면 생나무도 탄다** : 안 되는 일도 대세를 타면 잘될 수 있음을 비유적으로 이르는 말
- **비단옷 입고 밤길 가기** : 비단옷을 입고 밤길을 걸으면 아무도 알아주지 않는다는 뜻으로, 생색이 나지 않는 공연한 일에 애쓰고도 보람이 없는 경우를 비유적으로 이르는 말
- **산 까마귀 염불한다** : 산에 있는 까마귀가 산에 있는 절에서 염불하는 것을 하도 많이 보고 들어서 염불하는 흉내를 낸다는 뜻으로, 무엇을 전혀 모르던 사람도 오랫동안 보고 듣노라면 제법 따라 할 수 있게 됨을 비유적으로 이르는 말

- 치마가 열두 폭인가 : 남의 일에 쓸데없이 간섭하고 참견함을 비꼬는 말
- 코 막고 답답하다(숨막힌다)고 한다 : 제힘으로 쉽게 할 수 있는 일을 어렵게 생각하여 다른 곳에서 해결책을 찾으려 함을 비유적으로 이르는 말
- 혀 아래 도끼 들었다 : 말을 잘못하면 재앙을 받게 되니 말조심을 하라는 말

- 가슴을 저미다 : 생각이나 느낌이 매우 심각하고 간절하여 가슴을 칼로 베는 듯한 아픔을 느끼게 하다.
- 경종을 울리다 : 잘못이나 위험을 미리 경계하여 주의를 환기시키다.
- 경주 돌이면 다 옥석인가 : 1. 좋은 일 가운데 궂은일도 섞여 있다는 말 2. 사물을 평가할 때, 그것이 나는 곳이나 그 이름만을 가지고서 판단할 수 없다는 말
- 곶감 꼬치에서 곶감 빼(뽑아) 먹듯 : 애써 알뜰히 모아 둔 재산을 조금씩 조금씩 헐어 써 없앰을 비유적으로 이르는 말
- 귀를 씻다 : 세속의 더러운 이야기를 들은 귀를 씻는다는 뜻으로, 세상의 명리를 떠나 깨끗하게 삶을 비유적으로 이르는 말
- 눈에 불을 켜다 : 1. 몹시 욕심을 내거나 관심을 기울이다. 2. 화가 나서 눈을 부릅뜨다.
- 도끼가 제 자루 못 찍는다 : 자기의 허물을 자기가 알아서 고치기 어려움을 비유적으로 이르는 말
- 돌을 던지다 : 1. 남의 잘못을 비난하다. 2. 바둑을 두는 도중에 자기가 졌음을 인정하고 그만두다.
- 땅이 꺼지도록(꺼지게) : 한숨을 쉴 때 몹시 깊고도 크게.
- 마파람에 게 눈 감추듯 : 음식을 매우 빨리 먹어 버리는 모습을 비유적으로 이르는 말 ㉮ 남양 원님 굴회 마시듯, 두꺼비 파리 잡아먹듯
- 물 위의 기름 : 서로 어울리지 못하여 겉도는 사이
- 불꽃이 튀다 : 1. 겨루는 모양이 치열하다. 2. 격한 감정이 눈에 내비치다.
- 붓을 꺾다(던지다) : 1. 문필 활동을 그만두다. 2. 글을 쓰는 문필 활동에 관한 희망을 버리고 다른 일을 하다.
- 얼음에 박 밀듯 : 말이나 글을 거침없이 줄줄 내리읽거나 내리외는 모양을 비유적으로 이르는 말
- 오뉴월 감주 맛 변하듯 : 매우 빨리 변하여 못 쓰게 됨을 비유적으로 이르는 말
- 코빼기도 내밀지(나타나지) 않다 : 도무지 모습을 나타내지 아니함을 낮잡아 이르는 말
- 피가 거꾸로 솟다(돌다) : 피가 머리로 모인다는 뜻으로, 매우 흥분한 상태를 비유적으로 이르는 말

• 파방에 수수엿 장수 : 기회를 놓쳐서 이제는 별 볼 일 없게 된 사람이나 그런 경우를 비유적
으로 이르는 말
• 하루가 여삼추(라) : 하루가 삼 년과 같다는 뜻으로, 짧은 시간이 매우 길게 느껴짐을 비유적
으로 이르는 말
• 허리가 휘다(휘어지다) : 감당하기 어려운 일을 하느라 힘이 부치다.

(4) 한자어 · 한자성어

① 의미 : 한자어란 한국어 속에 쓰이는 한자 어휘를 말하며, 우리 일상에 자주 그리고 많이 사용된
다. 한자성어란 관용적인 뜻으로 굳어 쓰이는 한자로 된 말로, 주로 유래가 있거나 교훈을 담고
있다.

② 종류

㉠ 한자 유의어

가공(架空) = 허구(虛構)	가권(家眷) = 권솔(眷率)	가련(可憐) = 측은(惻隱)
구속(拘束) = 속박(束縛)	구축(驅逐) = 구출(驅出)	구획(區劃) = 경계(境界)
귀감(龜鑑) = 모범(模範)	귀향(歸鄕) = 귀성(歸省)	기대(企待) = 촉망(囑望)
압박(壓迫) = 위압(威壓)	연혁(沿革) = 변천(變遷)	영원(永遠) = 영구(永久)
횡사(橫死) = 비명(非命)	후락(朽落) = 퇴락(頹落)	힐난(詰難) = 지탄(指彈)

㉡ 한자 반의어

가결(可決) ↔ 부결(否決)	간헐(間歇) ↔ 지속(持續)	감퇴(減退) ↔ 증진(增進)
고답(高踏) ↔ 세속(世俗)	고아(高雅) ↔ 비속(卑俗)	공명(共鳴) ↔ 반박(反駁)
공용(共用) ↔ 전용(專用)	동요(動搖) ↔ 안정(安定)	질서(秩序) ↔ 혼돈(混沌)
참신(斬新) ↔ 진부(陳腐)	지졸(稚拙) ↔ 세련(洗練)	편파(偏頗) ↔ 공평(公平)
폐지(廢止) ↔ 존속(存續)	할인(割引) ↔ 할증(割增)	호전(好轉) ↔ 악화(惡化)

㉢ 효에 관한 한자성어

• 望雲之情(망운지정) : '멀리 구름을 바라보며 어버이를 생각한다'라는 뜻으로, 자식이 객지에
서 고향에 계신 어버이를 생각하는 마음 ㉴ 望雲之懷(망운지회)
• 反哺之孝(반포지효) : 자식이 자란 후에 어버이의 은혜를 갚는 효성을 이르는 말
• 出必告反必面(출필고반필면) : 나갈 때는 반드시 가는 곳을 아뢰고, 되돌아와서는 반드시 얼
굴을 보여 드림을 이르는 말 ㉴ 出告反面(출고반면)
• 風樹之歎(풍수지탄) : 효도하고자 할 때에 이미 부모는 돌아가셔서, 효행을 다하지 못하는 슬
픔을 이르는 말
• 昊天罔極(호천망극) : 어버이의 은혜가 넓고 큰 하늘과 같이 다함이 없음을 이르는 말

㉣ 우정에 관한 한자성어
  - 肝膽相照(간담상조) : '간과 쓸개를 내놓고 서로에게 보인다'라는 뜻으로, 서로 마음을 터놓고 친하게 사귐을 이르는 말
  - 管鮑之交(관포지교) : 관중과 포숙의 사귐이란 뜻으로, 우정이 아주 돈독한 친구 관계를 이르는 말
  - 莫逆之友(막역지우) : 허물이 없이 아주 친한 친구를 이르는 말 ㈜ 莫逆之間(막역지간)
  - 刎頸之交(문경지교) : 죽고 살기를 같이 할 수 있는 아주 가까운 사이나 친구를 이르는 말
  - 朋友有信(붕우유신) : 친구 사이의 도리는 믿음에 있음을 뜻하는 말로 오륜(五倫)의 하나
  - 水魚之交(수어지교) : '물과 고기의 관계'처럼 아주 친밀하여 떨어질 수 없는 사이를 이르는 말
  - 知音知己(지음지기) : 소리를 듣고 나를 인정해 주는 친구를 이르는 말
㉤ 학문에 관한 한자성어
  - 曲學阿世(곡학아세) : 바른 길에서 벗어난 학문으로 세상 사람에게 아첨함
  - 敎學相長(교학상장) : 가르치는 사람과 배우는 사람이 서로의 학업을 증진시킨다는 뜻
  - 發憤忘食(발분망식) : 일을 이루려고 끼니조차 잊고 분발하여 노력함을 이르는 말
  - 走馬加鞭(주마가편) : '달리는 말에 채찍을 더한다'라는 뜻으로, 잘하는 사람을 더욱 장려함
㉥ 부부에 관한 한자성어
  - 琴瑟之樂(금슬지락) : 거문고와 비파의 조화로운 소리라는 뜻으로, 부부 사이의 다정하고 화목함을 이르는 말
  - 夫唱婦隨(부창부수) : 남편이 주장하면 부인이 이에 잘 따른다는 뜻으로, 부부 화합의 도리를 이르는 말
  - 賢婦令夫貴和六親(현부영부귀화육친) : 현명한 부인은 남편을 귀하게 하고 또한 일가친척을 화목하게 함을 이르는 말

  - 가렴주구(苛斂誅求) : 세금을 가혹하게 거두거나 백성의 재물을 무리하게 빼앗음을 이르는 말
  - 교각살우(矯角殺牛) : '소의 뿔을 잡으려다가 소를 죽인다'라는 뜻으로 잘못된 점을 고치려다가 수단이 지나쳐 오히려 일을 그르침을 이르는 말
  - 낭중지추(囊中之錐) : '주머니 속에 있는 송곳'이란 뜻으로, 재능이 뛰어난 사람은 숨어 있어도 저절로 사람들에게 알려짐을 이르는 말
  - 당랑거철(螳螂拒轍) : 자기 힘은 헤아리지 않고 강자에게 함부로 덤빔을 비유적으로 이르는 말
  - 망양보뢰(亡羊補牢) : '양을 잃고 우리를 고친다'라는 뜻으로, 이미 어떤 일을 실패한 뒤에 뉘우쳐도 아무 소용이 없음을 이르는 말
  - 면종복배(面從腹背) : 겉으로는 복종하는 체하면서 속으로는 배반함을 이르는 말

- 불치하문(不恥下問) : 손아랫사람이나 지위나 학식이 자기만 못한 사람에게 모르는 것을 묻는 일을 부끄러워하지 아니함
- 빙탄지간(氷炭之間) : '얼음과 숯 사이'란 뜻으로, 둘이 서로 어긋나 맞지 않는 사이나 서로 화합할 수 없는 사이를 말함
- 수주대토(守株待兔) : '그루터기를 지켜 토끼를 기다린다'라는 뜻으로, 달리 변통할 줄 모르고 한 가지 일에만 얽매여 발전을 모르는 어리석은 사람을 비유적으로 이르는 말
- 염량세태(炎凉世態) : 권세가 있을 때는 아부하고, 몰락하면 푸대접하는 세상인심을 비유적으로 이르는 말
- 우공이산(愚公移山) : '우공이 산을 옮긴다'는 말로 남이 보기엔 어리석은 일처럼 보이지만 어떤 일이라도 끊임없이 노력하면 반드시 이루어짐을 이르는 말
- 인면수심(人面獸心) : '사람의 얼굴을 하고 있으나 마음은 짐승과 같다'라는 뜻으로, 마음이나 행동이 몹시 흉악함을 이르는 말
- 전인미답(前人未踏) : 이제까지 아무도 발을 들여 놓거나 손을 댄 일이 없음을 이르는 말
- 지어지앙(池魚之殃) : '연못에 사는 물고기의 재앙'이라는 뜻으로, 아무런 상관도 없는데 화를 당하는 경우를 이름
- 창해일속(滄海一粟) : 넓고 큰 바닷속의 좁쌀 한 알이라는 뜻으로, 아주 많거나 넓은 것 가운데 있는 매우 하찮고 작은 것을 이르는 말
- 천의무봉(天衣無縫) : '선녀의 옷에는 바느질한 자리가 없다'라는 뜻으로, 1. 성격이나 언동 등이 매우 자연스러워 조금도 꾸민 데가 없음 2. 시나 문장이 기교를 부린 흔적(痕跡)이 없어 극히 자연스러움을 이르는 말
- 초미지급(焦眉之急) : '눈썹이 타게 될 만큼 위급한 상태'란 뜻으로, 그대로 방치할 수 없는 매우 다급한 일이나 경우를 이르는 말
- 필부지용(匹夫之勇) : 좁은 소견을 가지고 어떤 계획이나 방법도 없이 혈기만을 믿고 마구 날뛰는 행동을 뜻함
- 후생가외(後生可畏) : 젊은 후학들을 두려워할 만하다는 뜻으로, 후진들이 선배들보다 젊고 기력이 좋아, 학문을 닦음에 따라 큰 인물이 될 수 있으므로 가히 두렵다는 말
- 흥진비래(興盡悲來) : 즐거운 일이 다하면 슬픈 일이 닥쳐온다는 뜻으로, 세상일은 순환되는 것임을 이르는 말

(1) 한글 맞춤법

① 한글 맞춤법의 의미

한국어를 한국 언어사회의 규범이 되도록 어법에 맞게 표기하는 방법을 뜻한다.

② 한글 맞춤법의 역사와 특징

'한글 맞춤법'은 일제 강점기를 거치면서 일정한 규범 없이 사용되어 오던 우리말의 표기를 보다 체계적으로 규범화함으로써 우리말을 지키고 발전시키고자 한 노력의 결실이다. 초기의 맞춤법은 1930년 '한글 학회'의 전신인 '조선어 학회'에서 결의되어 1933년 확정되었고, 같은 해 10월 29일에 공포되었다. 이후 '한글 맞춤법'은 여러 차례의 개정을 거쳐 지금에 이르게 되었다. 현재의 맞춤법은 1987년 4월 〈한글맞춤법 개정안〉이 마련되고 심의를 거쳐 1989년 3월 1일부터 시행된 것이다.

(2) 표준어 규정

① 표준어 규정의 이해

'표준어 규정'은 표준어 사정의 원칙과 표준발음법을 체계화한 규정이다. 1936년 조선어 학회에서 사전하여 공표한 〈조선어 표준말 모음〉을 크게 보완하고 합리화하여 1988년 1월에 문교부가 고시하였다.

② 표준어의 기능

㉠ **통일의 기능** : 모든 국민의 언어 생활을 통일하여 누구와도 의사소통이 잘 되도록 하는 역할을 한다.

㉡ **준거의 기능** : 어문 규정 역시 교육 및 행정 등의 분야에서 준수되어야 할 규정이다. 표준어는 이를 지키게 함으로써 준법정신을 길러 주는 역할을 한다.

㉢ **교양 형성의 기능** : 공적인 의사소통을 하는 데 필요한 기본적 토대를 제공한다.

(3) 표준 발음법

① 표준 발음법의 의미

어떤 언어에 대한 발음상의 규칙과 규범을 뜻한다.

② 표준 발음법의 이해

'표준 발음법'은 1933년 '한글 맞춤법'이 공포된 뒤 55년이 지나고 나서야 고시되었다. 그만큼 발음의 표준에는 소홀했던 것이다. 하지만 우리가 글을 쓸 때, '한글 맞춤법'에 맞는 표준어를 써야 하는 것과 같이 말을 할 때 역시 표준어를 '표준 발음법'에 맞게 발음해야 한다.

(4) 외래어 표기법

① 외래어 표기법의 정의

현행 외래어 표기법은 1986년 1월 고시하여 1986년 3월부터 시행되고 있는 규정이다. 외래어를 우리말로 표기하는 방법을 규정한 것으로 한국인을 대상으로 한다. 따라서 외래어 표기는 무조건 외래어의 원음에 가깝게 적는 것보다 우리말의 언어실정에 맞도록 적는 것이 바람직하다. 또한 외래어는 우리말이 아니기 때문에 말하는 사람에 따라 다르게 쓰일 수 있으므로 일관된 표기 원칙을 규정하여 언어생활의 효율성을 꾀하려는 것이 외래어 표기법의 목적이다.

② 외래어 표기법의 주요 규정

외래어 표기법은 제1장 표기의 원칙과 제2장 표기 일람표, 제3장 표기세칙, 제4장 인명, 지명 표기의 원칙 등으로 구성되어 있다. 제1장의 표기의 원칙과 제3장의 표기세칙은 반드시 알아 두어야 할 규정이다.

(5) 비문

① 정확하지 못한 표현

㉠ 주어와 서술어의 쓰임이 잘못된 경우

• 주어를 빠뜨린 경우

【예】 새로 생긴 식당에 갔는데 초등학교 동창이었다. → '식당 주인이'를 빠뜨렸다.

• 주어와 서술어의 호응이 제대로 이루어지지 않은 경우

【예】 우리가 이 전쟁에서 패한 이유는 상대방을 너무 얕잡아 보았다. → '이유'는 '때문이다'와 호응하므로 '보았기 때문이다'로 고쳐야 한다.

• 문장 안에서 주어가 바뀌는 경우

【예】 그는 그녀에게 조금 더 걷자고 말했지만, 고개를 저었다. → 걷자고 요청한 사람은 '그'이고, 요청 대상은 '그녀'이다. 따라서 고개를 저은 사람은 그녀이므로 '고개를'의 앞에 '그녀는'을 넣어야 한다.

㉡ 구조어의 호응 관계가 어색한 경우

【예】 그는 행동력이 있을 뿐만 아니라 꼼꼼할 뿐이다. → '뿐만 아니라'라는 부분이 제시되었으므로 '꼼꼼할 뿐이다'가 아닌 '꼼꼼하기까지 하다'가 와야 한다.

㉢ 높임법의 호응이 이루어지지 않은 경우

【예】 아버지께서 방에 들어갔다. → '들어갔다'를 '들어가셨다'로 고쳐야 한다.

㉣ 시제의 호응이 이루어지지 않은 경우

　　예 작년에는 때맞춰 내린 눈 덕분에 화이트 크리스마스를 맞이한다. → 시제가 작년, 즉 과거이므로 '맞이한다'가 아니라 '맞이했다'로 고쳐야 한다.

② 문장 접속이 어색한 표현

　㉠ 접속한 두 문장의 구조가 문법적으로 대등하지 않은 경우

　　예 세계는 받아들이는 사람만의 독특한 인식 세계를 구축하지만, 그 구축은 홀로 이루어지는 것이 아니라 삶을 공유하고 교류하는 사람들 사이에서 상호 공통적인 요소를 확인하면서 하나의 세계관을 형성한다. → 앞에서 인식 체계의 구축에 대해 언급하면서 '이루어지는 것이 아니라'라고 하였으므로 '공통적인 요소를 확인하면서 하나의 세계관을 형성한다'를 '공통적인 요소를 확인하면서 이루어지고, 그것으로 하나의 세계관이 형성된다'로 고치는 것이 바람직하다.

　㉡ 공통적으로 들어가는 요소 이외의 것을 생략한 경우

　　예 제2차 세계 대전에서 미군은 많은 일본군을 생포하였는데, 스스로를 명예를 잃은 자라고 여기며 일본인으로서의 생명이 끝났다고까지 생각했다. → '스스로를 명예를 ~ 끝났다'고 생각한 사람은 생포된 일본군이다. 그러므로 '스스로를'의 앞에 '사로잡힌 일본군은' 등을 넣어야 한다.

　㉢ 두 절의 관계가 논리적으로 호응하지 않는 경우

　　예 감기를 예방하는 가장 좋은 방법은 외출하고 돌아온 후 손과 발을 씻고 입을 헹구는 것과 충분한 수면을 취한다. → '손과 발을 씻고 입을 헹구는 것'이라고 하였으므로 '충분한 수면을 취하는 것이다'로 고치는 것이 바람직하다.

③ 명료하지 못한 표현

　㉠ 중의적 어휘를 사용한 경우

　　예 다리가 정말 길구나. → '다리'가 신체의 일부인지, 책상 등 물건의 일부인지, 건너기 위한 시설물인지 알 수 없다.

　㉡ 중의적 구조를 사용한 경우

　　예 친구들이 다 웃지 않았다. → 친구들 중 웃은 사람이 단 한 사람도 없다는 의미와, 일부는 웃고 일부는 웃지 않았다는 두 가지 의미로 해석된다.

　㉢ 중의적 은유를 사용한 경우

　　예 우리 아버지는 호랑이이다. → 아버지가 실제로 호랑이인지, 아버지의 성격이나 외모가 호랑이 같은지, 또는 아버지가 연극 · 영화에서 호랑이 역할을 맡았는지 알 수 없다.

④ 간결하지 못한 표현

　㉠ 단어가 중복 사용된 경우

ⓔ 역전 앞, 모래 사장, 해변가 등

ⓛ 문장 내에서 의미가 중복 사용된 경우

ⓔ 우리는 그 안건에 대해 재차 다시 생각해야만 했다. → '재차'에는 '다시'라는 의미가 포함되어 있다.

⑤ 기타 표현

㉠ 피동형 문장의 남용

ⓔ 그 단계에서 우선되어야 할 것이 바로 분석이다. → '우선되어야'를 '우선해야'로 바꿔야 한다.

㉡ 조사의 오용과 부당한 생략

ⓔ 그는 구세군 냄비에게 5만 원권 지폐를 넣었다. → '에게'는 사람이나 동물에게만 쓰이는 조사이므로 '구세군 냄비에'로 고쳐야 한다.

㉢ 단어의 오용

ⓔ 칠칠맞게 그 지저분한 꼴이 뭐냐? → '칠칠맞다'는 '칠칠하다'를 속되게 이르는 말로, '주접이 들지 아니하고 깨끗하고 단정하다', '성질이나 일 처리가 반듯하고 야무지다'를 의미한다. 그러므로 '칠칠맞게'를 '칠칠하지 못하게', '칠칠맞지 못하게' 등으로 고쳐야 한다.

❸ 독해

(1) 지문의 핵심 파악하기

① **핵심어 찾기** : 자주 반복되는 어휘는 그 글의 중심 화제나 관점일 가능성이 크다.

② **각 문단의 중심 문장 찾기** : 핵심어에 대한 설명, 필자의 의견을 나타내는 부분일수록 중심 문장일 가능성이 크다. 주로 일반적 진술로 이루어진 문장이며, 각 문단의 처음이나 끝에 위치하는 경우가 많다.

③ **주제문 확정하기** : 각 문단의 중심 문장을 종합하면 필자가 말하고자 하는 바, 즉 주제를 파악하는 것이 수월해진다. 주제문은 각 문단의 중심 문장을 포괄할 수 있어야 한다.

(2) 글의 구조 파악하기

① **문단의 성격 알기** : 글의 구조를 파악하기 위해 가장 먼저 해야 할 것은 문단의 내용과 성격을 파악하는 것이다. 문단들 간의 관련성을 파악한 후 중심 문단과 뒷받침 문단으로 나눈다.

② **글의 구조 알기** : 글 전체를 이해하기 위해서는 글의 구조와 전개 방식을 알아야 한다. 서론-본론-결론이니 기-승-전-결 등의 전개 방식을 고려하여 글을 구조화한다.

③ 단락의 구조 파악하기

  ⑤ **단락의 구성** : 단락은 원칙적으로 하나의 중심 단락과 중심 단락을 상술하거나 중심 문장의 논거를 제시하는 복수의 뒷받침 단락으로 구성된다.

  ⑥ **단락의 종류**

구분	내용
도입	글을 쓰게 된 동기와 독자의 관심 유도, 주제의 방향 등이 제시된다.
전제	본격적으로 주제를 논하기 전에 배치되며, 논리적인 밑바탕이 된다.
연결	내용의 차이가 있는 단락을 이어 주는 역할을 한다.
전개	글 전체의 주제를 구체적으로 전개시켜 나간다.
주제	글 전체의 주제와 핵심 내용이 담겨 있는 단락이다.
부연	앞에서 언급한 중심 내용을 보충해서 풀어준다.
강조	앞의 내용과 별다른 차이 없이 반복해서 강조하며, 보통 주제와 관련이 있다.
정리	주제에 대한 일반적인 언급, 본론에서 강조한 필자의 주장, 견해 등의 요점을 제시한다.

(3) 글 속의 정보 추론하기

① 정보 추론하기

  ⑤ **세부 정보의 추론** : 명시된 정보가 포괄적인 경우에는 세부적인 정보가 제시되지 않는다. 따라서 포괄적인 정보를 바탕으로 연역적으로 추론하여 세부적인 정보를 추론해야 한다.

  ⑥ **생략된 정보의 추론** : 문장이 생략된 경우에는 앞 문장과 뒤 문장의 논리적 흐름과 정보 관계를 파악하여 추론한다. 단락이 생략된 경우에는 앞 단락과 뒤 단락의 요지를 파악하고 각 단락의 역할(주지, 예시, 상세화 등)을 파악하여 종합적인 추론을 한다.

② **상황 추론하기** : 읽기 자료를 바탕으로 알게 된 사실을 구체적인 상황에 적용할 줄 알아야 한다. 제시된 정보에 해당하는 구체적인 사례를 추론하거나 제시된 정보를 구체적인 상황에 적용했을 때 결과를 추론하는 것이 중요하다.

③ 추론 과정 파악하기

  ⑤ **전제, 논지, 논거 찾기** : 전제는 결론을 도출하기 위한 배경이라고 할 수 있다. 그러므로 결론에서 역으로 추론하면 찾을 수 있다. 이유와 결과가 나오는 경우에는 이유 부분이 전제이다. 논지는 글의 취지를, 논거는 필자가 주장에 대한 근거로서 제시하는 통계·사료·사건·상식 등을 말한다. 이 세 요소를 명확히 구분해야 한다.

  ⑥ **재구조화하기** : 전제, 논지, 논거를 찾은 다음에는 그 중에 핵심이 되는 것을 추려서 다시 구조화한다.

④ 접속어 : 문장 내부의 두 성분, 또는 문장과 문장을 이어주는 역할을 한다.

접속어	내용	예시
병립 접속어	동일 범주의 항목을 나열한다.	그리고, 더구나, 또(는), 하물며 등
상술 접속어	설명이나 예시 등을 제시할 때 사용된다.	내용인즉, 말하자면, 사실인즉, 예컨대 등
대립 접속어	앞서 제시한 내용을 부정할 때 사용된다.	그러나, 그러기보다, 그렇지만, 도리어, 반면, 차라리, 하지만 등
전환 접속어	내용을 전환한다. 새 단락의 시작 부분에 주로 사용된다.	각설하고, 그러면, 그런데, 다음으로, 돌이켜 보건대, 아무튼, 어쨌든, 한편 등
인과 접속어	원인과 결과를 제시할 때 사용된다.	그러므로, 그런즉, 그리하여, 왜냐하면 등
귀결 접속어	결론이나 요약을 도출할 때 사용된다.	결국, 결론적으로, 그래서, 그렇다면 등
보충 접속어	이유나 근거를 제시할 때 사용된다.	다만, 만약, 뿐더러, 왜냐하면, 특히 등

(4) 서술 방식의 종류

① 정태적 서술 방법

서술 방법	내용	예시
정의	일정 대상이나 용어의 법칙, 개념 등을 규정 · 진술한다. 정의항과 피정의항으로 이루어진다.	국어란 한 나라의 국민이 공통으로 사용하는 언어이다.
예시	세부적인 사례를 제시함으로써 원리, 법칙 등을 구체화하는 서술 방식이다. 설명 대상이 추상적 · 관념적일 경우에 효과적이다.	동종 요법은 유사성의 원리에 근거한 것으로, 동일한 증상을 인공적으로 만들어 치료하는 것이다. 벨라도나를 건강한 사람이 먹을 경우 열이 나거나 얼굴에 반점이 생길 수도 있다. 따라서 감기에 걸렸거나 햇빛에 피부가 심하게 노출되었을 경우 벨라도나를 조금만 먹으면 증상을 없앨 수 있다.
구분	상위 개념을 하위 개념으로 나누어 서술한다.	소설에는 콩트, 단편, 중편, 장편, 대하 소설이 있다.
분류	하위 개념을 상위 개념으로 묶어 서술한다.	도마뱀, 거북, 악어, 뱀은 모두 파충류에 속해 있다.
분석	유기적으로 결합된 전체를 성분 · 규모 · 속성 등의 구성 요소로 나누어 서술한다.	케이크는 밀가루, 설탕, 베이킹파우더, 소금, 달걀, 버터 등으로 이루어져 있다.
묘사	형태 · 색깔 · 감촉 · 향기 · 소리 등 감각적 인상에 의존하여 대상을 있는 그대로 그려낸다. 구체성 · 감각성을 특징으로 한다.	짐승 같은 달의 숨소리가 손에 잡힐 듯이 들리며, 콩포기와 옥수수 잎새가 한층 달에 푸르게 젖었다. 산허리는 온통 메밀밭이어서 피기 시작한 꽃이 소금을 뿌린 듯이 흐뭇한 달빛에 숨이 막힐 지경이다. 붉은 대궁이 향기같이 애잔하고, 나귀들의 걸음도 시원하다.

비교	복수 대상들 간의 유사점을 밝힌다.	관객의 반응을 중시할 수밖에 없다는 점에서 영화와 연극은 유사하다고 할 수 있다.
대조	복수 대상들 간의 차이점을 밝힌다.	서양 사람들에게 길은 정신적 여행을 의미하는 경향이 있다. 서양 사람들은 길 위에서 어떤 것(신이든 자기 자신이든)을 발견하고자 한다. 반면 고대 중국인들은 신이나 내적 자신을 만나기 위해 도(道)를 따른 것은 아니었다. 그들은 도를 따름으로써 인간으로서의 가장 높은 가능성을 완성할 수 있다고 생각했다.
유추	생소하고 어려운 개념이나 대상에 대하여 쉽고 친숙한 대상을 제시함으로써 이해를 돕는다. 이때 두 개념 또는 대상 사이에는 유사성이 있어야 한다.	인생은 마라톤이다.

② 동태적 서술 방법

서술 방법	내용	예시
서사	시간의 흐름에 따라 전개되는 사건이나 행동의 변화에 초점을 둔다. 사건 또는 행동 그 자체를 보여 준다.	그녀는 가게 문을 열고 안으로 들어갔다. 가게 안을 둘러 본 그녀는 창가 자리를 차지하고 앉았다. 그녀에게 다가간 점원이 메뉴판을 내밀었다. 그녀는 메뉴판을 받아 테이블 위에 올려놓으며 고개를 저었다. 점원이 가게 안쪽으로 들어가자 그녀는 핸드폰을 꺼냈다.
과정	특정 결과를 가져오게 한 절차나 방법 등을 단계별로 서술한다. '어떻게'라는 측면에 초점을 맞춘다.	냄비에 물을 붓고 소금을 넣은 후, 물이 끓으면 스파게티 면을 넣고 8분가량 삶는다. 면이 다 익으면 체에 밭쳐 물기를 뺀 후 올리브유 한 스푼을 넣어 버무려 둔다. 프라이팬을 불에 올려 달궈지면 올리브유를 두른 후 얇게 썬 마늘을 넣어 볶는다. 마늘이 다 익으면 베이컨을 넣어 볶는데, 베이컨이 노릇해지면 우유와 생크림을 붓는다. 소스가 끓으면 체에 밭쳐 두었던 면을 넣어 버무린다.
인과	특정 결과를 가져오게 한 원인이나 이유 등을 중심으로 한다. 주로 현상에 대한 설명이나 논증에서 사용된다.	지금으로부터 약 30억 년 전쯤, 광합성 박테리아의 일부는 물에서 직접 산소를 분해할 수 있게 되었다. 그 결과, 그들은 생명 활동에 필요한 에너지를 효율적으로 생산하게 되었다.

자료해석

인지능력 중 자료해석은 도표나 그림 등의 자료를 해석하는 방법에 대하여 상세한 학습과 수학적 계산을 할 수 있는 연산능력이 필요하다. 자료해석영역은 해석한 자료나 통계를 간단한 계산을 하거나, 비교·분석하여 원하는 값이나 내용을 얻을 수 있어야 한다. 응용수리 역시 수학적 연산능력을 기본으로 빠르고 정확히 계산할 수 있어야 한다.

1 자료해석

(1) 자료해석의 의의와 절차

① **자료해석의 의의** : 수집된 자료(도표, 그림, 그래프 등)에 대한 분석을 바탕으로 정보를 추론하는 것을 의미한다.

② **자료해석 문제를 풀이할 때의 절차**

자료 읽고 판단하기 ▶ 정보 파악하기 ▶ 파악한 정보를 선별·재조합하기 ▶ 추론하기

(2) 자료해석에 필요한 사항

① **자료해석에 필요한 능력**

㉠ **자료 판단 능력** : 자료해석 문제에 나오는 자료의 대부분은 표, 그래프, 그림 등으로 구성된다. 문제에 따라서 여러 개의 자료가 한꺼번에 등장하기도 한다. 그러므로 빠르고 정확한 문제 풀이를 위해서는 자료의 유형을 파악하여 그에 맞는 해석 방법을 적용하는 능력, 자료를 빠르게 읽은 후 필요한 내용을 파악하는 능력이 필요하다.

㉡ **기본 지식** : 간혹 일상에서 잘 쓰지 않는 단위 등을 이해하고 있어야만 해결할 수 있는 문제가 출제되기도 한다. 꼼꼼하게 대비하여 실수를 방지한다.

㉢ **계산 능력** : 대부분의 자료는 숫자로 구성되어 있다. 문제 역시 계산 능력을 필요로 하는 경우가 많으며, 그 중 상당수는 몇 가지 계산 노하우 및 암산을 통해 해결할 수 있다.

- 오답부터 제거할 것 : 자료해석 영역은 이름 그대로 자료를 얼마나 빠르고 정확하게 해석할 수 있는가에 중점을 두고 있으므로, 선택지 중에는 계산 과정 없이도 걸러낼 수 있는 오답이 상당수 포함되어 있다. 예를 들어 조건에 A와 B 중 하나만 포함한다는 내용이 있는 경우, A와 B 둘 다 포함된 선택지는 오답이 된다. 조건에 A가 반드시 포함되어야 한다는 내용이 있는 경우, A가 포함되지 않는 선택지는 오답이 된다. 이런 식으로 오답을 걸러 가면 정답 찾기가 한결 수월해질 것이다.

- 자의적으로 판단하지 말 것 : 자료해석 문제를 해결하기 위해서는 대부분 추론 과정을 거쳐야 한다. 여기서 주의해야 할 점은 어디까지나 주어진 자료 내에서의 추론이어야 한다는 것이다. 예를 들어 2010년부터 현재까지의 노령화 통계를 제시한 후 '농촌의 노령화 현상이 심화된 원인으로는 경제 개발 10개년 계획으로 야기된 청년층의 이농 현상 등이 있다'라는 선택지가 있다고 하자. 내용상으로는 사실인 문장이지만 이 문제 내에서만큼은 틀린 선택지, 또는 주어진 자료만으로는 판단할 수 없는 선택지가 된다. 의외로 실수하기 쉬운 부분이므로 주의가 필요하다.

- 지시문과 선택지를 통해 문제를 파악할 것 : 지시문과 선택지를 먼저 파악할 경우 풀이 시간을 줄일 수 있는 문제들이 상당수 존재한다. 지시문과 선택지를 읽어 그 문제를 통해 구해야 하는 것이 무엇인지 확인한 후, 주어진 자료를 훑어보면서 필요 항목에 체크하며 문제를 풀어 나가자.

- 새로운 용어, 지수의 정의가 있는 경우에는 지문을 읽기 전에 이것부터 확인한다. 같은 순서의 계산이 반복되는 비교문제의 경우 먼저 식을 깔끔하게 나열하고 시작하면 시간을 단축할 수 있다.

- 표가 여러 개 있는 경우 각 표의 제목을 먼저 확인하고 표 안의 단위를 잘 살핀다.

- 분수가 1보다 작은 경우 분모와 분자에 같은 값을 더하면 분자의 변화가 더 크다. 분수가 1보다 큰 경우 분모와 분자에 같은 값을 더하면 분모의 변화가 더 크다. A에 대한 B, (사업장 A)당 (가입자 B)의 수라는 내용이 있을 경우 분자와 분모가 무엇인지 정확하게 파악한다.

- 지속적으로 증가했다고 하더라도 중간에 정체구간이 있으면 '증가'는 아니다. 단, 정체구간이 있다고 하더라도 '증가하는 추세'라는 표현은 맞는 표현이다. 증가율은 증가 속도와 같지만 'A의 증가율이 증가하다'와 'A가 증가하다'는 다르다.

- 소수점 이하는 함부로 줄이지 않는다. 근사계산은 반올림해서 유효숫자를 곱한다.

- 작은 수에서 동일한 크기의 변화는 큰 수에서의 변화율보다 더 크게 나타난다. 그러므로 비율의 증감만 보고 비교 값과 기준 값의 변화를 말할 수 없다.

- 표에서는 합계 항목이 갖는 의미가 매우 중요하므로 반드시 파악해야 한다. 합계 항목은 대개 표의 한쪽 끝이나 맨 위 또는 맨 아래에 주어진다.

② 응용수리

(1) 사칙연산

① 사칙연산

수 또는 식에 관한 덧셈($+$), 뺄셈($-$), 곱셈($\times$), 나눗셈($\div$) 네 종류의 계산법이다. 보통 사칙연산은 정수나 분수 등에서 계산할 때 활용되며, 여러 부호가 섞여 있을 경우에는 곱셈과 나눗셈을 먼저 계산한다.

② 수의 계산

구분	덧셈($+$)	곱셈($\times$)
교환법칙	$a+b=b+a$	$a\times b=b\times a$
결합법칙	$(a+b)+c=a+(b+c)$	$(a\times b)\times c=a\times(b\times c)$
분배법칙	$(a+b)\times c=a\times c+b\times c$	

(2) 검산방법

① 역연산

답에서 거꾸로 계산하는 방법으로 덧셈은 뺄셈으로, 뺄셈은 덧셈으로, 곱셈은 나눗셈으로, 나눗셈은 곱셈으로 바꾸어 확인하는 방법이다.

② 구거법

어떤 수를 9로 나눈 나머지는 그 수의 각 자리 숫자의 합을 9로 나눈 나머지와 같음을 이용하여 확인하는 방법이다.

(3) 단위환산

① 단위의 종류

㉠ 길이 : 물체의 한 끝에서 다른 한 끝까지의 거리 (mm, cm, m, km 등)

㉡ 넓이(면적) : 평면의 크기를 나타내는 것 (mm^2, cm^2, m^2, km^2 등)

㉢ 부피 : 입체가 점유하는 공간 부분의 크기 (mm^3, cm^3, m^3, km^3 등)

㉣ 들이 : 통이나 그릇 따위의 안에 넣을 수 있는 물건 부피의 최댓값 (㎖, ㎗, ℓ, ㎘ 등)

㉤ 무게 : 물체의 무거운 정도 (g, kg, t 등)

㉥ 시간 : 시각과 시각 사이의 간격 또는 그 단위 (초, 분, 시 등)

㉦ 할푼리 : 비율을 소수로 나타내었을 때, 소수점 첫째 자리를 할, 소수점 둘째 자리를 푼, 소수

점 셋째 자리를 리로 나타내는 것

② 단위환산표

단위	단위환산
길이	$1cm=10mm$, $1m=100cm$, $1km=1,000m=100,000cm$
넓이	$1cm^2=100mm^2$, $1m=10,000cm^2$, $1km^2=1,000,000m^2$
부피	$1cm^3=1,000mm^3$, $1m^3=1,000,000cm^3$, $1km^3=1,000,000,000m^3$
들이	$1m\ell=1cm^3$, $1d\ell=100cm^3=100m\ell$, $1\,\ell=1,000cm^3=10d\ell$
무게	$1kg=1,000g$, $1t=1,000kg=1,000,000g$
시간	1분$=60$초, 1시간$=60$분$=3,600$초
할푼리	1푼$=0.1$할, 1리$=0.01$할, 모$=0.001$할

(4) 방정식

① 기본 공식

내용	공식
거리	거리$=$시간$\times$속력
시간	시침은 분당 $0.5°$, 분침은 분당 $6°$
농도	농도$(\%)=\dfrac{물질의\ 양}{전체의\ 양}\times100(\%)$
할인	a의 $x\%$할인$=a\left(1-\dfrac{x}{100}\right)$
겉넓이	한 변의 길이가 a인 정육면체$=6a^2$
부피	한 변의 길이가 a인 정육면체$=a^3$
자연수의 합	1부터 n까지 자연수의 합$=\dfrac{n(n+1)}{2}$
진법	$abcd_{(x)}=a\times x^3+b\times x^2+c\times x+d$
경우의 수	$n!=n\times(n-1)\times(n-2)\times\cdots\times2\times1$

② 응용 공식

내용	공식
거리	시간$=\dfrac{거리}{속력}$, 속력$=\dfrac{거리}{시간}$
시간	x시 y분이 이루는 작은 각$=\lvert0.5x-6y\rvert$

농도	물질의 양=전체의 양×농도, $x\% = \dfrac{x}{100}$
할인	a의 $x\%$증가$=a\left(1+\dfrac{x}{100}\right)$
겉넓이	한 변의 길이가 a, b, c인 직육면체$=2(ab+bc+ca)$
부피	한 변의 길이가 a, b, c인 직육면체$=abc$
자연수의 합	1부터 n까지 자연수 제곱의 합$=\dfrac{n(n+1)(2n+1)}{6}$
진법	$abcd$의 x진법$=x$를 반복해서 나눈 나머지의 역순
경우의 수	$_n\mathrm{P}_r = n \times (n-1) \times \cdots \times (n-r+1),\ _n\mathrm{C}_r = \dfrac{n!}{r!(n-r)!}$

(5) 통계

① 의미

집단현상에 대한 구체적인 양적 기술을 반영하는 숫자를 의미한다. 특히 사회집단 또는 자연집단
의 상황을 숫자로 나타낸 것이다.

② 기능

㉠ 많은 수량적 자료를 처리가능하고 쉽게 이해할 수 있는 형태로 축소시킨다.

㉡ 표본을 통해 연구대상 집단의 특성을 유추한다.

㉢ 의사결정의 보조수단이 된다.

㉣ 관찰 가능한 자료를 통해 논리적으로 어떠한 결론을 추출 · 검증한다.

③ 통계치

㉠ 빈도 : 어떤 사건이 일어나거나 증상이 나타나는 정도

㉡ 빈도 분포 : 어떤 측정값의 측정된 회수 또는 각 계급에 속하는 자료의 개수

㉢ 평균 : 모든 사례의 수치를 합한 후에 총 사례수로 나눈 값

㉣ 중앙값 : 크기에 의하여 배열하였을 때 정확하게 중간에 있는 값

㉤ 백분율 : 전체의 수량을 100으로 하여 생각하는 수량이 몇이 되는 가를 가리키는 수(퍼센트)

④ 통계의 계산

㉠ 범위 : 최고값−최저값

㉡ 평균 : $\dfrac{\text{전체 사례 값들의 합}}{\text{총 사례 수}}$

㉢ 분산 : $\dfrac{(\text{관찰 값} - \text{평균})^2 \text{의 합}}{\text{총 사례 수}}$

㉣ 표준편차 : $\sqrt{\text{분산}}$

재문전실 + 형야표단관사부군영

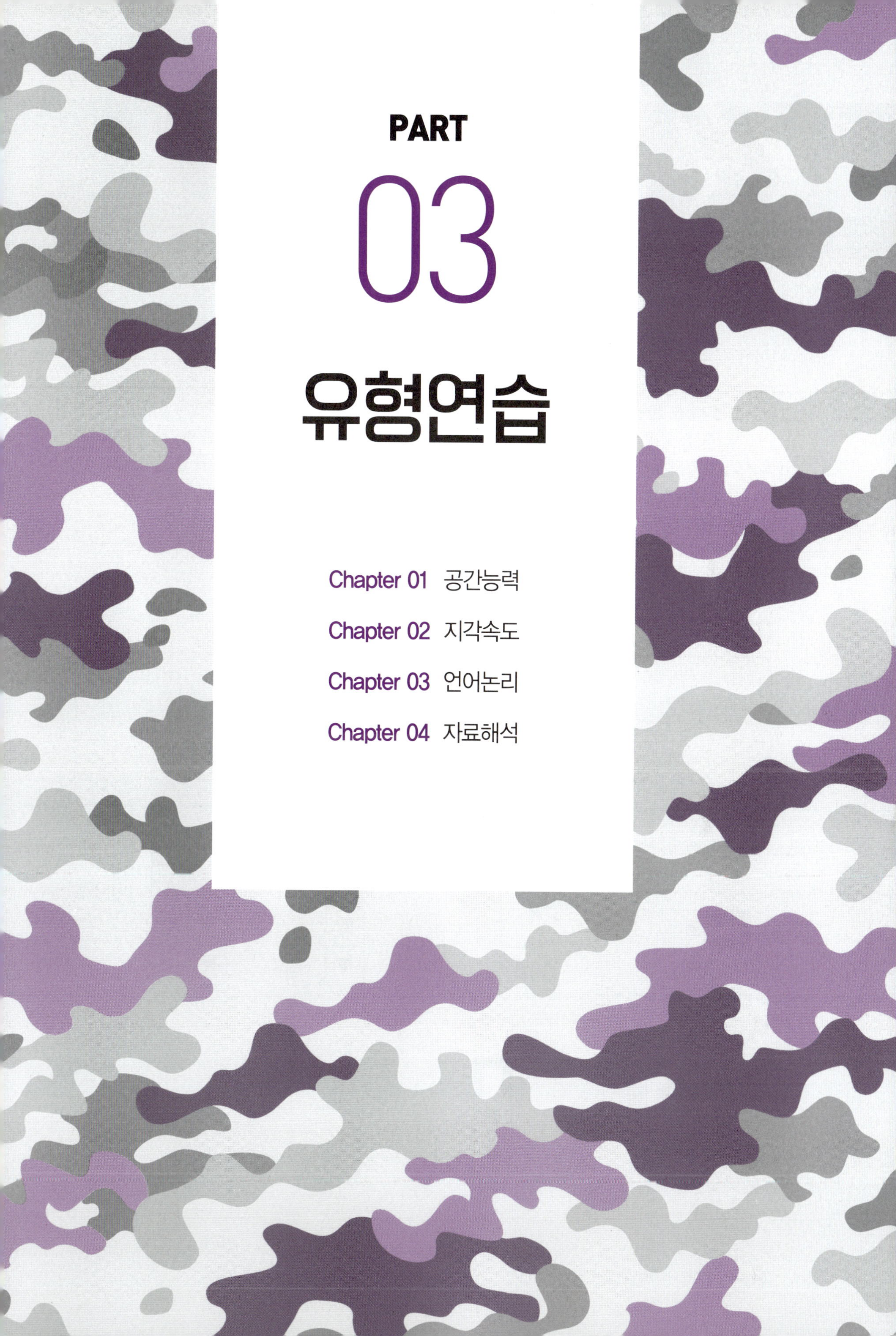
PART
03
유형연습

공간능력

[01~05] 다음 조건을 참고하여 제시된 입체도형의 전개도를 고르시오.

- 입체도형을 전개하여 전개도를 만들 때, 전개도에 표시된 그림(예 : ▌, ◢ 등)은 회전의 효과를 반영함. 즉, 본 문제의 풀이과정에서 보기의 전개도 상에 표시된 "▌"와 "▬"은 서로 다른 것으로 취급함.
- 단, 기호 및 문자(예 : ☎, ♨, ♨, K, H)의 회전에 의한 효과는 본 문제의 풀이과정에 반영하지 않음. 즉, 입체도형을 펼쳐 전개도를 만들었을 때에 "☏"의 방향으로 나타나는 기호 및 문자도 보기에서는 "☎"방향으로 표시하며 동일한 것으로 취급함.

01

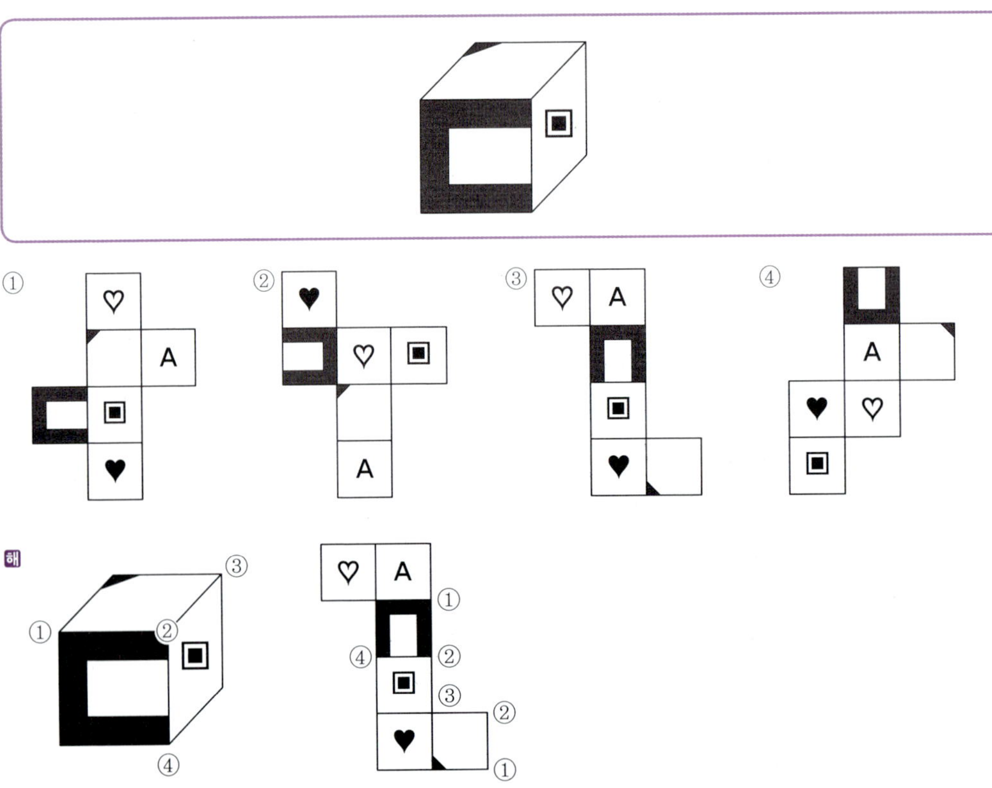

02

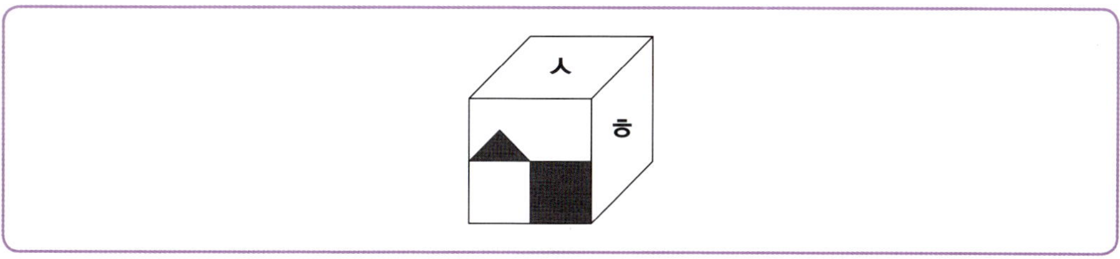

① 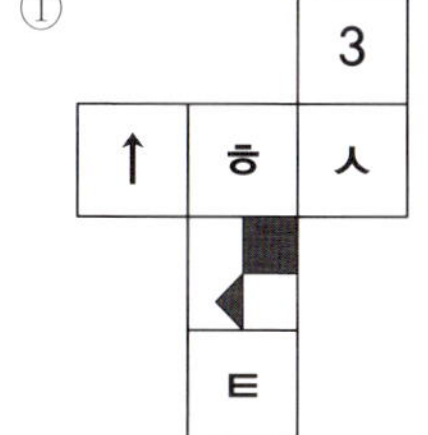 ② 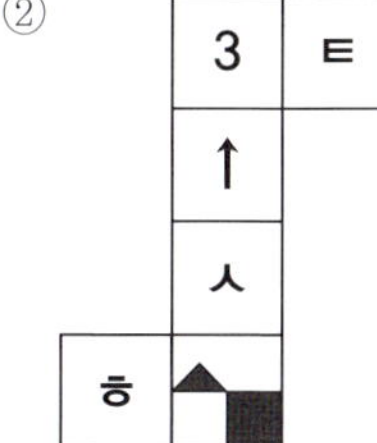 ③ 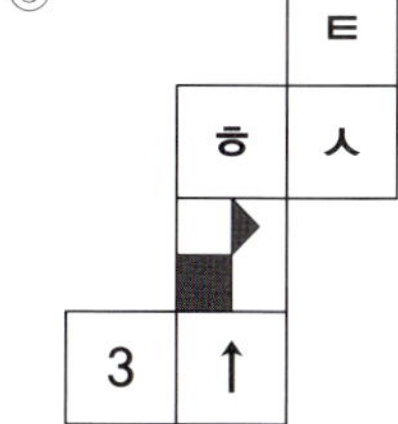 ④ 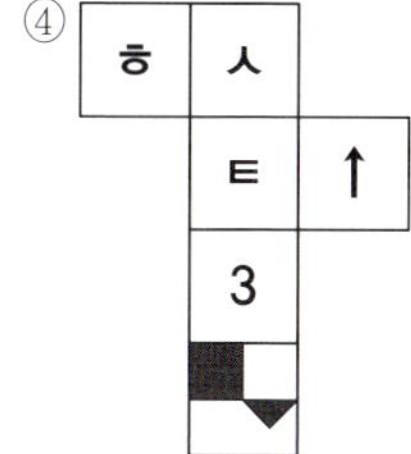

해

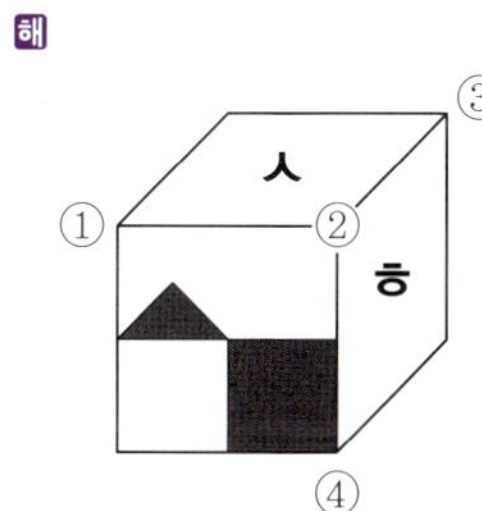 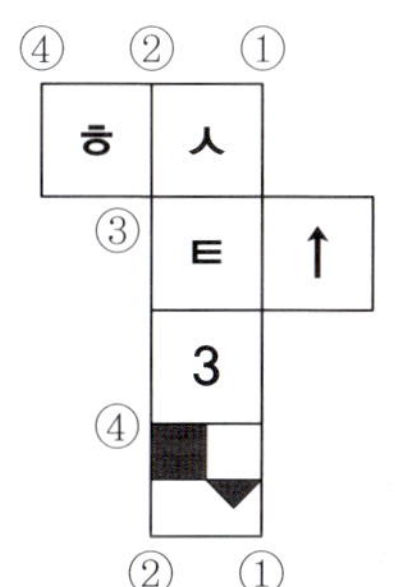

03

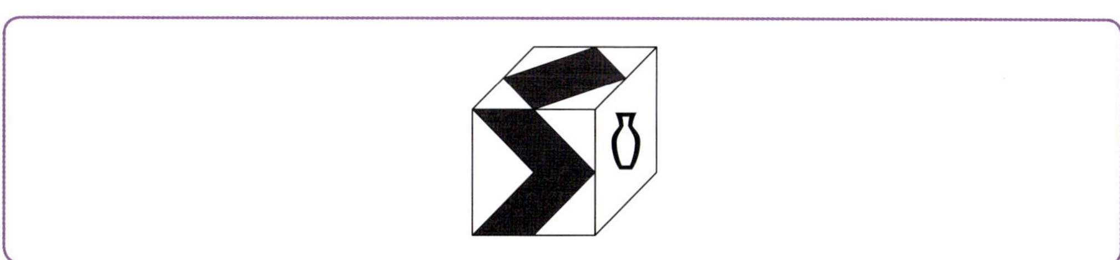

① 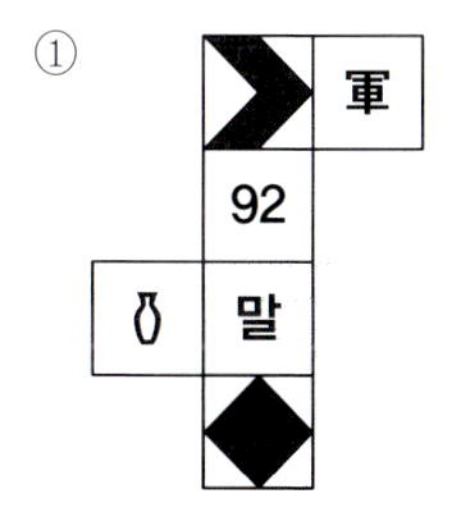 ② 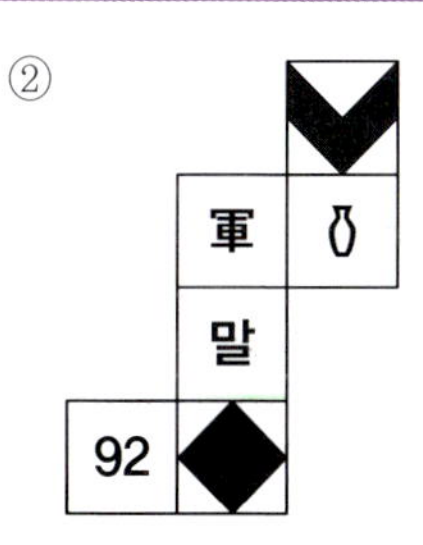 ③ 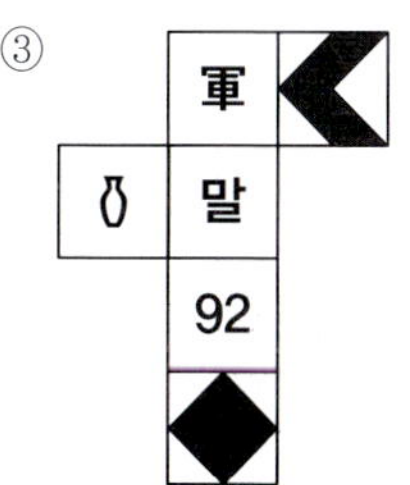 ④ 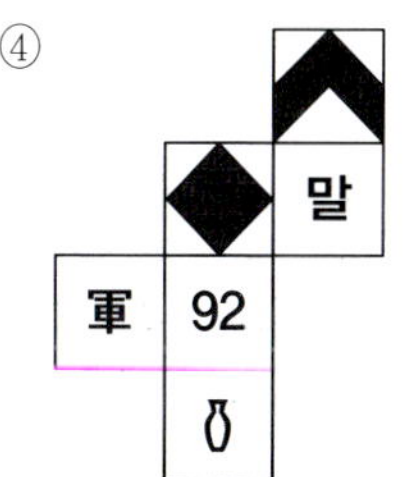

답 01 ③ 02 ④ 03 ②

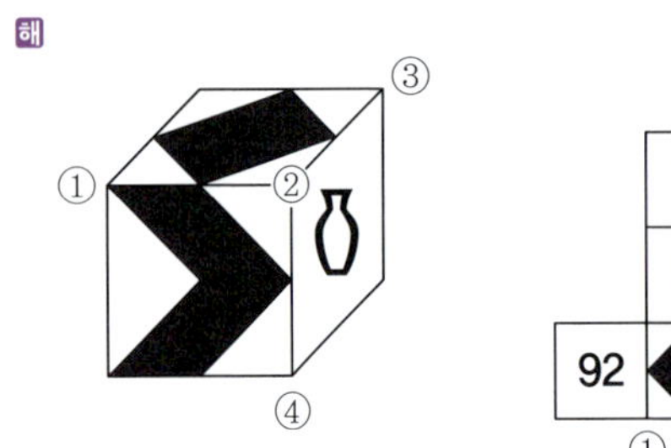

04

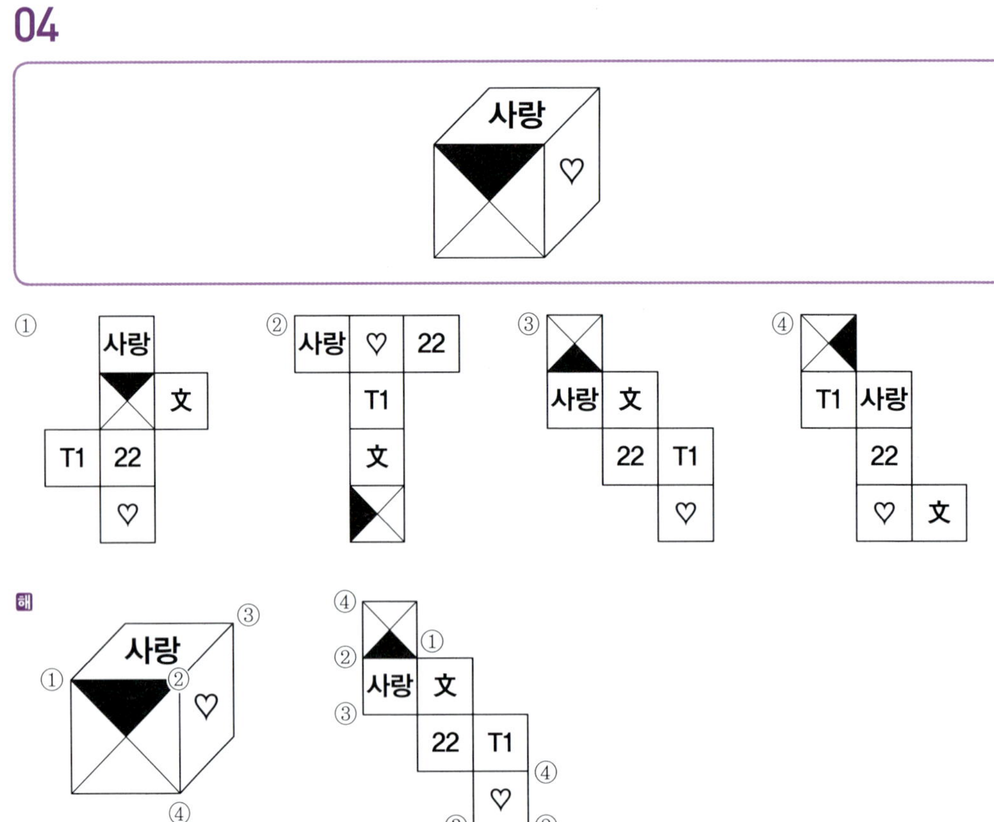

05

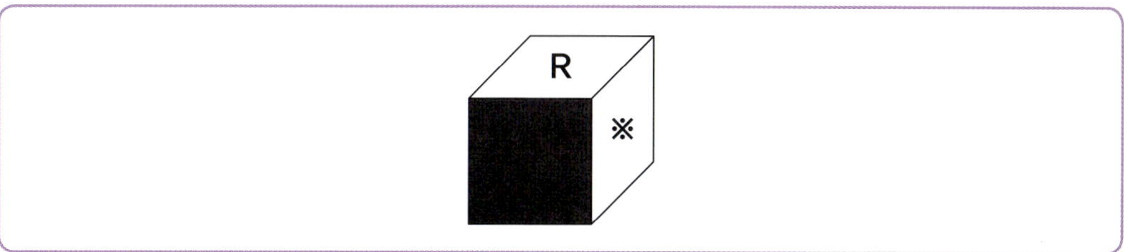

① 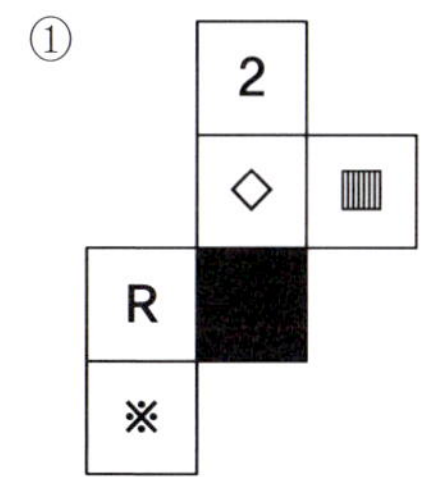

② 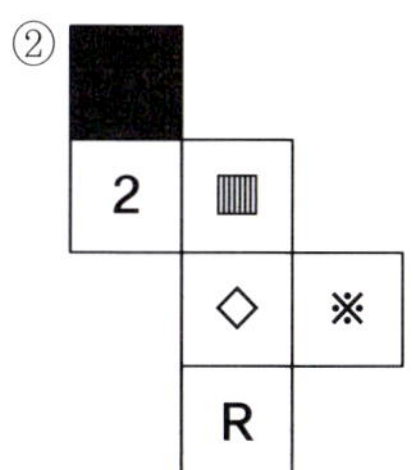

③ 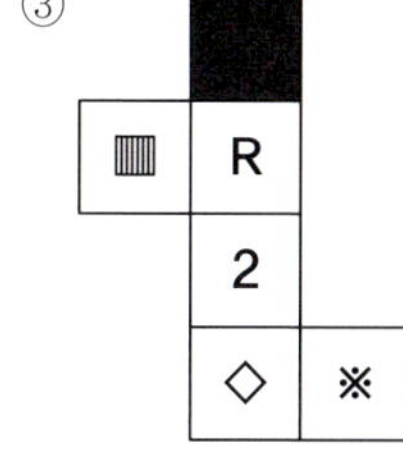

④ 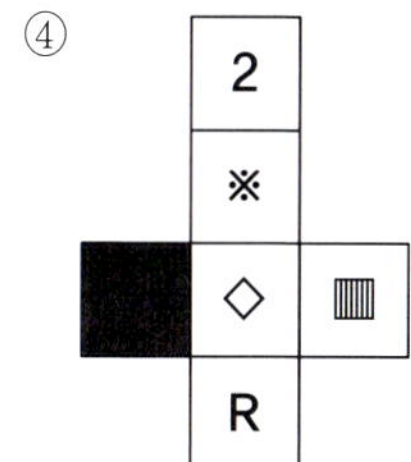

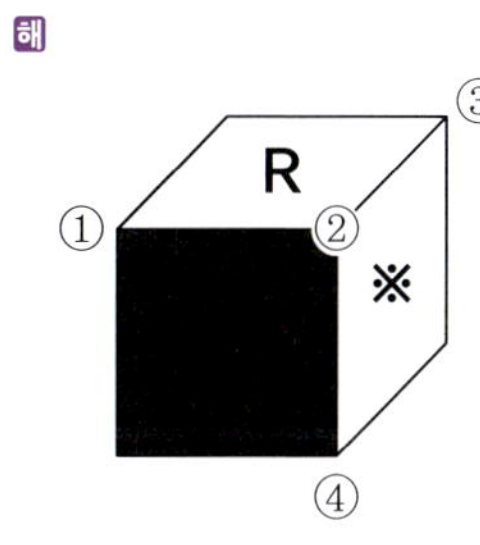

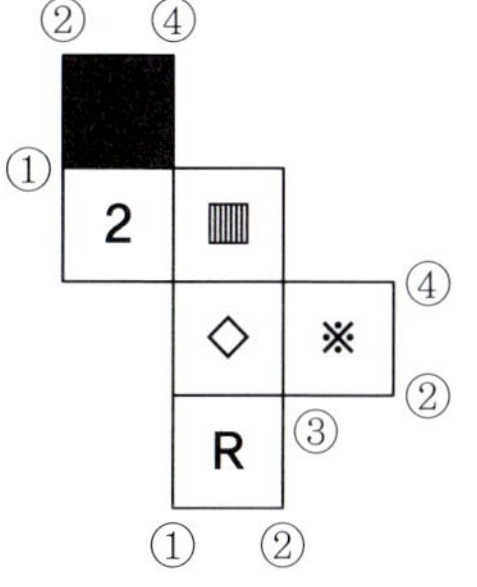

- 입체도형을 전개하여 전개도를 만들 때, 전개도에 표시된 그림(예 : ▮, ◳ 등)은 회전의 효과를 반영함. 즉, 본 문제의 풀이과정에서 보기의 전개도 상에 표시된 "▮"와 "▬"은 서로 다른 것으로 취급함.
- 단, 기호 및 문자(예 : ☎, ♨, ♨, K, H)의 회전에 의한 효과는 본 문제의 풀이과정에 반영하지 않음. 즉, 입체도형을 펼쳐 전개도를 만들었을 때에 "☏"의 방향으로 나타나는 기호 및 문자도 보기에서는 "☎"방향으로 표시하며 동일한 것으로 취급함.

06

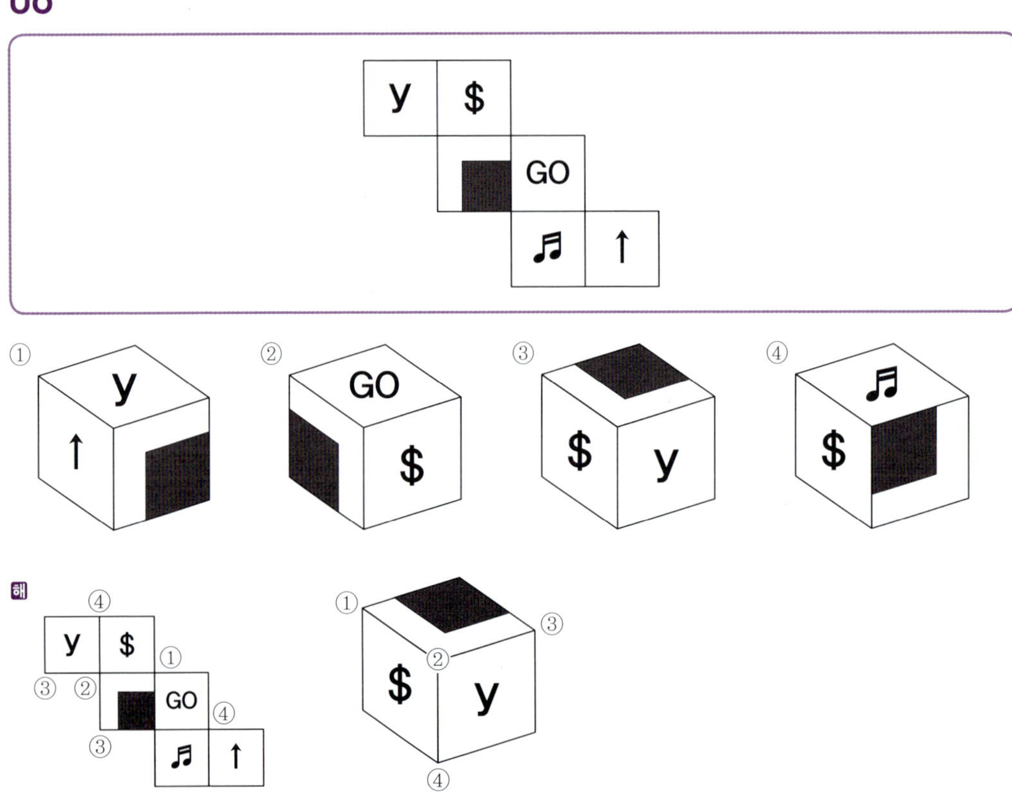

07

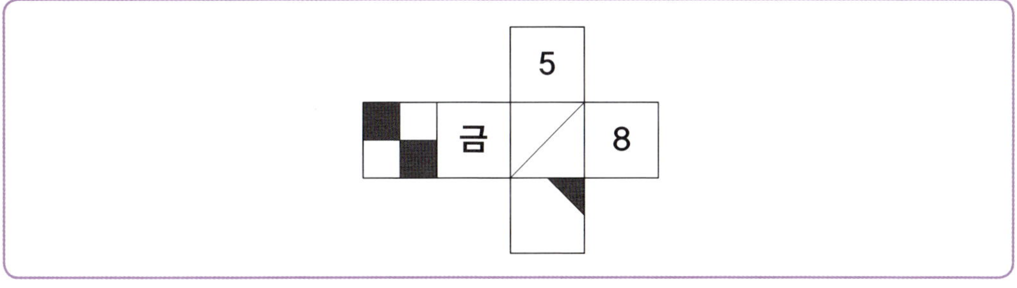

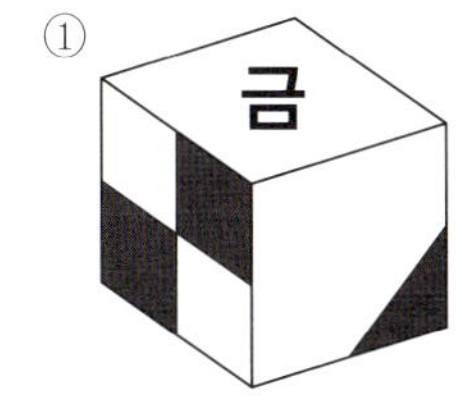 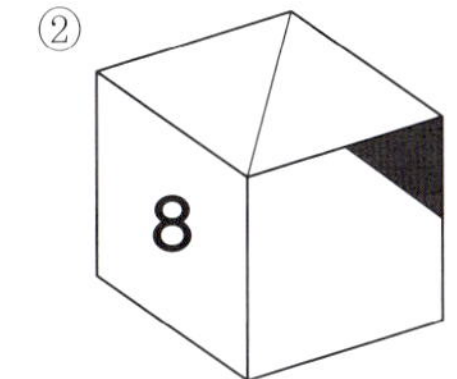 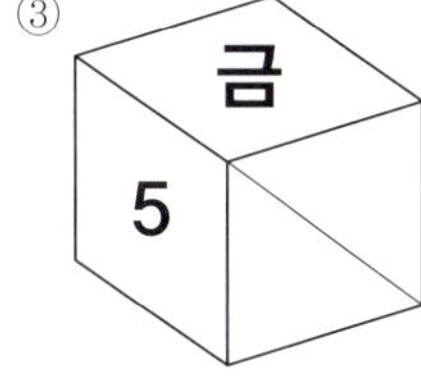 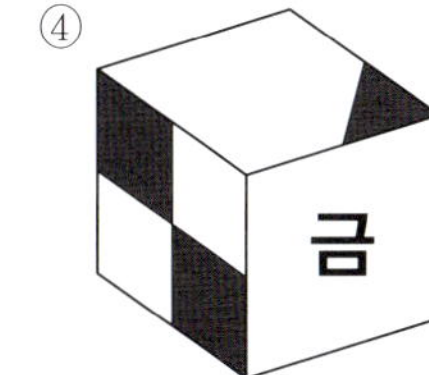

해

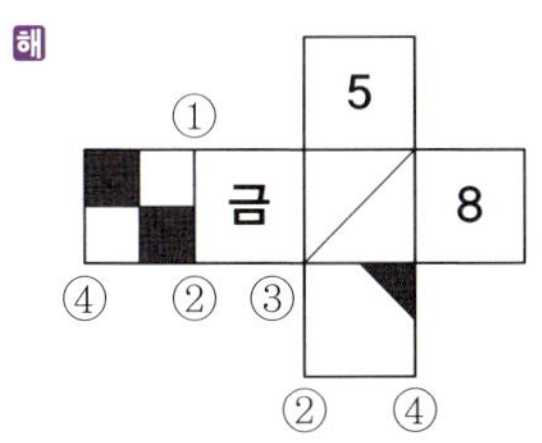 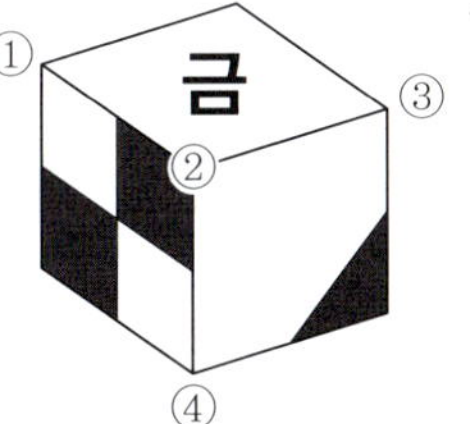

08

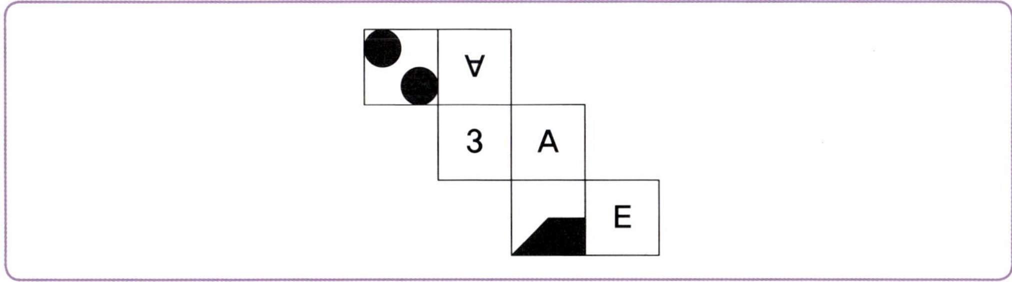

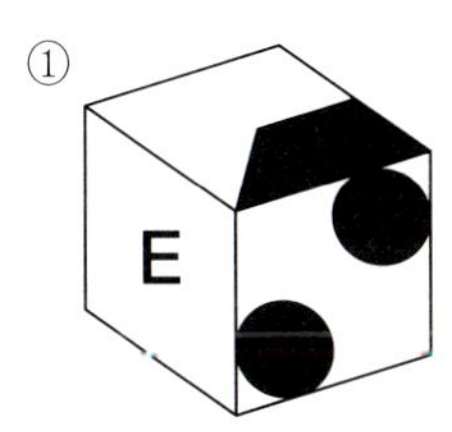 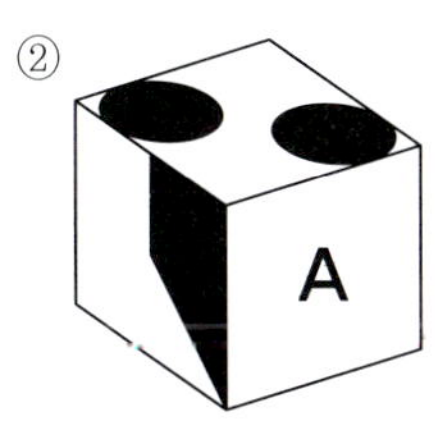 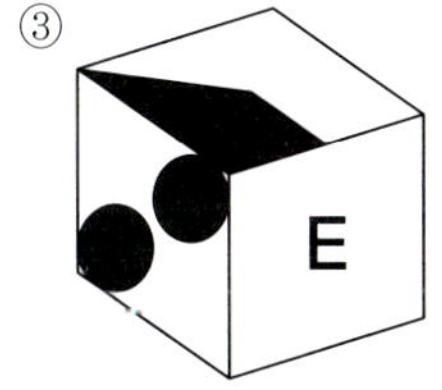 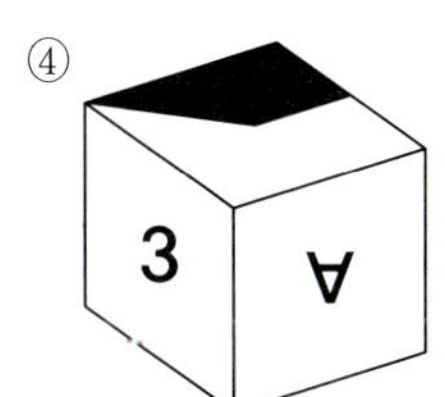

답 06 ③ 07 ① 08 ③

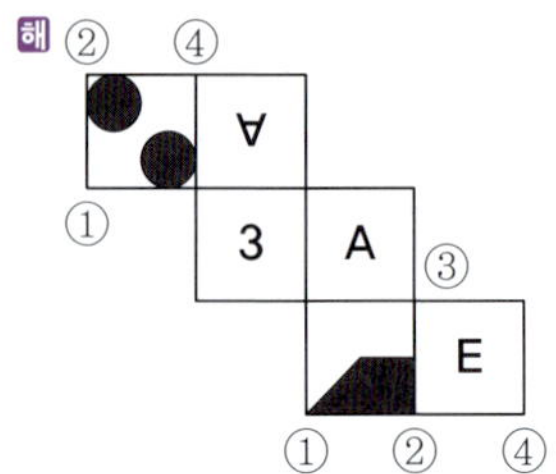 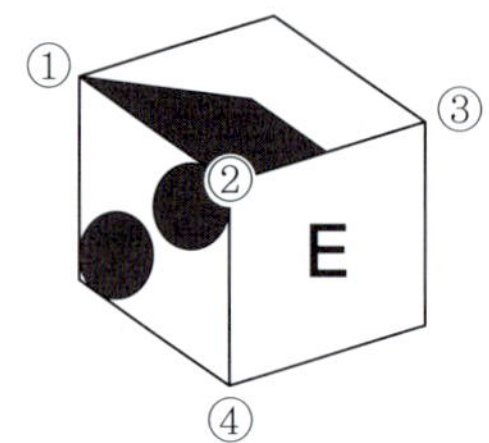

09

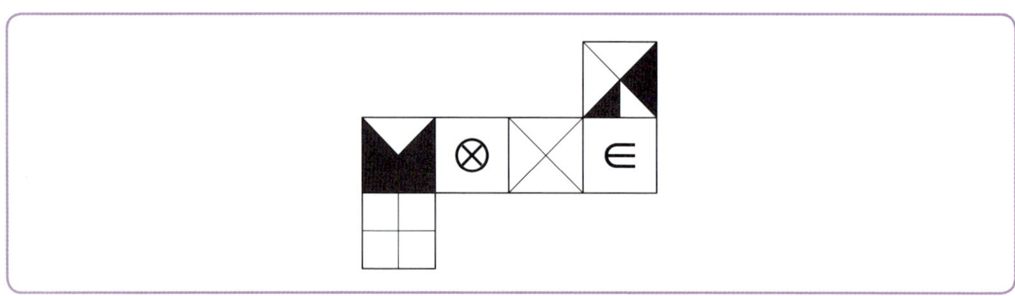

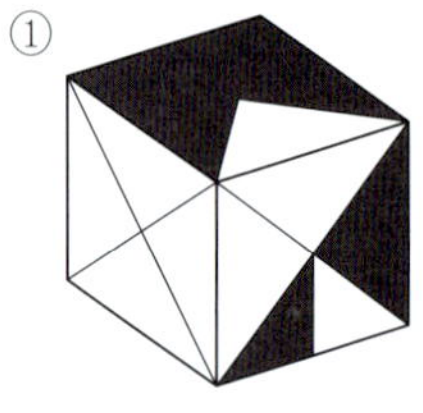 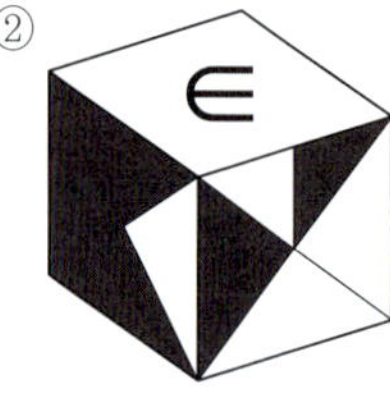 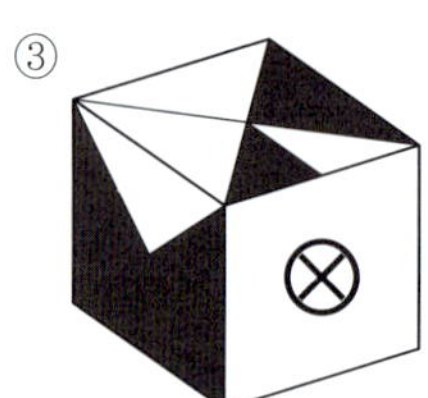 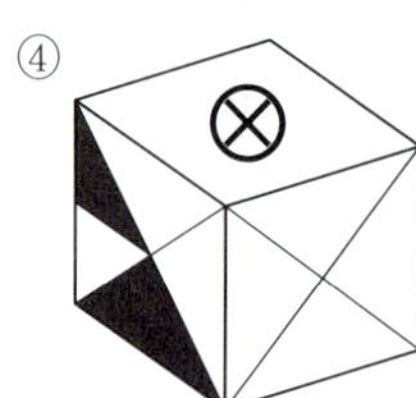

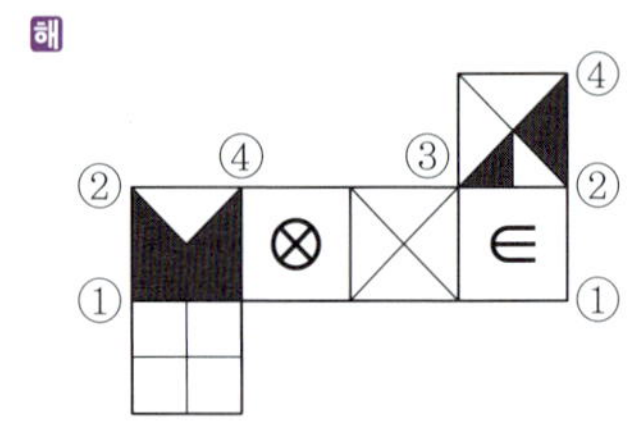 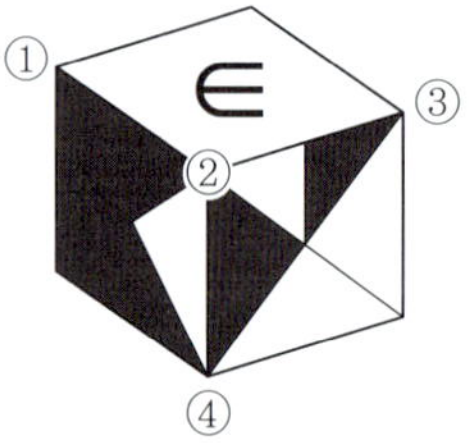

10

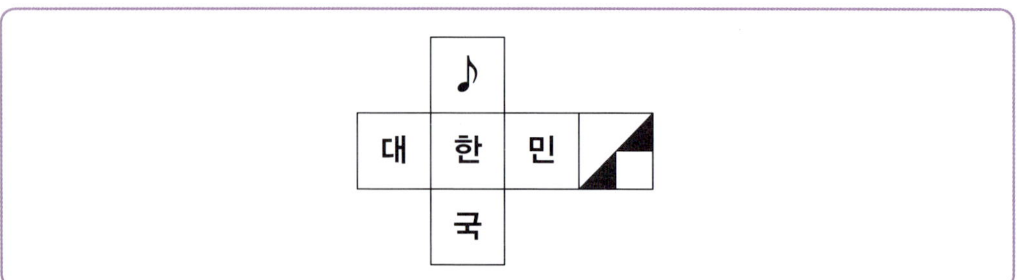

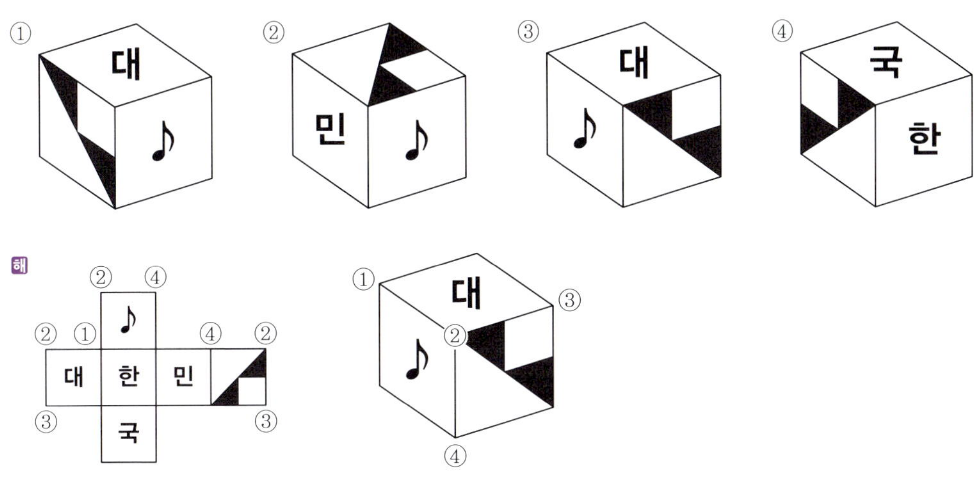

[11~15] 다음 제시된 블록의 개수를 고르시오.(단, 보이지 않는 뒤의 블록은 없다고 생각한다.)

11

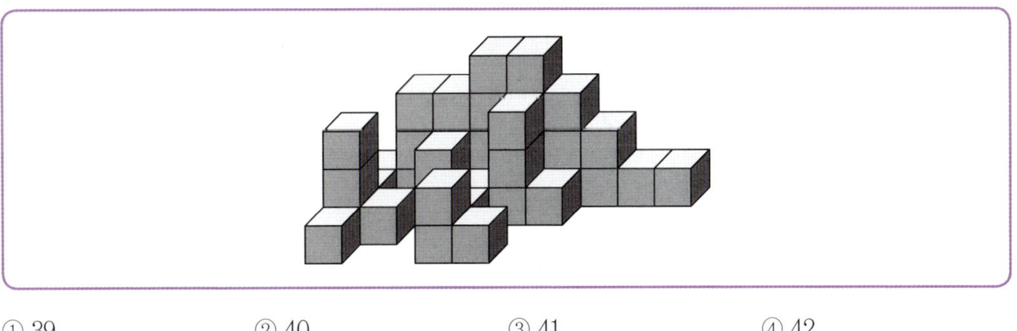

① 39   ② 40   ③ 41   ④ 42

해 왼쪽 열부터 차례대로 세어보면 $6+4+5+8+8+4+2+1+1=39$개

12

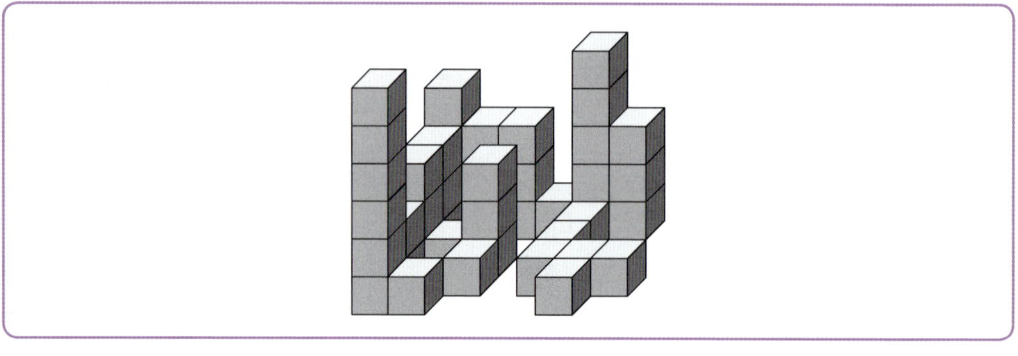

① 43 ② 44 ③ 45 ④ 46

해 왼쪽 열부터 차례대로 세어보면 $18+5+7+1+8+5+1=45$개

13

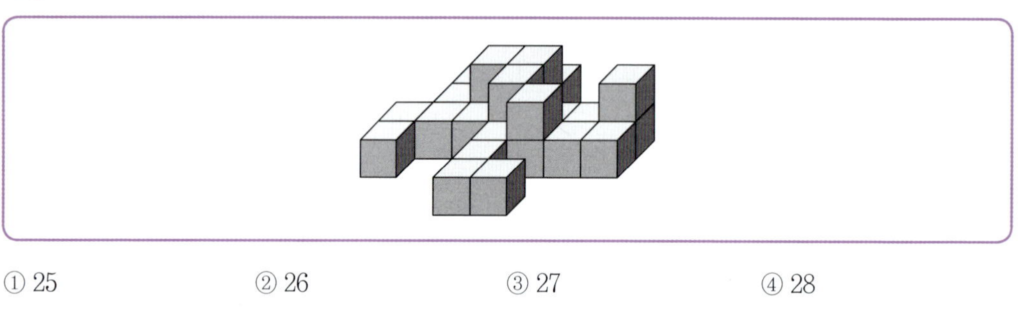

① 25 ② 26 ③ 27 ④ 28

해 왼쪽 열부터 차례대로 세어 보면 $2+3+3+8+4+2+3=25$개

14

① 45 ② 46 ③ 47 ④ 48

15

① 40   ② 41   ③ 42   ④ 43

[16~20] 다음 제시된 블록을 화살표 방향에서 바라봤을 때의 모양을 고르시오.

16

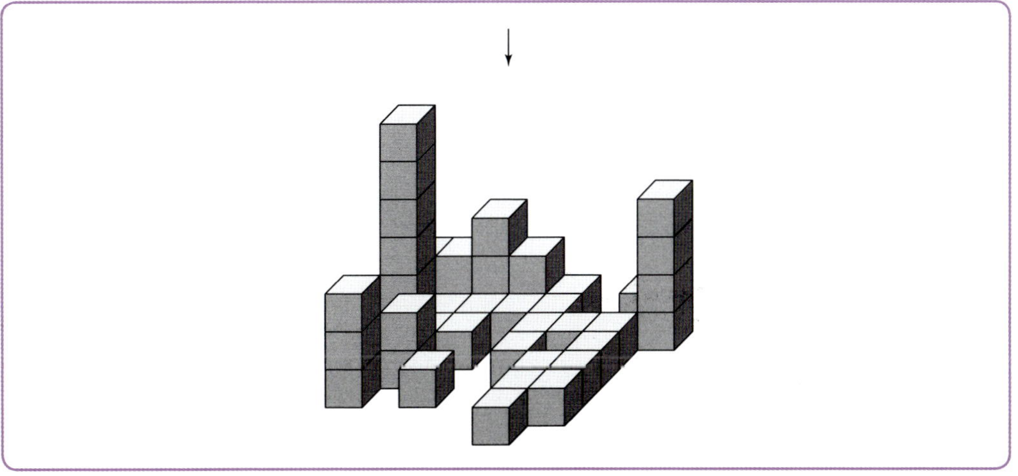

답 12 ③   13 ①   14 ③   15 ①   16 ①

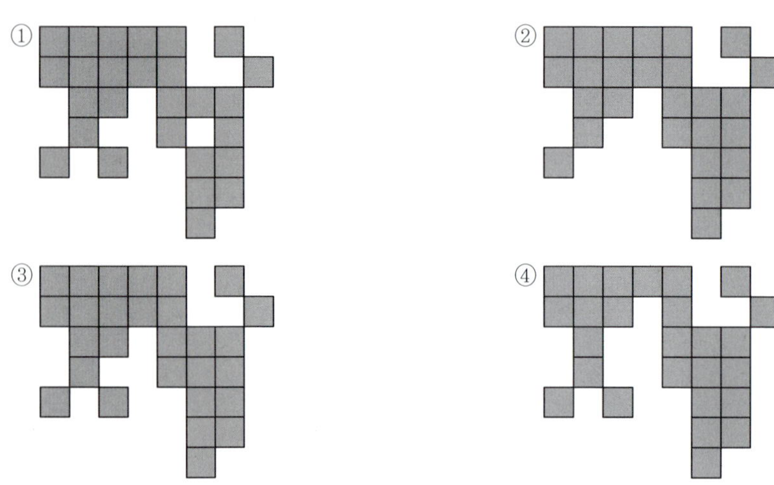

 왼쪽 열부터 수를 세어 보면 '$(2,1)-4-(3,1)-2-4-(1,3)-(1,4)-1$'이다.

17

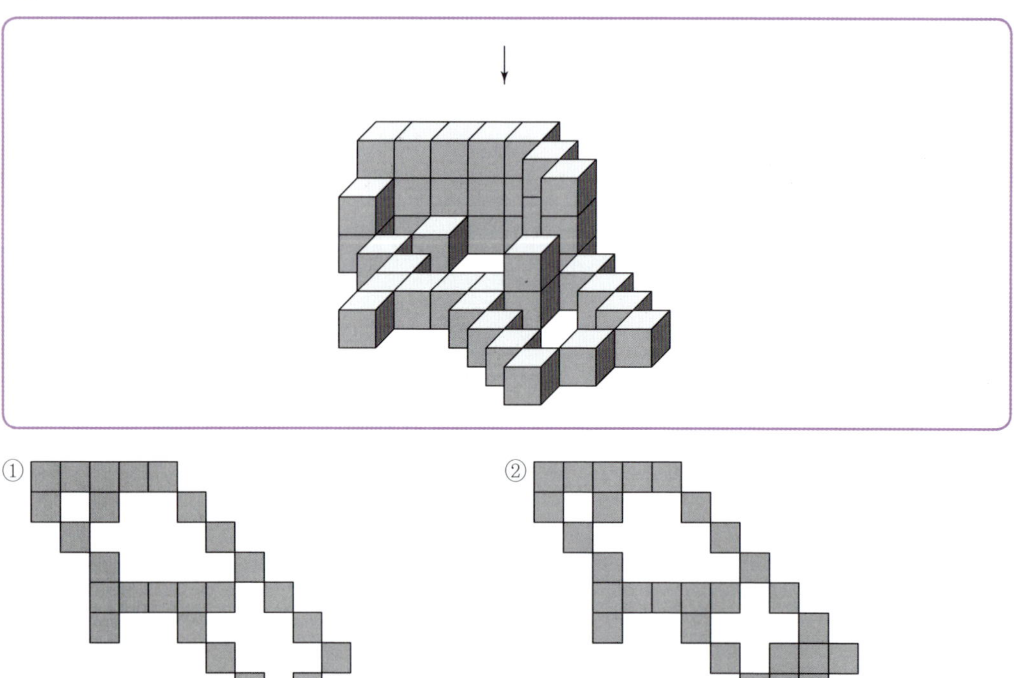

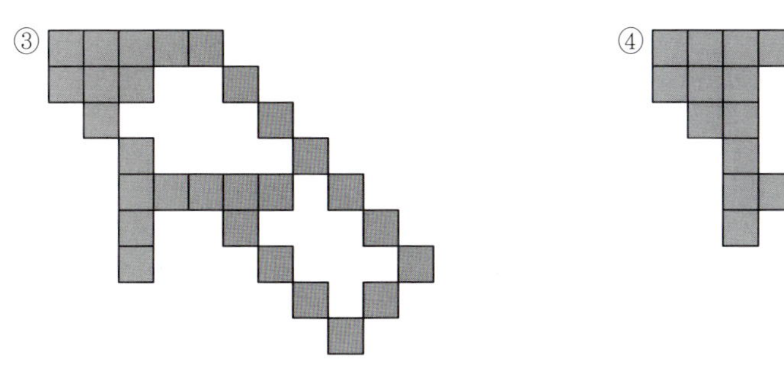

해 왼쪽 열부터 층을 세어 보면 '2−(1,1)−(2,3)−(1,1)−(1,1)−(1,2)−(1,1,1)−(1,1)−(1,1)−(1,1)−1'이다.

18

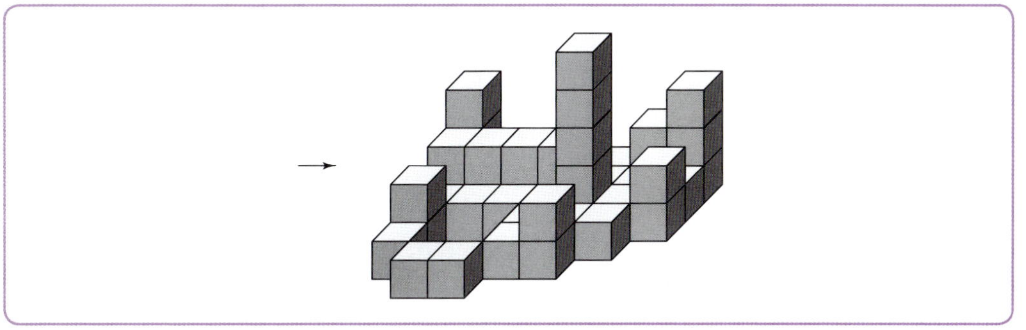

① 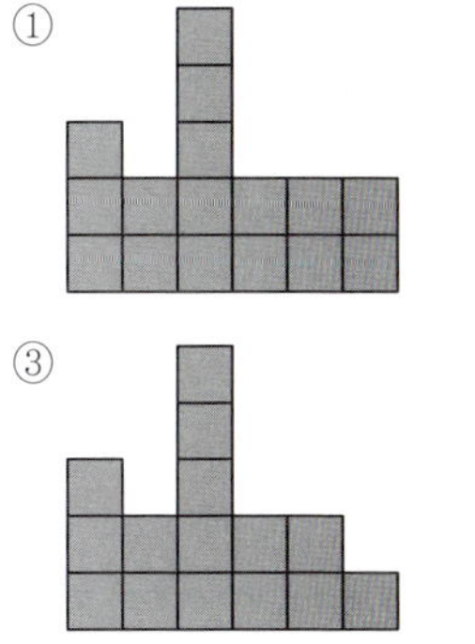

②

③

④ 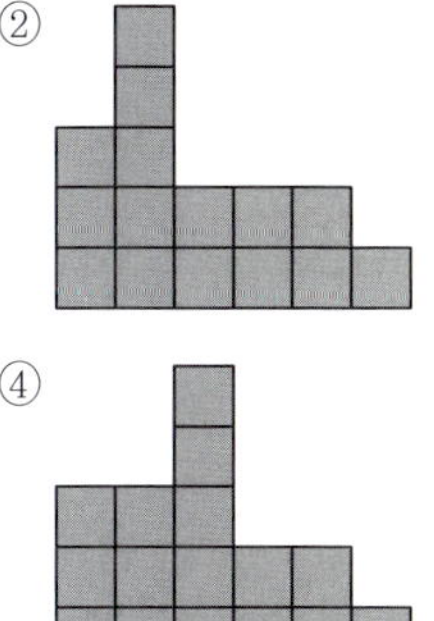

해 왼쪽 열부터 층을 세어 보면 '3−2−5−2−2−1'이다.

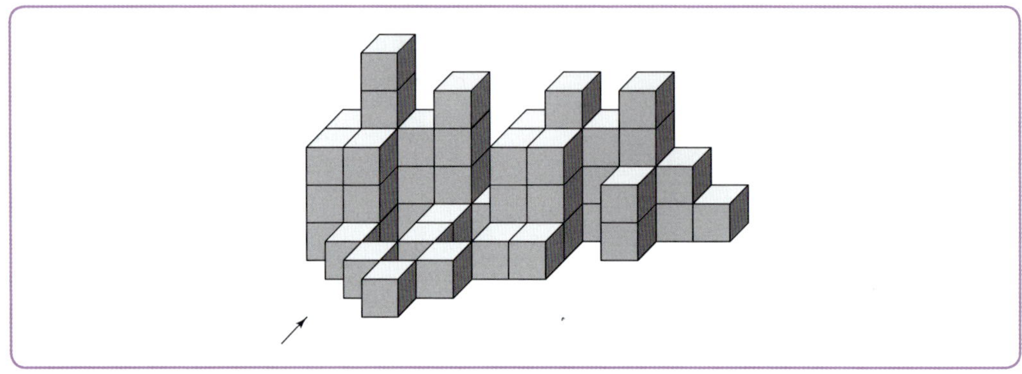

① 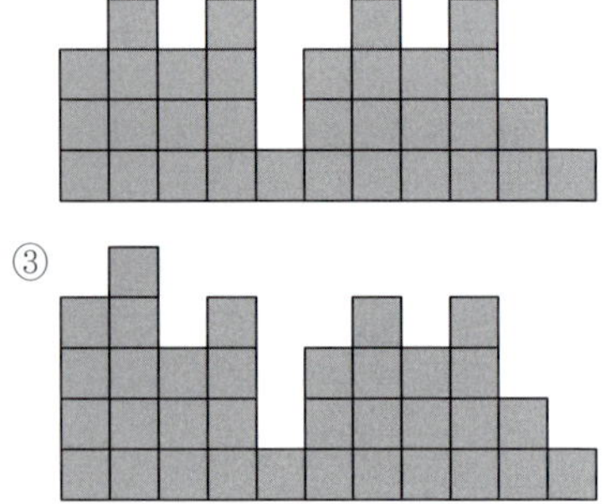

②

③ 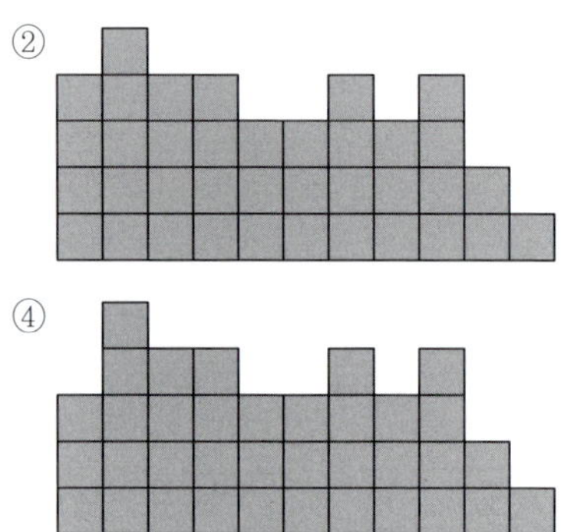

④

해 왼쪽 열부터 층을 세어 보면 '3−5−3−4−1−3−4−3−4−2−1'이다.

20

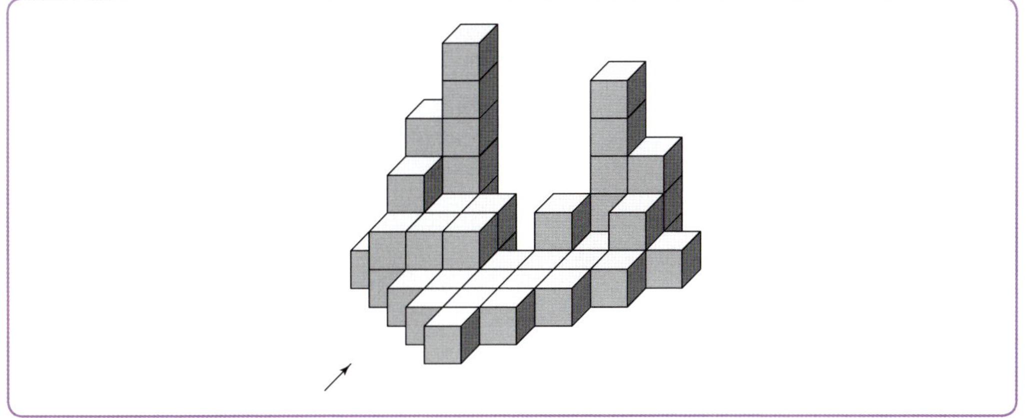

① 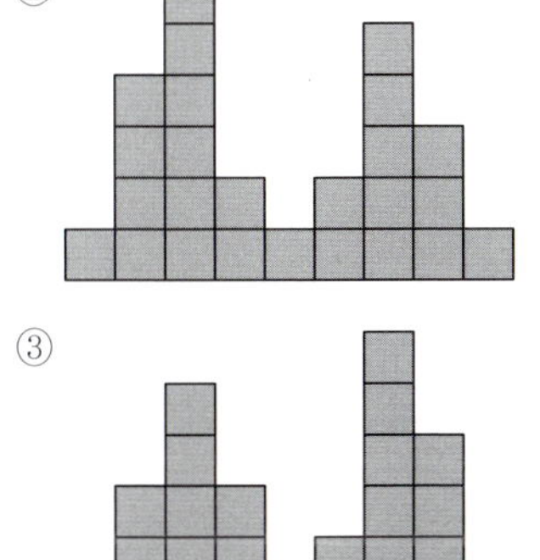

②

③ 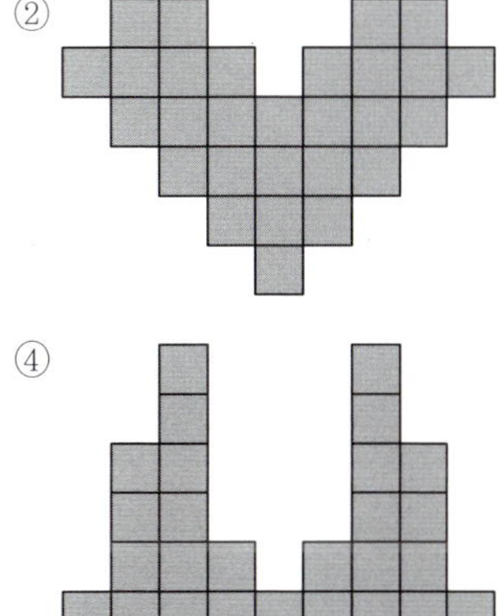

④

해 왼쪽 열부터 층을 세어 보면 '1−4−6−2−1−2−5−3−1'이다.

답 19 ①   20 ①

지각속도

[01~05] 다음 〈보기〉의 왼쪽과 오른쪽의 대응을 참고하여 각 문제의 대응이 같으면 답안지에 '① 맞음'을, 틀리면 '② 틀림'을 선택하시오.

〈보기〉

43 = ☆	12 = ●	50 = ◇	25 = △	31 = ■
27 = □	19 = ★	49 = ○	37 = ▲	56 = ◆

01

49 ▲ 12 56 ☆ − ○ 37 ● ◇ 43

① 맞음　　　　　　　　　　　② 틀림

해 49 ▲ 12 <u>56</u> ☆ − ○ 37 ● <u>◆</u> 43

02

△ 19 27 ■ 50 − 25 ● □ 31 ◇

① 맞음　　　　　　　　　　　② 틀림

해 △ <u>19</u> 27 ■ 50 − 25 <u>★</u> □ 31 ◇

03

● 25 43 ▲ 56 − 12 △ ☆ 37 ◆

① 맞음　　　　　　　　　　　② 틀림

04

37 ★ 31 ○ ● 27 − ▲ 19 ■ 49 12 □

① 맞음   ② 틀림

05

☆ ◆ 25 50 ▲ 12 − 43 56 □ ◇ 37 ●

① 맞음   ② 틀림

해 ☆ ◆ <u>25</u> 50 ▲ 12 − 43 56 △ ◇ 37 ●

[06~10] 다음 〈보기〉의 왼쪽과 오른쪽의 대응을 참고하여 각 문제의 대응이 같으면 답안지에 '①
맞음'을, 틀리면 '② 틀림'을 선택하시오.

──── 〈 보기 〉 ────

향수=561	고향=210	나무=894	선녀=679	구두=235
사슴=108	예금=425	개미=623	유리=954	태양=378

06

예금 유리 향수 구두 사슴 − 425 210 561 235 108

① 맞음   ② 틀림

해 예금 <u>유리</u> 향수 구두 사슴 − 425 <u>954</u> 561 235 108

07

선녀 태양 고향 개미 나무 − 679 378 210 623 954

① 맞음   ② 틀림

답 01 ② 02 ② 03 ① 04 ① 05 ② 06 ② 07 ②

해 선녀 태양 고향 개미 나무 – 679 378 210 623 894

08

구두 사슴 예금 선녀 유리 – 235 108 425 679 954

① 맞음   ② 틀림

09

나무 개미 태양 향수 고향 – 894 623 378 561 210

① 맞음   ② 틀림

10

사슴 예금 구두 유리 선녀 – 108 425 235 378 679

① 맞음   ② 틀림

해 사슴 예금 구두 유리 선녀 – 108 425 235 954 679

[11~15] 다음 〈보기〉의 왼쪽과 오른쪽의 대응을 참고하여 각 문제의 대응이 같으면 답안지에 '① 맞음'을, 틀리면 '② 틀림'을 선택하시오.

〈보기〉

| work=☆ | army=★ | cash=♬ | bumb=♪ | turn=♩ |
| corn=♫ | date=☜ | next=☝ | best=☞ | past=♮ |

11

cash bumb next past – ♫ ♪ ♮ ♭

① 맞음   ② 틀림

12

army turn work best – ★ ♫ ☆ ☞

① 맞음   ② 틀림

해 army turn work best – ★ ♩ ☆ ☞

13

past date bumb best – ♭ ☜ ♫ ☞

① 맞음   ② 틀림

해 past date bumb best – ♭ ☜ ♪ ☞

14

corn next work cash – ♫ ☞ ☆ ♬

① 맞음   ② 틀림

해 corn next work cash – ♫ ♮ ☆ ♬

15

past army best turn – ♭ ★ ☞ ♩

① 맞음   ② 틀림

답 08 ① 09 ① 10 ② 11 ① 12 ② 13 ② 14 ② 15 ①

[16~20] 다음 〈보기〉의 왼쪽과 오른쪽의 대응을 참고하여 각 문제의 대응이 같으면 답안지에 '① 맞음'을, 틀리면 '② 틀림'을 선택하시오.

〈 보기 〉

01=◈◇	23=✥◈	45=□◆	67=◎◉	89=△▲
▨✳=▽▲	✧✦=◀▶	卍✖=⬆⬇	◖◗=◐◑	❀❁=◑◐

16

01 89 ✧✦ ▨✳ － ◈◇ △▲ ◀▶ ◎◉

① 맞음 　　　　　　② 틀림

해 01 89 ✧✦ ▨✳ － ◈◇ △▲ ◀▶ <u>▽▲</u>

17

▨✳ 67 01 ◖◗ － ▽▲ ◎◉ ◈◇ ◐◑

① 맞음 　　　　　　② 틀림

18

✧✦ ❀❁ 23 卍✖ － △▲ ◐◑ ✥◈ ⬆⬇

① 맞음 　　　　　　② 틀림

해 <u>✧✦</u> ❀❁ 23 卍✖ － <u>◀▶</u> ◐◑ ✥◈ <u>⬆⬇</u>

19

89 45 ◖◗ 23 － △▲ □◆ ◐◑ ✥◈

① 맞음 　　　　　　② 틀림

해 89 45 <u>◖◗</u> 23 － △▲ □◆ <u>◐◑</u> ✥◈

20

6⃞7⃞ ✿✿ 4⃞5⃞ 卍✄ － ◎◎ ∞ ▢◆ ⬆⬇

① 맞음   ② 틀림

[21~25] 문제의 왼쪽에 제시된 굵은 글씨체의 기호, 문자, 숫자의 개수를 모두 세어 개수를 고르시오.

21

ㅇ	커피는 커피나무 열매를 가공하여 만든 것으로, 특유의 향과 맛을 지닌 기호음료로 평가받고 있다.

① 11   ② 12   ③ 13   ④ 14

해 커피는 커피나무 열매를 가공하여 만든 것으로, 특유의 향과 맛을 지닌 기호음료로 평가받고 있다.

22

3	4843151316543543751899786545764794645151515124843453124566233

① 7   ② 8   ③ 9   ④ 10

해 4843151316543543751899786545764794645151515124843453124566233

23

s	When I started to spend time in the region, I began hearing stories about sea otters.

① 4   ② 5   ③ 6   ④ 7

해 When I started to spend time in the region, I began hearing stories about sea otters.

답 16 ② 17 ① 18 ② 19 ② 20 ① 21 ① 22 ② 23 ③

24

<table>
<tr><td>차</td><td>가나타자타파카타파자자아자나다바사바자라라나
가자나라마바사자카파바나가자나라바사아자차카
타파하</td></tr>
</table>

① 1　　　　② 2　　　　③ 3　　　　④ 4

해 가나타자타파카타파자자아자나다바사바자라라나가자나라마바사자카파바나가자나라바사아자<u>차</u>카타파하

25

<table>
<tr><td>빗</td><td>벗밧벗벗빝빅빕뷔빗빔빌빝빛볐빔빈빗볶볏밧벳벤
벡베발법불블밖빗뱡병빅빌빙뱓벌벵뱅백뱃빞빗빅
볐범밭빝빛벙반</td></tr>
</table>

① 1　　　　② 2　　　　③ 3　　　　④ 4

해 벗<u>밧</u>벗<u>밧</u>빝빅빕뷔<u>빗</u>빔빌빝빛볐빔빈<u>빗</u>볶볏밧벳벤벡베발법불블밖<u>빗</u>뱡병빅빌빙뱓벌벵뱅백뱃빞<u>빗</u>빅볐범밭빝빛벙반

[26~30] 문제의 왼쪽에 제시된 기호, 문자, 숫자의 개수를 모두 세어 개수를 고르시오.

26

<table>
<tr><td>ㅎ</td><td>유행이란 어떠한 양식이나 현상이 새로운 경향으로
서 널리 퍼지는 것, 또는 그러한 경향을 의미한다.</td></tr>
</table>

① 5개　　　　② 6개　　　　③ 7개　　　　④ 8개

해 유<u>행</u>이란 어떠<u>한</u> 양식이나 <u>현</u>상이 새로운 경<u>향</u>으로서 널리 퍼지는 것, 또는 그러<u>한</u> 경<u>향</u>을 의미<u>한</u>다.

27

江	工車共江功京江工拱洞江音工巨車共拱江功洞音江 巨京事江打子丈文河江里工工功江巨居文江門里音

① 8개 ② 9개 ③ 10개 ④ 11개

해 工車共<u>江</u>功京<u>江</u>工拱洞<u>江</u>音工巨車共拱<u>江</u>功洞音<u>江</u>巨京事<u>江</u>打子丈文河<u>江</u>里工工功<u>江</u>巨居文<u>江</u>門里音

28

7	91500285712049350590962794898914685850498738298612 05867120356

① 2개 ② 3개 ③ 4개 ④ 5개

해 9150028<u>7</u>120493505909627948989146858504987382986120586<u>7</u>120356

29

ㄹ	종이 없는 '미래의 사무실'을 예견한 지 오랜 시간 이 흘렀지만 전자적 형태를 띠고 있는 경영 정보는 1%에 불과하다.

① 6개 ② 7개 ③ 8개 ④ 9개

해 종이 없는 '미래의 사무실'을 예견한 지 오랜 시간이 흘렀지만 전자적 형태를 띠고 있는 경영 정보는 1%에 불과하다.

30

y	The country will enjoy warm, fine weather through Sunday

① 1개 ② 2개 ③ 3개 ④ 4개

해 The countr<u>y</u> will enjo<u>y</u> warm, fine weather through Sunda<u>y</u>

답 24 ① 25 ④ 26 ③ 27 ② 28 ③ 29 ④ 30 ③

언어논리

01 괄호 안에 들어갈 고사성어로 적절한 것은?

> 좀 과장하자면, 그 집의 겉과 속은 (　　　)라는 말이 떠오를 정도로 달랐다.

① 아비규환(阿鼻叫喚)　　　　　② 운니지차(雲泥之差)

③ 노기등천(怒氣登天)　　　　　④ 백난지중(百難之中)

⑤ 수주대토(守株待兎)

해 운니지차(雲泥之差)란 구름과 진흙의 차이라는 뜻으로, 서로 간의 차이가 매우 심함을 이르는 말이다. 주어진 문장처럼 서로 간의 큰 차이를 비유할 때 사용하기 적절한 한자 성어이다.
① 아비규환(阿鼻叫喚) : 차마 눈뜨고 보지 못할 참상
③ 노기등천(怒氣登天) : 노기가 하늘을 닿을 듯이 화가 머리끝까지 나 있음
④ 백난지중(百難之中) : 온갖 괴로움과 어려움을 겪는 판
⑤ 수주대토(守株待兎) : 어떤 착각에 빠져 되지도 않을 일을 공연히 고집하는 어리석음을 비유하는 말

02 다음 글의 내용에 어울리는 고사성어로 가장 적절한 것은?

> 　최근 여러 기업들이 상위 5% 고객에게만 고급 서비스를 제공하는 마케팅을 벌여 소비자뿐만 아니라 전문가들에게서도 우려의 소리를 듣고 있다. 실제로 모 기업은 지난해 초 'VIP 회원'보다 상위 고객을 노린 'VVIP 회원'을 만들면서 △매년 동남아·중국 7개 지역 왕복 무료 항공권 △9개 호텔 무료 숙박 △해외 유명 골프장 그린피 무료 등을 서비스로 내세웠다. 하지만 최근에 이 기업과 제휴를 맺고 있는 회사들이 비용 분담에 압박을 느끼면서 서비스 중단을 차례로 통보했다. 또 자사 분담으로 제공하고 있던 호텔 숙박권 역시 비용 축소를 위해 3월부터 서비스를 없앨 것으로 알려졌다.
>
> 　한 업계 관계자는 "기존 회원 시장이 포화 상태가 되면서 업계가 저마다 지난해 VIP 마케팅을 내세웠지만 높은 연회비로 인해 판매 실적은 저조한 반면 무료 공연을 위한 티켓 구매, 항공권 구입 등에 소요되는 사업비 부담은 너무 크다 보니 오히려 어려움을 겪고 있는 실정"이라고 말했다.

① 견강부회(牽强附會)　　　　　② 비육지탄(髀肉之嘆)

③ 자승자박(自繩自縛)　　　　　④ 화이부동(和而不同)

⑤ 만시지탄(晩時之歎)

해 제시문은 여러 기업들이 일부 상위 고객들에게만 고급 서비스를 제공하는 마케팅을 벌이고 있는데, 높은 연회비로 인하여 판매 실적이 저조하고 서비스 사업비 부담으로 회사들이 오히려 큰 어려움을 겪고 있다는 내용이다. 따라서 이와 같은 상황에 어울리는 고사성어로 가장 적절한 것은 자신의 행동에 자기 자신이 얽혀 곤란하게 됨을 비유적으로 이르는 '자승자박(自繩自縛)'이다.

03 다음에 제시된 지문의 밑줄 친 부분과 같은 의미로 사용된 것은?

> 한류의 열풍으로 한국 노래, 드라마, 영화, 스타뿐 아니라 한국말까지도 배우고 싶어 하는 일본인들이 늘어나는 추세이다. 이 때문에 일본 내 한국어 학원들이 호황을 누리고 있다. 문화원의 한국어강좌의 경우 14개 반에서 240명이 공부하고 있다. 지원 경쟁률이 세다보니 3~4차례 재수해서 들어오는 사람도 있다.

① 그는 술이 무척이나 <u>세다</u>.
② 힘이 <u>세다</u>고 꼭 이기는 것은 아니다.
③ 바람이 <u>세게</u> 불어 옷을 꼭 껴입고 나갔다.
④ 우물 옆에 있는 큰집은 집터가 <u>세다</u>.
⑤ 의장은 즉시 참석자의 수를 <u>세어</u> 보았다.

해 지문에서 '세다'는 '능력이나 수준 등의 정도가 높거나 심하다'는 의미이다. 이러한 의미의 사용은 '술이 세다'의 ①이다.
② 기운이나 힘이 많다.
③ 물, 불, 바람 등의 기세가 크거나 빠르다.
④ 운수나 터, 팔자 등이 사납다.
⑤ 사물 등의 수를 헤아리거나 꼽다.

04 다음의 상황과 관련이 깊은 속담은?

> 아무도 그에게 수심(水深)을 일러준 일이 없기에
> 흰 나비는 도무지 바다가 무섭지 않다.
>
> — 김기림, 「바다와 나비」 중에서

① 까마귀 날자 배 떨어진다
② 가랑비에 옷 젖는 줄 모른다
③ 하룻강아지 범 무서운 줄 모른다
④ 물에 빠지면 지푸라기라도 잡는다
⑤ 바다는 메워도 사람의 욕심은 못 메운다

해 바다의 수심을 모르기에 무서움을 느끼지 못하는 순진하고 연약한 나비의 모습을 그리고 있다. 따라서 철없이 함부로 덤비는 경우를 비유적으로 이르는 속담인 '하룻강아지 범 무서운 줄 모른다.'와 가장 관련이 깊다.

답 01 ② 02 ③ 03 ① 04 ③

05 다음 문장에서 밑줄 친 고유어와 유의 관계를 이루는 한자어를 <u>틀리게</u> 연결한 것은?

① 어제보다 오늘 더 키가 <u>자랐다</u>. → 성장(成長)하다

② 뜻밖의 상황에 열차가 <u>멈추었다</u>. → 정지(停止)하다

③ 기계의 고장으로 일을 <u>멈추었다</u>. → 중단(中斷)하다

④ 그는 놀라운 광경에 시선을 <u>멈추었다</u>. → 종료(終了)하다

⑤ 그는 이제 어른스럽게 마음도 <u>자랐다</u>. → 성숙(成熟)하다

해 '종료(終了)하다'는 '어떤 행동이나 일 따위가 끝나다. 또는 행동이나 일 따위를 끝마치다.'의 의미로, '시선을 멈추다'에서의 '멈추다'와 유의 관계라고 볼 수 없다. '시선을 멈추다'는 '시선을 두다'의 의미로 이해할 수 있다.

06 다음 제시된 예문의 밑줄 친 부분과 같은 의미로 사용된 것은?

> 나는 그의 표정에서 큰 슬픔을 <u>읽을</u> 수 있었다.

① 악보를 <u>읽다</u>.　　　　　　　② 전공 서적을 <u>읽다</u>.

③ 편지에 담긴 사연을 <u>읽다</u>.　　④ 상대방의 마음을 훤히 <u>읽고</u> 있다.

⑤ 컴퓨터가 디스켓의 정보를 <u>읽고</u> 있다.

해 제시문의 '읽다'는 '사람의 표정이나 행위 따위를 통해 뜻이나 마음을 알아차리다'의 의미이다. 이와 가장 유사한 것은 ④이다.
① 그림, 소리 등의 내용이나 뜻을 헤아려 알다.
② 소리 내어 읽다. 또는 뜻을 헤아려 읽다.
③ 글을 보고 거기에 담긴 뜻을 헤아려 알다.
⑤ 컴퓨터의 프로그램, 디스크 따위에 든 정보를 가져와 그 내용을 파악하다.

07 다음에 제시된 문장의 밑줄 친 부분과 의미가 가장 비슷한 것은?

> 큰집 어머님은 <u>손이 걸어서</u> 많은 음식을 준비하셨다.

① 씀씀이가 후하여　　　　　　② 자기 과시욕이 많아서

③ 타고난 천성이 성실하여　　　④ 일 다루는 솜씨가 꼼꼼하지 못하여

⑤ 조금 쉬거나 다른 것을 할 틈이 생겨서

해 '손이 걸다'는 '씀씀이가 후하고 크다' 또는 '일솜씨가 날쌔거나 좋다'는 의미이다.
④ 손이 거칠다.
⑤ 손이 나다.

08 다음에 제시된 문장의 밑줄 친 부분과 의미가 가장 비슷한 것은?

> 그 사람은 정말 발이 <u>길다</u>.

① 먹을 복이 있다.
② 적극적으로 나서다.
③ 움직일 수 없게 되다.
④ 관계를 완전히 끊고 물러나다.
⑤ 아는 사람이 많아 활동하는 범위가 넓다.

해 '발이 길다'는 '음식 먹는 자리에 우연히 가게 되어 먹을 복이 있다'는 표현이다. 이와는 반대로 '발이 짧다'는 '먹는 자리에 남들이 다 먹은 뒤에 나타나다(먹을 복이 없다)'는 표현이다.
② 발 벗고 나서다.
③ 발이 묶이다.
④ 발을 빼다(발을 씻다).
⑤ 발이 넓다(너르다).

09 다음에 제시된 문장의 밑줄 친 부분과 의미가 가장 비슷한 것은?

> 옆집 아주머니는 <u>손이 맑다</u>.

① 인색하다.
② 검소하다.
③ 인심이 좋다.
④ 양심적인 사람이다.
⑤ 남에게 베푸는 것을 좋아한다.

해 '손이 맑다'는 '인색하여 남에게 물건이나 돈을 주는 품이 후하지 못하다' 또는 '재수가 없어 생기는 것이 없다'는 관용표현이다.

10 다음 제시된 문장의 빈칸에 들어갈 말로 가장 적합한 것은?

> 등갈비는 뼈를 (   ) 먹기가 번거롭다.

① 발라
② 골라
③ 꺼내
④ 빼서
⑤ 추려

해 '발라내다'는 '씨, 가시, 뼈 등 겉에 둘러싸여 있는 것을 벗기고 헤집고 속의 것을 끄집어내다' 또는 '필요한 것만을 따로 추리어 내다'라는 의미이다.
② 여럿 가운데 어떤 것을 골라서 따로 집어낸다.
③ 속이나 안에 들어있는 물건 등을 손이나 도구를 이용하여 밖으로 나오게 하다.
④ 박혀 있거나 끼워져 있는 것을 뽑다. 또는 여럿 가운데에서 필요한 것 혹은 불필요한 것만을 골라낸다.
⑤ 섞여 있는 것에서 여럿을 뽑아내거나 골라내다.

답 05 ④   06 ④   07 ①   08 ①   09 ①   10 ①

11 다음에 제시된 글에서 추론할 수 있는 주제로 가장 적절한 것은?

> 대왕 단보가 빈곡(邪谷)이라는 곳에 있었을 때 오랑캐가 쳐들어 왔다. 왕이 모피와 비단을 보내어 달려 했으나 받지 않고 말을 보냈으나 역시 받지 않았다. 오랑캐가 바라는 것은 땅이었다. 대왕 단보가 말했다.
>
> "나는 백성의 아비나 형과 살면서 그 아들이나 동생을 죽도록 내버려 두는 일은 차마 견딜 수가 없다. 너희들은 모두 힘써 격려하며 이곳에 살도록 하라. 내 신하가 되든 오랑캐의 신하가 되든 무슨 차이가 있겠느냐. 나는 '사람을 먹여 살리는 땅을 뺏으려고 사람을 해쳐서는 안 된다.'는 말을 들었다."
>
> 그래서 대왕 단보가 지팡이를 짚고 그곳을 떠나자 백성들은 서로 잇달아 그를 따랐는데, 이윽고 기산(岐山) 밑에서 나라를 다시 이룩했다.

① 왕은 인(仁)과 의(義)의 명분을 따라야 한다.

② 생명은 소중한 것이므로 생명을 존중해야 한다.

③ 사람은 충효열(忠孝烈)의 가치를 받들어야 한다.

④ 인의(仁義)와 덕치(德治)로 국력(國力)을 길러야 한다.

⑤ 백성을 보호하는 것이 나라를 지키는 것보다 중요하다.

해 제시문은 대왕 단보의 예를 통해 백성을 다스림에 있어 다른 무엇보다 인(仁)과 의(義)에 근본 바탕을 두어야 한다는 점을 밝히고 있다. ②를 주제로 생각할 수도 있으나 이 글은 단지 생명 존중을 강조하기 위한 것이 아니라 인과 의로써 백성을 다스려야 한다는 군왕의 자세를 밝힌 것으로 보아야 한다. 제시문은 '용비어천가'의 배경 고사 중 하나로, 조선 태조의 조상인 익조를 주나라 고공 단보에 빗대어 조선 건국의 정당성을 밝히고 있다. 즉, 고공 단보가 인(仁)과 의(義)로써 민심을 얻고 나라를 세웠듯이 익조도 인의(仁義)로써 민심을 얻었다는 것을 강조하고 있다.

12 ㉠의 전제로 가장 적절한 것은?

> 길이 든다는 것은 주어진 환경이나 조건에 충실하여 자신의 내면에서 일어나는 자연스러운 본성 또는 욕망에 의해 행동하는 것을 의미한다. 그것은 일종의 조건 반사와 마찬가지이다. 따라서 길들기를 거부하는 것은 동물의 본능을 거스르는 최고의 반역이며 ㉠ <u>인간이 된다는 것은 이러한 반역에 성공하였음을 의미한다.</u> 그런데 고통스러운 인간이 되기보다 행복한 동물로 남기를 바랄 때에는 자연스럽게 순응하고, 길들기를 선택하게 된다.
>
> 플라톤이 동굴의 비유를 통해 보여주고자 했던 것이 무엇일까? 그것은 사람들이 살아가는 현실이 이렇게 길들은 공간이라는 점이다. 따라서 길드는 것은 무엇이나 동굴이고, 길드는 자는 죄수일 수밖에 없다. 이유 없이 억압에 길들어 버리는 것, 모순과 타협하고 좌절하는 것, 이것이야 말로 우리가 극복해야 하는 원초적인 죄악이다.

① 인간과 자연의 관계는 중요하다.

② 동물은 환경에 빠르게 적응한다.

③ 인간은 주체적으로 행동하는 존재이다.

④ 길들기 유무에 따라 인간과 동물을 구별할 수 있다.

⑤ 행복을 추구하는 것은 동물과 인간이 공유하는 가치이다.

해 제시문의 앞부분에서 길드는 것은 자연의 본성이며 일종의 조건반사라고 하였고 ⊙은 이를 거스르는 반역이라고 하였다. 따라서 ⊙에서 말한 '이러한 반역'은 결국 자연의 본성을 거스르는 것이라고 볼 수 있다. 따라서 인간이 자연의 본성을 거스를 수 있다면 인간이 자연 환경에 수동적으로 반응하는 존재가 아니라 이를 거스를 수 있는 주체적인 존재라는 것을 전제하고 있다고 보아야 한다.

13 다음에 제시된 글에서 추론할 수 있는 글의 주제 또는 제목으로 가장 적합한 것은?

> 우아함이 지나치면 고독을 면치 못하고, 소박함이 지나치면 생활에 활기가 떨어진다. 활기란 흥이 있는 곳에서 나오는데 흥이란 없는 것도 있는 척할 때 더 난다. 겸손이 지나치면 비굴함이 되고, 긍지가 지나치면 교만이 된다. 겸손이란 여유 있는 것이어야 하고, 긍지는 남이 매겨 주는 가치라야 한다. 엄격한 예의는 방색(防塞) 같은 것이나 우정이 오가지 않고 소탈함이 지나치면 대면하는 사람의 심정을 예민하게 파악하지 못하여 폐가 되는 경우도 있다. 욕심이 많으면 만족하는 일이 없고 욕심이 너무 없으면 이룸이 적다. 만족의 덕을 익히지 않으면 계급이 아무리 높아도 불만이요, 그래서 권력자는 폭군이 되고 폭군은 이웃까지 지배하려 한다.

① 인생살이의 요건 ② 지나침을 피하여

③ 편안한 생활을 위하여 ④ 권력자와 폭군의 폐단

⑤ 안빈낙도(安貧樂道)의 삶

해 제시문은 어떤 것이 너무 많을 때와 너무 없을 때의 폐단을 차례로 언급하고 있다. 따라서 글의 제목으로는 ②가 가장 적합하다.

14 다음에 제시된 문장을 글의 논리적 순서에 따라 바르게 배열한 것은?

> ⊙ 그리고 내 입장에서는 후자가 더 편할 것 같다.
>
> ⓛ 그것은 이야기를 전개하는 데에 필요한 모든 배경을 모두 내 상상의 우연에 맡겨 버리든지, 아니면 그런 배경만을 실제 모습 그대로 따오든지 하는 것이다.
>
> ⓒ 여러분들에게 명확히 설명하기 어려운 63빌딩 수족관의 매력을 가능한 한 완전히 이해시키기 위해서는 내가 63빌딩에 대해 알고 있는 여러 가지의 사실을 들어 설명하기보다는 내 상상 속에 생겨난 단 하나의 기묘한 이야기를 말해 주는 것이 더 이해시키기 편할 것이라 믿는다.
>
> ⓔ 왜냐하면, 나는 경험으로 상상이라고 하는 것은 어느 정도 제어 받으면 받을수록 강렬해진다는 것을 잘 알고 있기 때문이다.
>
> ⓜ 그런데 그런 이야기를 하기 위해서는 두 가지 방법이 가능하다고 볼 수 있다.

① ㄷ-ㄱ-ㄹ-ㅁ-ㄴ

② ㄷ-ㄹ-ㅁ-ㄴ-ㄱ

③ ㄷ-ㅁ-ㄴ-ㄱ-ㄹ

④ ㅁ-ㄴ-ㄱ-ㄹ-ㄷ

⑤ ㅁ-ㄷ-ㄱ-ㄴ-ㄹ

해 우선 제시된 ⓒ이나 ⑩ 중, ⑩은 논리 전개상 처음에 나오기 어색하므로 ⓒ이 첫 문장임을 알 수 있다. 다음으로 두 번째 문장으로 제시될 수 있는 ⑤, ②, ⑩ 중 ⑤은 내용상 ⓒ 다음에 바로 연결될 수 없음을 알 수 있다. 여기서 내용을 살펴보면, ⑩은 두 가지 방법이 가능하다는 전제에 해당되며 ⓒ은 이 두 가지 방법을 구체적으로 설명하고 있다는 것을 알 수 있다. 따라서 '⑩→ⓒ'의 순서가 되어야 한다. 그리고 두 가지 방법 중 자기의 입장에서 후자가 더 편하다고 한 ⑤이 ⓒ 다음에 오면 자연스럽게 연결된다. 마지막으로 ⑤에 대한 이유를 밝히는 ②이 연결되면 논리 전개상 가장 매끄럽다. 따라서 'ⓒ→⑩→ⓒ→⑤→②'의 순서가 가장 적절하다.

15 다음의 제시된 아래 주어진 문장이 들어갈 곳으로 가장 알맞은 것은?

> 뉴밀레니엄을 전후해 각 언론을 통해 희망적인 대담과 칼럼을 읽으면서 한편으로는 걱정을 떨칠 수가 없었다. 정말 우리나라 문화의 일대 르네상스가 펼쳐질 것인가. 한 민족의 문화가 세계 속에서 르네상스의 꽃을 피우려면 거기에 합당한 근거가 있어야 한다. 문화의 수준은 곧 그 민족이나 국가 공동체의 의식 수준을 나타내는데, 과연 우리가 르네상스라 일컬을 만큼 의식이 성숙하여 있느냐는 것이다. 단적인 예로 우리 사회 곳곳에서 무시당하고 무너지는 원칙을 생각하면 아직 르네상스를 말하기는 어렵다는 절망감에 휩싸이게 된다. 지키면 편하고 아름다운 것이 원칙이다. (㉠) 그 평범한 이치를 우리는 너무 무시하고 살아온 것이 아닐까. (㉡) 물론 예외가 없는 원칙을 지나치게 강조하는 것도 바람직하지 않다. (㉢) 참다운 원칙에는 인간이 살아 숨쉬는 예외가 깃들어 있어야 한다. (㉣) 원칙도 지켜지지 않는데 어떻게 예외가 존재할 수 있겠는가. (㉤)

> 그러나 우리에게는 예외를 논하기에 앞서 우선 원칙을 세우는 일이 더 시급하다.

① ㉠

② ㉡

③ ㉢

④ ㉣

⑤ ㉤

해 주어진 문장은 예외를 논하기 전에 원칙을 세워야 한다는 것인데, '그러나'라는 역접의 접속사로 시작하고 있으므로 이 문장의 앞에는 예외의 존재를 서술하는 내용이 오는 것이 적합하다. 따라서 ㉣의 위치가 가장 적합하다.

16 다음 제시문의 내용 중 내용 및 논지 전개상 어울리지 <u>않는</u> 것은?

> ㉠ 사람은 귀보다 눈을 통하여 많은 값진 정보를 얻는다. ㉡ '백문불여일견(百聞不如一見)'이라는 말이 더 이상 들어맞지 않게 되어버린 것이다. ㉢ 텔레비전으로 본 것은 라디오를 통해 들은 것과는 비교도 안 될 만큼 오래도록 생생하게 남아 있다. ㉣ 또한 귀로 들을 때에는 잘 모르거나 불

확실한 일이라도 눈으로 직접 확인하고 볼 때에는 명확한 지식으로 간직된다. ⓜ 더구나 귀로 들을 경우에는 전해주는 사람의 주관이나 악의가 개입되어 정확한 정보가 손상되는 일도 있을 수 있으나, 눈으로 보는 경우에는 그럴 염려가 거의 없다.

① ㉠　　　　　　　　　　　　　　② ㉡
③ ㉢　　　　　　　　　　　　　　④ ㉣
⑤ ㉤

해 제시문은 '백문불여일견(百聞不如一見)'이라는 말을 인용하여 눈은 귀보다 더 많은 정보를 얻을 수 있고, 더 생생하게 명확하게 기억되며, 보다 객관적이고 정확하다는 내용이다. 그러나 ㉡에서는 이러한 말이 더 이상 들어맞지 않게 되었다는 내용으로, 글 전체의 흐름과 어울리지 않는다.

17 〈보기〉의 문장은 문법에 맞지도 않고 어색하다. 이 문장을 다듬을 때 고려할 사항으로 <u>잘못된 것</u>은?

─〈 보기 〉─

　세계 환경 정치에서 주요한 문제 중 하나는 일국 또는 복수의 나라가 다국간의 합의를 저지한다든가 또는 합의를 무의미하게 만들어 버리는 힘을 가지고 있을 때 어떻게 반대를 극복하는가에 있다.

① 전체 문장의 주어가 없기 때문에 주어를 넣어야 한다.

② 목적어 '합의를'이 반복되기 때문에 뒤쪽의 것은 생략해도 무방하다.

③ 문장이 길기 때문에 두 개 이상의 문장으로 나누는 것이 이해하기 쉽다.

④ '환경'이란 어휘는 문맥에 어울리지 않기 때문에 생략하는 것이 올바르다.

⑤ 의미를 알기 어려운 한자어가 많기 때문에 한자어를 적당한 고유어로 바꾸어야 한다.

해 〈보기〉의 제시문은 의미를 알기 어려운 한자어 사용이 많지 않으므로, 한자어를 고유어로 바꿀 필요는 없다.
① '극복하다'의 주어가 생략되어 있으므로 '누가'에 해당하는 주어, 예를 들면 '다른 나라들이'를 삽입하여 '다른 나라들이 어떻게 반대를 극복하는가에 있다.'로 수정한다.
② 목적어 '합의를'이 반복되므로 뒤쪽의 것을 생략하여 '합의를 저지한다든가 또는 무의미하게 만들어 버리는'으로 수정한다.
③ 문장이 길기 때문에 "일국 또는 복수의 나라가 다국간의 합의를 저지한다든가 또는 무의미하게 만들어 버리는 힘을 가지고 있다."라는 문장과 "세계 정치에서 주요한 문제 중 하나는 다른 나라들이 어떻게 그들의 반대를 극복하는가에 있다."라는 문장으로 나누는 것이 이해하기 쉽다.
④ 〈보기〉의 제시문은 나라와 나라 사이의 정치, 즉 외교 활동과 관련된 내용이므로 '환경'이란 어휘는 문맥상 어울리지 않는다. 그러므로 생략하는 것이 올바르다.

답 15 ④　16 ②　17 ⑤

 다음의 제시된 개요에서 빈칸에 들어갈 내용으로 가장 적절한 것은?

> 제목 : 과학기술자의 책임과 권리
> 서론 : 과학 기술의 사회적 영향력에 대한 인식
> 본론 : 1. 과학기술자의 책임
> 　　　　1) 과학기술 측면 : 과학기술 개발을 위한 지속적인 노력
> 　　　　2) 윤리 측면 : 사회윤리 의식의 실천
> 　　　　2. 과학기술자의 권리
> 　　　　1) 연구의 자율성을 보장받을 권리
> 　　　　2) 비윤리적인 연구수행을 거부할 권리
> 결론 : (　　　　　　　　　　　　　　　　　　　)

① 연구 환경의 확보　　　　　　　　② 과학기술자와 사회윤리

③ 과학기술 개발의 중요성　　　　　④ 과학기술자의 책임의식과 권리 확보

⑤ 과학기술자의 자율성 비대의 문제점

해 본론 부분에서 과학기술자의 책임과 권리를 다루었으므로 결론 부분에서는 본론의 내용을 정리하면서 주장하고자 하는 바를 명확하게 언급해야 한다.

19 **다음 글을 읽고 중심내용으로 가장 적절한 것은?**

　　철이나 석탄이나 물을 어떻게 얻는가는 누구나가 다 알고 있는 사실이다. 그런데 시간이라는 것은 어떻게 얻는 것일까? 이것을 아는 사람은 그리 많지 않을 것이다.

　　인간이 시간을 얻을 줄 알게 된 것은 꽤 오랜 옛날의 일이었다. 인간이 도구를 만들기 시작했을 때 그 생활 속에는 새로운 일, 즉 참으로 인간다운 일은 노동이라는 관념이 생기게 되었다. 그리고 이 노동이라는 것은 시간을 필요로 했다. 돌연장을 만들기 위해서는 우선 그것에 적합한 돌을 찾아내야 했다. 그러나 그것은 그다지 수월한 일이 아니다. 아무 돌이나 연장으로 쓸 수 있는 것은 아니기 때문이다.

　　연장으로 만드는 데 가장 적합한 것은 단단하고 모진, 부싯돌이 될 만한 돌이다. 그런데 그런 부싯돌은 아무 데나 뒹굴고 있지는 않다. 그런 돌을 찾아내려면 적지 않은 시간이 필요하다. 그러나 많은 시간을 들인 탐색도 때로는 헛수고가 될 수도 있다. 그럴 때는 결국 그다지 훌륭하지 않은 돌이라도 집어 들어야 했으며, 사암(砂巖)이나 횟돌 같은 부실한 재료로도 만족하지 않으면 안 되었다.

　　그러나 마침내 알맞은 돌을 찾아냈다 할지라도 그 돌로 어떤 연장을 만들기 위해서는 다른 돌을 이용하여 두드리고 문지르고 깎아야 한다. 이 일은 또 많은 시간을 필요로 한다. 당시 인간의 손가락은 아직 현재 우리의 손가락처럼 재주를 부리지도 못했고 민활하지도 못했다. 단지 일하는 것을 익혔을 뿐이었다.

　　돌을 깎는 데는 많은 시간을 소비해야만 했다. 하지만 그 대신, 그 깎아낸 날카로운 돌 덕분에

나무껍질 밑의 애벌레를 파내는 일이 아주 쉬워졌다. 돌로 나뭇가지를 다듬는 데도 오랜 시간을 소비해야만 했다. 그러나 그 막대기가 다듬어지고 나면 땅속에서 식용(食用)이 되는 나무뿌리를 캐내는 일도, 숲 속에 사는 작은 동물을 사냥하는 일도 전보다 훨씬 수월하게 할 수 있었다.

그리하여 식량을 모으는 일이 전보다 쉬워지고 훨씬 빨라졌다. 식량을 찾아 돌아다니는 일에서 해방되고, 그 시간을 활용하여 연장을 만들거나 그 연장을 더욱더 예리하고 우수한 것으로 발전시켜 나감으로써 많은 식량을 얻게 되었던 것이다. 즉, 인간은 다른 노동에 쓸 수 있는 시간을 얻게 된 셈이다.

① 인간은 환경에 순응할 줄 안다.
② 인간은 노동 지향성을 지닌 존재이다.
③ 인간은 무한한 가능성을 지닌 존재이다.
④ 인간은 많은 시간을 활용해 도구를 만들었다.
⑤ 인간은 노동의 과정에서 미래를 예견할 수 있다.

해 참으로 인간다운 일은 노동이라는 관념을 가지게 된 이후 인간은 많은 시간을 활용하여 도구를 발달시킴으로써 시간을 다른 노동에 더욱 효율적으로 사용하게 되었다. 이를 통해 인간이 노동 지향성을 지닌 존재라는 것을 알 수 있다.

20 다음 글에서 추론할 수 있는 내용으로 가장 적절한 것은?

우리의 사대주의는 하나의 '정책'일 뿐, 그 이상의 것은 아니었다. 특히 고려 시대에 있어서는 사대 일변도라는 것은 없었다. 고려 성종 때 거란군 10만이 침입해 들어왔을 때 그들은 제한된 목적을 지니고 있었다. 즉, 거란과 송의 대립 시 고려가 송나라의 동맹국으로서 움직이는 것을 방지함으로써 배후의 위협이 되지 않게 하기 위한 것이었다. 이에 서희는 혼미 분란한 상황 속에서 거란군의 목적을 통찰하고 중립을 약속함으로써 한 방울의 피도 흘리지 않고 10만 거란군을 물러가게 하였을 뿐 아니라, 종래 소속이 분명치 않던 압록강·청천강 사이의 완충 지대를 확실한 고려 영토로 인정받는 등 그야말로 도랑 치고 가재잡는 성공을 거두었다. 17세기 초 광해군 때의 북방 정세도 서희 당시의 그것을 방불케 하는 것이었다. 즉, 신흥 만주족은 조선이 명나라의 동맹국으로서 움직일 것을 우려하고 있었다. 광해군은 '우리의 힘이 이들을 대적할 수 없다면 헛되이 고지식한 주장을 내세워 나라를 위망의 경지로 몰 것이 아니라 안으로 자강, 밖으로 유화의 책을 씀에 고려와 같이하는 것이 보국의 길'이라고 하였으나, 정부의 반대에 부딪혀 인조반정을 맞이하게 되었다. 인조 정권은 광해군의 불충한 사대를 반정의 명분으로 내세웠던 만큼 대명 일변도적(對明一邊倒的) 사대를 입국지본(立國之本)으로 삼았는데, 그것은 현실주의로부터 명분주의에로의 전환을 의미하는 것이었다. 복잡 다난한 정세에서 그러한 비현실적이고 융통성 없는 정책이 전쟁을 자초·유발하리라는 것은 충분히 예견할 수 있는 일이었다. 두 차례의 호란과 삼전도에서의 굴욕적인 항복은 이러한 사태의 결산이었으며, 그것은 정책으로서의 사대주의가 이성과 주체성을 잃고 국가 이익보다 사대의 명분을 중시하는 자아상실의 사대주의 중독증에 걸린 탓이었다. 사대주의 중독적 단계를 모화(慕華)라고 부른다.

답 18 ④ 19 ② 20 ③

① 사대주의는 우리나라를 중국에 예속되게 만들었다.

② 사대주의는 중국을 교란시키기 위한 외교 정책이었다.

③ 사대주의는 민족 정체성을 보존하기 위한 수단이기도 했다.

④ 사대주의는 중국 문화에 대한 선망 의식에서 비롯된 것이었다.

⑤ 사대주의는 이성과 주체성을 상실하여 중독적 단계를 반드시 수반하게 되었다.

해 제시문은 고려 시대 서희와 조선 시대 광해군의 예를 통해 사대주의를 부정적 측면이 아닌 우리 스스로를 지키기 위한 현실적인 외교 정책이라는 측면에서 보고 있다. 따라서 ③이 추론할 수 있는 진술로 가장 적합하다. ①, ④는 제시문을 통해 알 수 없는 내용이다. 사대주의가 이성과 주체성을 상실하여 중독적 단계에 이른 것을 모화라고 하지만, 이 단계가 사대주의에 반드시 뒤따른다고는 보기 어렵다.

21 다음 글에서 추론할 수 있는 내용으로 가장 옳은 것은?

상·하원 의원 여러분, 누군가가 여러분에게 당신들의 이 명령이 학자들을 의기소침하게 한다는 주장은 과장해서 하는 말이고 실제로는 그렇지 않다고 말할지도 모른다. 나는 이런 주장을 하지 못하도록 이런 종류의 엄격한 심문이 횡포를 부리고 있는 다른 나라에서 내가 보고 들은 바를 열거해서 말할 수 있다.

나는 영예스럽게도 그 나라의 학자들과 자리를 같이 한 바 있는데, 그들로부터 나는 철학적인 자유가 있는 영국과 같은 나라에서 태어난 행복한 사람으로 대접을 받았다. 반면 그들의 학문은 노예상태에 있으며 그들은 그저 이를 슬퍼할 뿐이었다. 이것이 이탈리아에서 지혜의 영광을 시들게 한 원인이었다. 그곳에서는 지난 여러 해 동안 아첨과 과장을 하는 글 이외에는 다른 아무 것도 쓰이지 않았다.

그곳에서 나는 종교재판에 회부되어 연금 상태에 있는 노년의 갈릴레이를 방문한 바 있다. 그는 성 프란체스코와 성 도미니크의 허가관(許可官)들이 생각한 것과는 다른 천문학을 연구했다는 이유로 종교재판에 회부되어 죄수로 지내고 있다. 그리고 나는 그 당시 고위성직자들의 속박 아래서 영국이 극심한 신음소리를 내고 있다는 것을 알고 있었지만 그럼에도 불구하고 나는 그것을 다른 나라 사람들이 그토록 감명을 받고 있는 영국의 자유에 대한 상징으로 받아들였다.

그럼에도 불구하고 만일 이 나라에서 살아 숨 쉬고 있는 현인(賢人)들에 대한 나의 기대가 지나친 것이라면 누가 지도자로서 이 세상이 끝날 때까지 어떤 대변혁이 일어나더라도 결코 잊히지 않을 그러한 일을 할 것인가. 허가명령이 처음 만들어지려 할 때 나는 이를 별로 걱정하지 않았다. 왜냐하면 의회가 소집되면 내가 다른 나라에서 들었던 것과 같은 종교재판에 대한 식자(識者)들의 반대와 불만의 소리가 국내에서도 나오게 될 것이라는 것을 의심하지 않았기 때문이다.

① 이 글의 필자는 출판의 자유를 주장하고 있다.

② 이 글의 필자는 종교의 자유를 주장하고 있다.

③ 이 글의 필자는 양심의 자유를 주장하고 있다.

④ 이 글의 필자는 예술의 자유를 주장하고 있다.

⑤ 이 글의 필자는 집회·결사의 자유를 주장하고 있다.

해 제시문의 첫 번째와 두 번째 문단의 '(이런 엄격한 명령과 심문이) 학자들을 의기소침하게 만든다.'는 부분과 '이것이 이탈리아에서 지혜의 영광을 시들게 한 원인이었다. 그곳에서는 지난 여러 해 동안 아첨과 과장을 하는 글 이외에는 다른 아무 것도 쓰이지 않았다.'는 부분을 통해 출판의 자유에 관한 내용임을 추론할 수 있다.

22 다음 글의 내용과 일치하는 것은?

> 피를 더럽히는 주범은 쓸모없이 많은 영양분들인데 그중에서 나쁜 콜레스테롤, 중성지방이 대표적이다. 한방에서는 이렇게 순환되지 않고 죽은 피를 어혈로 본다. 건강의 암적인 요소인 어혈을 약물을 쓰지 않고 몸 밖으로 뽑아내 혈액순환을 원활하게 하는 한의학적 침법에는 금진옥액요법, 두피침요법, 어혈침요법, 청비침요법이 있다. 금진옥액요법은 혀 아래 정맥에서 상당히 많은 양의 어혈을 제거할 수 있으며 혈액순환장애로 오는 각종 질병에 특효이다. 시술한 부위에서 실타래 같은 섬유소가 많이 나오고 피가 탁할수록 어혈이 많은 상태라고 본다. 두피침요법은 두피를 침으로 가볍게 수십 차례 두드려 호흡법을 통해 두피 속의 죽은피를 흐르게 하는 사혈요법이다. 시술 즉시 눈이 맑아지며 어지럽고 머리가 아픈 데 특효이다. 어혈침요법은 팔다리에 고여 있는 어혈을 침으로 정해진 혈자리를 자극하여 탁한 피를 출혈시키는 방법이다. 손발이 붓고 차고 저린 데 탁월한 효과가 있다. 청비침요법은 콧속의 어혈을 빼내는 것으로 코가 막혀 있을 때 부어 있는 비강 내 점막을 빠르게 가라앉혀 숨 쉬기 편하게 하고 편두통 및 이마, 눈 쪽으로 통증이 있는 경우에도 효과가 빠르다.

① 손발이 붓고 차가울 때는 어혈침요법으로 시술한다.
② 금진옥액요법은 제거할 수 있는 어혈량이 가장 많은 침법이다.
③ 두피침요법과 청비침요법은 함께 시술하기에 상극인 요법이다.
④ 청비침요법은 콧속의 어혈을 빼내는 것으로 편두통 치료와는 관계없다.
⑤ 두피침요법은 두피의 혈자리를 자극하여 탁한 피를 출혈시키는 침법이다.

해 어혈침요법은 손발이 붓고 차고 저린 데 탁월한 효과가 있다고 나와있다.
② 몸 밖으로 뽑아낼 수 있는 침법별의 어혈량 비교에 대한 내용은 지문에 없다.
③ 두피침요법과 청비침요법의 공통점 및 차이점을 비교한 내용은 지문에 없다.
④ 청비침요법은 편두통 및 이마, 눈 쪽으로 통증이 있는 경우에도 효과가 빠르다.
⑤ 두피침요법은 호흡을 통해 두피 속의 죽은피를 흐르게 하는 침법이다.

답 21 ①　22 ①

23 다음 글의 주제로 가장 적절한 것은?

> '동조(同調)'는 다른 사람의 주장에 자기의 의견을 일치시키는 것을 말하는데, 다른 사람들과 의견이 다를 경우 사람들이 불안함을 느끼는 것은 이러한 동조 현상을 바탕으로 한 감정이다.
> '집단 따돌림'은 동조현상의 대표적인 유형이라고 할 수 있다. 따돌림은 비슷한 또래의 집단규범 및 관습이 유사한 구성원들 사이에서 이루어진다. 또한 그 집단 안에서 따돌림의 대상은 돌아가면서, 무차별적으로 이루어진다. 따라서 따돌림에 동조하지 않아도 함께 하지 않으면 자신이 따돌림을 받기 때문에 어쩔 수 없이 행하는 경우가 많다. 이러한 따돌림은 다른 사람들과의 다름을 인정하지 못하기 때문에 일어난다. 다른 사람의 개성을 '다름'으로 생각하고, 여럿이 함께 해야 한다는 대다수의 의견들이 모여 한사람을 따돌리게 되는 것이다.

① 집단 따돌림의 문제점

② 동조현상의 다양한 유형

③ 집단 따돌림의 원인과 해결 방안

④ 동조현상에 기반을 둔 집단 따돌림

⑤ 집단 따돌림이 사회에 미치는 영향

해 제시된 글은 동조현상을 바탕으로 한 대표적인 유형인 집단 따돌림에 관해 설명하고 있다. 집단따돌림은 결국 다른 사람들의 개성 등을 인정하지 못하거나 받아들이지 못하는 사람들이 만들어낸 동조현상의 극단적인 유형이라고 할 수 있다.

[24~25] 다음 글을 읽고 물음에 답하시오.

> 벽돌은 흙을 구워 만드는 재료인 만큼 그 유서도 깊다. "벽돌 두 장을 조심스럽게 올려놓기 시작했을 때 건축이 시작된다."라고 이야기하는 건축가가 있을 정도로 벽돌은 건축을 대변한다. 벽돌의 기본 의미는 '쌓음'에 있다. 벽돌을 쌓아서 이루어진 벽은 점을 찍어 화면을 채워 나가는 그림에 비유될 수 있을 것이다. 점묘파라 불리던 19세기의 프랑스 화가들이 그린 그림을 보면 그들이 막상 이야기하려고 했다는 색채나 비례 이론을 다 떠나서 우선 보는 이를 압도하는 근면함이 화면 가득 묻어난다. 벽돌 건물을 보면 이처럼 그 차곡차곡 쌓아서 만들어지는 아름다움이 가장 먼저 우리에게 다가온다.
> 이 아름다움은 단지 벽돌을 쌓았다고 해서 드러나는 것이 아니다. 쌓았음을 보여 주어야 한다. 그것도 얼마나 '조심스럽게' 쌓았는가를 보여 주어야 한다. 또한 벽돌 무늬를 인쇄한 벽지를 바른 것이 아님을 보여 주어야 한다. 그 쌓음의 흔적은 줄눈*에 새겨진다. 건축가들은 시멘트 줄눈을 거의 손가락 하나 들어갈 정도의 깊이로 파낸다. 줄눈은 빛을 받으면서 그림자를 만들고 벽돌들이 '하나하나 쌓으면서 이루어졌음'을 확연히 보여 준다. 이처럼 벽돌 건물은 그 깊이감을 통해서 복잡하고 시끄러운 도심에서도 기품 있는 자태를 드러낸다.
> 서울의 동숭동 대학로에는 차분한 벽돌 건물들이 복잡한 도심 속에서 색다른 분위기를 형성하고 있다. 이 건물들을 볼 때 느낄 수 있는 특징은 우선 재료를 잡다하게 사용하지 않았다는 점이다. 건물의 크기를 떠나서 창문의 유리를 제외하고는 건물의 외부가 모두 한 가지 재료로 덮여 있다. 사실 솜씨가 무르익지 않은 요리사는 되는 대로 이런저런 재료와 양념을 쏟아 붓는다. 하지만 아무리 훌륭한 재료를 쓴

들 적절한 불 조절이나 시간 조절이 없으면 범상한 요리를 뛰어넘을 수 없다. 재료 사용의 절제는 비단 건축가뿐만 아니라 모든 디자이너들이 원칙적으로 동의하면서도 막상 구현하기는 어려운 덕목이다.

벽돌 건물의 또 다른 예술적 매력은 벽돌을 반으로 거칠게 쪼갠 다음 그 쪼개진 단면이 외부로 노출되게 쌓을 때 드러난다. 햇빛이 이 벽면에 떨어질 때 드러나는 면의 힘은 가히 압도적이다. 일정하지 않게 생성되는 그림자가 이루어내는 조합이 쪼갠 벽돌의 단면과 어우러져 새로운 아름다움을 드러낸다. 또한 벽돌을 쪼갤 때 가해졌을 힘을 고스란히 느끼게 해 준다. 이런 방식으로 지어진 벽돌 건물들은 텁텁함의 아름다움과 박력을 잘 보여 준다고 할 수 있다. 이를 위해 건축가는 때때로 철거 현장과 폐허를 뒤져 뒤틀리고 깨진 벽돌만 모아서 벽을 만들기도 한다.

이처럼 건축에 있어서 재료는 단순히 물질적 속성을 지니고 있을 뿐만 아니라 디자인의 방향을 규정한다. 건축가들의 재료 선택에는 그 재료의 물질적 속성 이외에 그 재료가 갖는 의미에 관한 성찰이 깔려 있다. 바로 이러한 성찰로 인해 건물은 단순히 쌓아 올린 벽돌 덩어리가 아니라 인간과 자연의 숨결이 살아 숨 쉬는 생명체가 되는 것이다. 그리고 그 생명의 깊이를 들여다보는 것 역시 감상에서 빼놓을 수 없는 부분이다.

*줄눈 : 벽돌이나 돌을 쌓을 때 사이사이에 시멘트 따위를 바르거나 채워 넣는 부분

24 이 글의 제목으로 가장 적절한 것은?

① 건축에서 벽돌의 의미
② 벽돌 건물의 재료가 갖는 특성
③ 도심 속 벽돌 건물의 기품과 매력
④ 벽돌 건물에 투영된 세상과 인간의 삶
⑤ 벽돌 건물의 정제된 아름다움과 투박한 매력

해 두 번째 문단과 세 번째 문단에서 도심 속 벽돌 건물의 기품과 색다른 분위기에 대해 설명하고는 있지만, 전체적으로는 벽돌 건물의 아름다움과 매력에 대해 설명하고 있으므로 글의 내용을 모두 포괄하는 제목으로는 ⑤기 기장 적절하다.

25 이 글의 내용과 일치하지 <u>않는</u> 것은?

① 벽돌 건물의 절제된 아름다움은 다른 재료의 다채로운 가미를 통해 선명하게 드러난다.
② 건축에 있어 재료는 물질적 속성뿐만 아니라 디자인이 방향을 규정하기도 한다.
③ 건축가에 있어서 뒤틀리고 깨진 벽돌은 또 다른 매력을 가진 재료이다.
④ 도심 속에서 벽돌 건물의 기품 있고 아름다운 자태를 볼 수 있는 것은 건축가들의 '줄눈'에 새겨진 흔적 때문이다.
⑤ 19세기 점묘파 화가들은 벽돌로 지은 건물을 선호했다.

해 점묘파 화가들에 대한 내용이 등장한 것은 그들의 그림과 벽돌 건물 간에 존재하는 공통점을 설명하기 위해서이다. 지문을 통해서는 점묘파 화가들이 어떤 건물을 선호했는지 알 수 없다.

답 23 ④ 24 ⑤ 25 ⑤

26 다음 중 빈칸 안에 들어갈 단어로 가장 적절한 것은?

모든 예술작품에 공통되고 그것들에만 특수한 속성은 무엇인가? 그 속성이 무엇이건 그것이 다른 속성들과 함께 발견된다는 점은 분명하다. 그러나 다른 속성들이 우연적인 반면 그 속성은 본질적이다. 그것을 갖고 있지 않으면 그 어떤 것도 예술작품이 아니고, 최소한이라도 그것을 소유하면 그 어떤 작품도 완전히 무가치할 수 없는 그러한 하나의 속성이 존재함에 틀림없다. 이 속성은 무엇일까? 어떤 속성이 우리의 미적 정서를 유발하는 모든 대상들에 의해 공유되는 것일까? 소피아 사원과 샤르트르 성당의 스테인드글라스, 멕시코의 조각품, 파도바에 있는 지오토의 프레스코 벽화들, 그리고 푸생, 피에로 델라 프란체스카와 세잔의 걸작들에 공통된 속성은 무엇일까? 오직 하나의 대답만이 가능해 보인다. 바로 '의미 있는 형식'이다. 방금 말한 대상들 각각에서 특수한 방식으로 연관된 선과 색들, 특정 형식과 형식들의 관계가 우리의 미적 정서를 불러일으킨다. 선과 색의 이러한 관계와 연합체들, 미적으로 감동을 주는 이 형식을 나는 의미 있는 형식이라고 부르며 이것이 모든 예술작품에 공통적인 하나의 (　　)이다.

① 속성 　　　　　　　　　　② 형식

③ 특색 　　　　　　　　　　④ 정서

⑤ 소유

해 '소피아 사원과∼공통된 속성은 무엇일까?'라는 질문과 이에 대한 대답과 부가설명인 '오직 하나의∼부르며'를 통해 괄호 안에 들어갈 단어가 '속성'임을 알 수 있다.

[27∼28] 다음 글을 읽고 물음에 답하시오.

2세기에 중국에서 종이가 발명된 이후 석판에 새겨진 고전 작품들의 인쇄가 용이해졌다. 부드러운 종이를 석판에 대고 누른 다음 먹물을 묻히고 종이를 떼어 내면 검정색 배경에 흰 글씨로 된 인쇄본이 나온다. 그 당시 중국인들은 이 '탁본' 방법으로 고전 작품들의 (　㉠　)을/를 만들었다. 8세기에 중국에서 널리 퍼진 목판 인쇄술은 글자를 양각으로 새긴 목판에 먹물을 바른 후 종이를 덮고 솔로 문질러 찍어내는 기술이다.

10세기에는 불교 성전인 삼장(三藏)이 13만여 개의 목판으로 5천 권이나 출판되었다. 활자는 11세기에 중국에서 처음 발명되었다. 그로부터 3세기 후에 한국에서는 활자를 금속으로 주조할 수 있는 최초의 주물을 만들었고, 일본이 곧 이를 모방했다.

27 위 글을 통해서 알 수 있는 사실은?

① 인쇄술은 탁본, 목판, 활자 순으로 발전했다.

② 탁본의 기술은 종이 발명에 앞서 개발되었다.

③ 금속활자는 중국에서 발명되어 한국으로 전파되었다.

④ 목판 인쇄술은 한국 불교의 전파와 함께 시작되었다.

⑤ 11세기 한국에서 활자를 금속으로 주조할 수 있는 최초의 주물을 만들었다.

해 윗글은 인쇄술의 역사를 2세기에서 11세기에 이르는 시대의 흐름에 따라 서술하고 있으며, 탁본, 목판, 활자의 순으로 발전했음을 알 수 있다.

28 ㉠에 들어갈 말로 가장 적절한 것은?

① 사본(寫本)

② 원본(原本)

③ 희귀본(稀貴本)

④ 필사본(筆寫本)

⑤ 단행본(單行本)

해 ㉠에는 '원본을 그대로 베낀 책'의 의미인 '사본(事本)'이 들어가는 것이 적절하다.
② 원본(原本) : 맨 처음 간행된 책
③ 희귀본(稀貴本) : 드물어서 매우 진귀한 책
④ 필사본(筆寫本) : 손으로 써서 만든 책
⑤ 단행본(單行本) : 한 권이 단독으로 간행되는 책

29 다음 문장을 의미맥락이 통할 수 있도록 논리적 순서에 맞게 나열한 것은?

(가) 개인주의는 또 이기주의와도 무관하다.

(나) 현대의 노마드들이 들고 다니는 휴대폰과 노트북은 그들이 지구 문명이 망 속에 긴밀히 연결돼 있다는 연합의 표시다.

(다) 개인주의자는 개인주의라는 가치를 실현하기 위해 다른 개인과 연합하는 것을 주저하지 않는다.

(라) 개인주의는 한 사람의 자유는 다른 사람의 자유가 시작되는 곳에서 멈춘다는 고전적 자유관의 심리적 표현이기 때문이다.

① (가) – (나) – (다) – (라)

② (가) – (다) – (나) – (라)

③ (다) – (나) – (가) – (라)

④ (다) – (나) – (라) – (가)

⑤ (라) – (나) – (가) – (다)

해 (다)에서 개인주의자는 ～ 하고 문제를 제기하였고, (나)는 이에 개인주의자 노마드들을 설명하고, (가)는 이기주의와도 무관하다고 문제를 제기하였고('또'라는 표현으로 (다)보다 뒤임을 알 수 있다), (라)에서 왜 이기주의자와도 무관한지 설명하고 있다. 따라서 알맞은 순서는 (다) – (나) – (가) – (라)이다.

30 다음 글의 연결 순서로 가장 적절한 것은?

> (가) 과학은 현재 있는 그대로의 실재에만 관심을 두고 그 실재가 앞으로 어떠해야 한다는 당위에는 관심을 가지지 않는다.
>
> (나) 그러나 각자 관심을 두지 않는 부분에 대해 상대방으로부터 도움을 받을 수 있기 때문에 상호 보완적이라고 보는 것이 더 합당하다.
>
> (다) 과학과 종교는 상호 배타적인 것이 아니며 상호 보완적이다.
>
> (라) 반면 종교는 현재 있는 그대로의 실재보다는 당위에 관심을 가진다.
>
> (마) 이처럼 과학과 종교는 서로 관심의 영역이 다르기 때문에 배타적이라고 볼 수 있다.

① (가) − (라) − (나) − (다) − (마)

② (가) − (라) − (마) − (다) − (나)

③ (다) − (가) − (라) − (마) − (나)

④ (다) − (나) − (가) − (라) − (마)

⑤ (라) − (다) − (가) − (마) − (나)

해 (다)는 '과학과 종교'라는 화제를 제시하면서 과학과 종교의 관계가 상호 보완적이라고 단언하는 중심 문장이다. (가)와 (라)에서는 각각 '과학'과 '종교'에 대해 설명하고 있는데, (라)에 '반면'이라는 역접의 접속어가 있으므로 (라) 앞에 '과학'에 대한 언급이 와야 한다는 것을 알 수 있다. 즉, (가)와 (라)에서 과학과 종교의 차이점을 대조한 뒤 (마)에서 이를 요약 · 정리하는 것이다. (나)는 '그러나'라는 역접의 접속어를 통해 앞의 내용에 대한 반론을 제기하며 맨 처음 제시한 중심 문장의 내용을 강조하고 있으므로 맨 마지막에 오는 것이 적절하다.

01 가로의 길이가 세로의 길이보다 2cm 더 길고 넓이가 120cm^{2}인 직사각형이 있다. 세로의 길이를 처음보다 20% 더 늘였을 때, 이 직사각형의 넓이는 몇 cm^{2}인가?

① 132cm^2 ② 144cm^2 ③ 156cm^2 ④ 168cm^2

해 처음 직사각형의 가로 길이를 x라 하면
$x \times (x-2) = 120$
$x = 12$
즉 처음 직사각형의 가로는 12cm, 세로는 10cm이고
세로의 길이를 20% 늘이면 $10 \times (1+0.2) = 12$cm
따라서 세로의 길이를 늘인 직사각형의 넓이는 $12 \times 12 = 144$cm^2

02 가은이가 집에서 800m 떨어진 도서관을 갈 때 처음에는 분속 50m로 걷다가 나중에는 분속 200m로 뛰어갔더니 10분이 걸렸다. 가은이가 걸은 거리는 얼마인가?

① 400m ② 420m ③ 450m ④ 480m

해 가은이가 걸은 거리를 x, 달린 거리를 y라고 하면
$x + y = 800 \cdots \bigcirc$
시간 $= \dfrac{거리}{속력}$ 이므로
$\dfrac{x}{50} + \dfrac{y}{200} = 10 \cdots \bigcirc\!\bigcirc$
$\bigcirc$과 $\bigcirc\!\bigcirc$을 연립하여 풀면
$x + y = 800$, $4x + y = 2,000$
$\therefore x = 400$, $y = 400$

03 A는 10일, B는 20일 걸리는 일이 있다. 둘은 공동작업으로 일을 시작했으나, 도중에 A가 쉬었기 때문에 끝마치는 데 16일 걸렸다. A가 쉰 기간은 며칠인가?

① 10일 ② 12일 ③ 14일 ④ 15일

해 A의 1일 일량 : $\dfrac{1}{10}$, B의 1일 일량 : $\dfrac{1}{20}$

B가 일한 날 수 : 16일, B의 총 일량 : $\dfrac{1}{20} \times 16 = \dfrac{4}{5}$

나머지 A의 일량 : $\left(1 - \dfrac{4}{5}\right) \div \dfrac{1}{10} = 2$

답 30 ③ | 01 ② 02 ① 03 ③

A의 일한 날 수 : 2(일)

∴ A가 쉰 날 수 : $16-2=14$(일)

04 12%의 소금물 200g에서 한 컵을 퍼낸 후 다시 퍼낸 양만큼 물을 붓고, 여기에 9%의 소금물을 더 넣어서 10%의 소금물 300g을 얻었다. 퍼낸 소금물의 양은 얼마인가?

① 24g　　　② 25g　　　③ 26g　　　④ 28g

해 12%의 소금물 200g에 들어있는 소금의 양 : $200 \times \dfrac{12}{100} = 24$(g)

퍼낸 소금물의 양을 xg이라 할 때 소금의 양 : $\dfrac{12}{100}x$

12%의 소금물 200g에 남아있는 소금의 양 : $24 - \dfrac{12}{100}x$

(다시 퍼낸 양만큼 물을 넣기 때문에 소금의 양은 같다.)

9%의 소금물 100g을 추가로 넣었을 때 소금의 양 : $\left(24 - \dfrac{12}{100}x\right) + 9$

이는 10%의 소금물 300g에서 소금의 양과 같으므로

$$\left(24 - \dfrac{12}{100}x\right) + 9 = 300 \times \dfrac{10}{100}$$

$$33 - \dfrac{12}{100}x = 30$$

$$\dfrac{12}{100}x = 3$$

∴ $x = 25$

퍼낸 소금물의 양은 25g이다.

05 12명이 5개씩 귤을 나누면 7개가 부족하다고 할 때, 8명이 3개씩 나누어 가질 경우 남는 귤의 수는?

① 11개　　　② 17개　　　③ 22개　　　④ 29개

해 12명이 5개씩 귤을 나누면 7개가 부족하므로 귤의 개수는 $12 \times 5 - 7 = 53$(개)

8명이 3개씩 나누어 가지면 $8 \times 3 = 24$(개)의 귤이 필요하므로

∴ 남는 귤의 수는 $53 - 24 = 29$(개)

06 네 문자 a, b, c, d를 일렬로 나열할 때, 문자 a와 b가 서로 이웃하는 경우의 수는?

① 2　　　② 3　　　③ 6　　　④ 12

해 a와 b가 서로 이웃하는 경우, a와 b를 하나로 생각하면 된다.

○, c, d

3개를 일렬로 나열하는 경우의 수는 $_3\mathrm{P}_3 = 6$

a, b의 순서가 (a, b), (b, a) 두 가지 경우이므로, 구하는 경우의 수는 $6 \times 2 = 12$

07 승기가 시속 **12km**의 보트를 타고 강을 거슬러 **24km**를 올라가는데 총 2시간 40분이 걸렸다고 한다. 이때 흐르는 강물의 속력은 몇 **km/h**인가?

① 2km/h　　　　② 3km/h　　　　③ 4km/h　　　　④ 5km/h

해 흐르는 강물의 속력을 $x$km/h라 두면, 시간$=\dfrac{거리}{속력}$이므로

$$\dfrac{24}{12-x}=\dfrac{160}{60}$$
$$8(12-x)=3\times24$$
$$8x=24$$
$$\therefore \ x=3(\text{km/h})$$

08 자판기에서 수금한 동전의 총 개수가 257개이다. 50원짜리 동전은 10원짜리 동전보다 15개 적고, 100원짜리 동전은 10원짜리 동전보다 22개 많으며, 500원짜리 동전의 합계 금액은 12,500원이다. 이때 50원짜리 동전의 합계 금액은?

① 1,000원　　　　② 2,000원　　　　③ 3,000원　　　　④ 4,000원

해 10원짜리 동전의 개수를 x라 할 때, 나머지 동전의 개수는 다음과 같다.
50원짜리 동전의 개수 : $x-15$
100원짜리 동전의 개수 : $x+22$
500원짜리 동전의 개수 : $12{,}500\div500=25$(개)
동전의 개수가 257개이므로
$257=x+x-15+x+22+25$, $x=75$(개)
50원짜리 동전의 개수 : $75-15=60$(개)
$\therefore$ 50원짜리 동전의 합계 금액 : $50\times60=3{,}000$(원)

09 물통에 물을 채우려고 한다. **A**호스로 4시간 채우고, 나머지를 **B**호스로 2시간 채우면 가득 채울 수 있고, **A**호스로 2시간 채우고, 나머지를 **B**호스로 3시간 채우면 가득 채울 수 있다고 한다. **B**호스로만 물통을 가득 채우려면 몇 시간이 걸리는가?

① 4시간　　　　② 5시간　　　　③ 6시간　　　　④ 7시간

해 물통에 물이 가득 찼을 때의 물의 양을 1이라고 하면
A호스와 B호스로 1시간 동안 채울 수 있는 물의 양을 각각 x, y라 하면
$$4x+2y=1$$
$$2x+3y=1$$
$$x=\dfrac{1}{8},\ y=\dfrac{1}{4}$$
따라서 B호스로만 물통을 가득 채우려면 4시간 걸린다.

답 04 ②　05 ④　06 ④　07 ②　08 ③　09 ①

10 다음에 나열된 숫자의 공통된 규칙을 찾아 빈칸에 들어갈 숫자는?

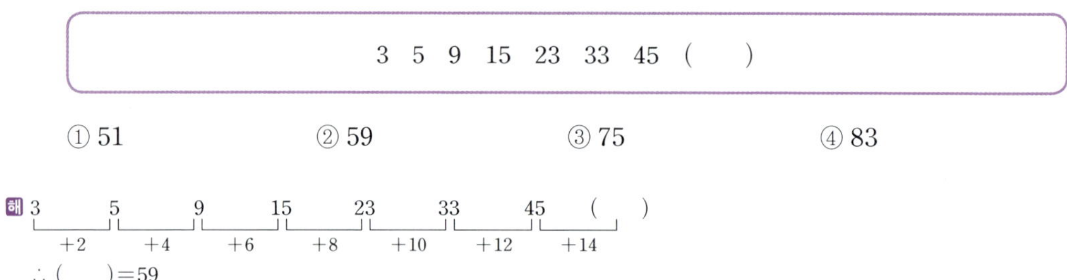

3 5 9 15 23 33 45 (   )

① 51 ② 59 ③ 75 ④ 83

해 3 ── 5 ── 9 ── 15 ── 23 ── 33 ── 45 ── (   )
　　+2　　+4　　+6　　+8　　+10　　+12　　+14

∴ (   )＝59

11 다음은 이동통신 사용자의 통신사별 구성비와 향후 통신사 이동 성향에 관한 자료이다. 1년 뒤 총 사용자 중 A사의 사용자는 몇 %인가?

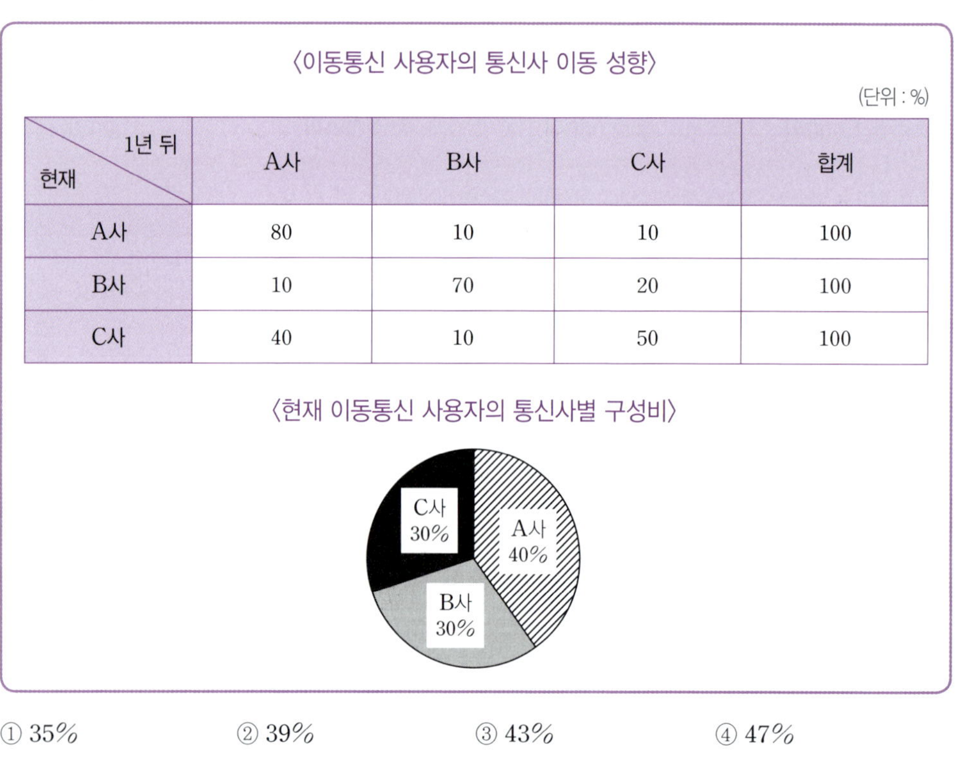

〈이동통신 사용자의 통신사 이동 성향〉

(단위 : %)

현재 ＼ 1년 뒤	A사	B사	C사	합계
A사	80	10	10	100
B사	10	70	20	100
C사	40	10	50	100

〈현재 이동통신 사용자의 통신사별 구성비〉

① 35% ② 39% ③ 43% ④ 47%

해 전체 사용자를 100으로 잡았을 때

현재 A사 사용자는 이동통신 사용자의 40%이고, 이 중 80%는 1년 후에도 A사의 사용자로 남아있으므로
$40 \times 0.8 = 32(\%)$
현재 B사의 사용자는 이동통신 사용자의 30%이고, 이 중 10%는 1년 뒤 A사의 사용자이므로
$30 \times 0.1 = 3(\%)$
현재 C사의 사용자는 이동통신 사용자의 30%이고, 이 중 40%는 1년 뒤 A사의 사용자이므로
$30 \times 0.4 = 12(\%)$
∴ $32 + 3 + 12 = 47(\%)$

12 다음은 박은식의 『한국독립운동지혈사』에서 발췌한 3·1 운동 관련 자료이다. 가, 나, 다, 라, 마 지역의 3·1 운동 참여자 중 사망자의 비율은? (단, 소수점 셋째 자리에서 반올림한다.)

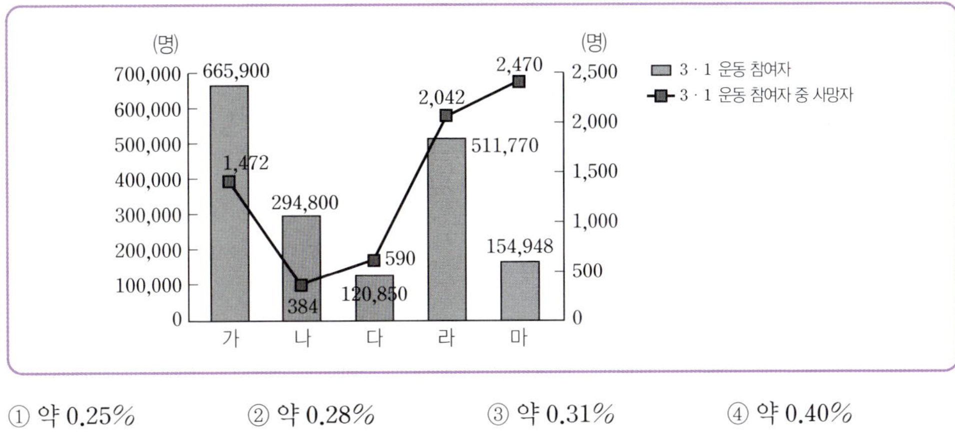

① 약 0.25%　　　② 약 0.28%　　　③ 약 0.31%　　　④ 약 0.40%

해 가, 나, 다, 라, 마 지역의 3·1 운동 참여자 : $665,900+294,800+120,850+511,770+154,948=1,748,268$(명)

가, 나, 다, 라, 마 지역의 3·1 운동 참여자 중 사망자 : $1,472+384+590+2,042+2,470=6,958$(명)

$$\therefore \frac{6,958}{1,748,268} \times 100 = 0.40(\%)$$

13 다음 그림은 A씨와 B씨의 체중 변화를 나타낸 것이다. 3년 전 동월 대비 2024년 3월 A씨와 B씨의 체중 증가율을 바르게 비교한 것은? (단, 소수점 첫째 자리에서 반올림한다.)

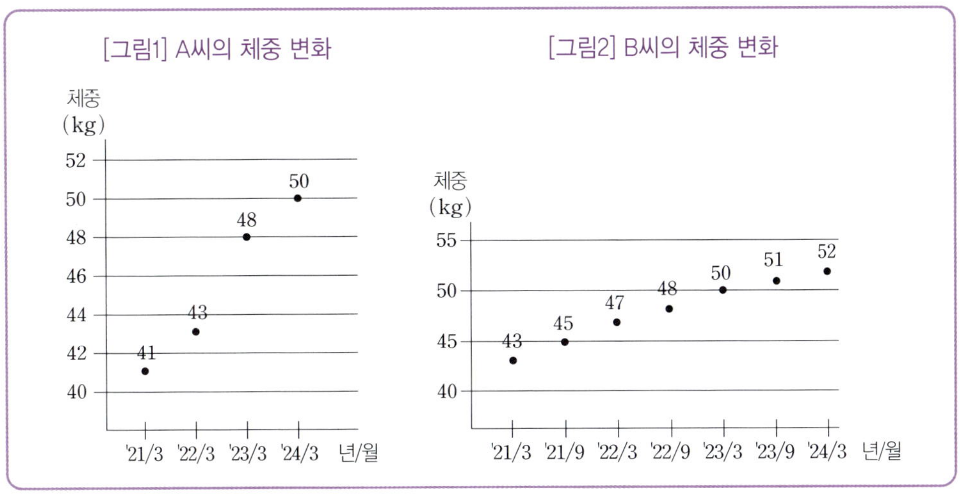

① A씨의 체중 증가율은 B씨의 체중 증가율보다 약 1% 더 높다.

② A씨의 체중 증가율은 B씨의 체중 증가율보다 약 10% 더 높다.

③ A씨의 체중 증가율은 B씨의 체중 증가율보다 약 1% 더 낮다.

④ A씨의 체중 증가율은 B씨의 체중 증가율보다 약 10% 더 낮다.

답　10 ②　11 ④　12 ④　13 ①

14 다음은 5개 국가가 어떤 국제기구에 납부한 최근 4년간의 자발적 분담금 현황을 나타낸 것이다. 〈보기〉의 설명에 비추어 볼 때, 다음 〈표〉의 A, B, C, D, E에 해당하는 국가를 바르게 나열한 것은?

〈표1〉 국가별 자발적 분담금 총액

(단위 : 백만 달러)

국명	국가별 자발적 분담금			
	2022년	2023년	2024년	2025년
A	500	512	566	664
B	422	507	527	617
C	314	401	491	566
D	379	388	381	425
E	370	374	392	412

〈표2〉 각국의 1인당 자발적 분담금

(단위 : 달러)

국명	국가별 자발적 분담금			
	2022년	2023년	2024년	2025년
A	119	143	158	196
B	46	55	56	78
C	251	277	282	290
D	137	150	189	205
E	35	41	43	47

─────〈보기〉─────

㉠ 스웨덴과 이탈리아는 국가별 자발적 분담금 총액의 증가액이 다른 국가들에 비해 낮다.

㉡ 노르웨이와 영국은 2022년 대비 2023년 국가별 자발적 분담금 총액의 증가율이 다른 국가들에 비해 높다.

㉢ 노르웨이와 스웨덴에 살고 있는 1인당 자발적 분담금은 다른 국가들에 비해 크다.

<table>
<tr><td></td><td>A</td><td>B</td><td>C</td><td>D</td><td>E</td></tr>
<tr><td>①</td><td>스페인</td><td>영국</td><td>노르웨이</td><td>스웨덴</td><td>이탈리아</td></tr>
<tr><td>②</td><td>영국</td><td>이탈리아</td><td>노르웨이</td><td>스웨덴</td><td>스페인</td></tr>
<tr><td>③</td><td>스페인</td><td>노르웨이</td><td>영국</td><td>스웨덴</td><td>이탈리아</td></tr>
<tr><td>④</td><td>영국</td><td>스페인</td><td>노르웨이</td><td>스웨덴</td><td>이탈리아</td></tr>
</table>

해 ⊙에서 스웨덴과 이탈리아의 국가별 자발적 분담금 총액 증가액이 다른 국가들에 비해 낮다고 했으므로, <표1>에 따라 스웨덴과 이탈리아는 D 또는 E국 중의 하나가 된다. ⓒ에서 노르웨이와 영국은 2022년 대비 2023년 국가별 자발적 분담금 총액 증가율이 다른 국가들에 비해 높다고 했으므로, 노르웨이와 영국은 B 또는 C국 중의 하나가 된다. ⓒ에서 노르웨이와 스웨덴의 1인당 자발적 분담금은 다른 국가들에 비해 크다고 했으므로, 노르웨이와 스웨덴은 C 또는 D국 중의 하나가 된다.
위의 결과를 종합하면, C국은 노르웨이, D국은 스웨덴, B국은 영국, E국은 이탈리아가 되며, 나머지 A국은 스페인이 되므로, ①이 적절하다.

15 다음은 신입사원 채용지침과 지원자의 성적이다. 이에 따라 선발될 수 있는 사람(들)은?

〈신입사원 채용지침〉

ㄱ. 모든 조건에 우선하여 어학 성적이 90점 이상인 어학 우수자를 최소한 한 명은 선발해야 한다.

ㄴ. 최대 3명까지만 선발할 수 있다.

ㄷ. A를 선발할 경우 D를 같이 선발해야 한다.

ㄹ. A를 선발할 수 없는 경우 C도 F도 선발할 수 없다.

ㅁ. D를 선발할 경우 B를 선발해야 하지만 C는 선발할 수 없다.

ㅂ. B를 선발하면 F를 선발해야 한다.

ㅅ. 합격한 사람이 불합격한 사람보다 학업 성적이 나쁘면 안 된다.

ㅇ. 어느 점수든 70점 미만이 있으면 선발할 수 없다.

〈표〉 지원자의 성적

(단위 : 점)

지원자	어학 성적	학업 성적	인적성
A	95	90	80
B	80	90	75
C	80	80	75
D	70	95	75
E	95	95	90
F	85	90	70
G	85	85	65

① E   ② B, F   ③ A, B, C   ④ C, G, E

해 먼저 G는 조건 ㅇ에 의해 인적성 점수가 70점 미만이므로 선발 대상에서 제외된다.

조건 ㄱ에 의해 A 또는 E 중 적어도 한 명은 반드시 선발해야 한다. 따라서 경우의 수는 A만 선발하는 경우, E만 선발하는 경우, A, E 모두 선발하는 경우가 있다.

(ⅰ) A만 선발하는 경우

조건 ㄷ, ㅁ, ㅂ에 의해 D, B, F를 선발해야 하지만 이렇게 되면 조건 ㄴ에 어긋난다. 그리고 이 경우 불합격자의 학업 성적이 합격자보다 높은 경우가 발생하여 조건 ㅅ에도 어긋난다. 따라서 A가 선발되는 경우가 없어야 한다. 또한 A와 E 모두 선발하는 경우도 고려할 필요가 없으므로 E만 선발되는 경우만 구하면 된다.

(ⅱ) E만 선발되는 경우

조건 ㄹ에 의해 A, C, F는 모두 선발 대상에서 제외된다. 조건 ㅂ에서 B를 선발하는 경우에는 반드시 F를 함께 선발해야 하지만 이미 F는 선발 대상에서 제외되었으므로 B도 선발할 수 없다. 마찬가지로 조건 ㅁ에서 D도 선발 대상에서 제외된다. 따라서 E만 선발될 수 있다.

따라서 신입사원으로 선발될 수 있는 사람은 E뿐이다.

[16~17] 아래는 2020년과 2025년 A도시의 가구별 평균 소비지출 내역을 나타낸 표이다. 이를 토대로 다음 물음에 답하시오.

(단위 : %)

구분	2020년 지출내역	2025년 지출내역
주거비	0.42	0.35
식비	0.27	0.31
교육비	0.23	0.29
기타	0.08	0.05

16 **2020년도 가구당 총 지출액이 평균 2,000만 원이었고 2025년도 가구당 총 지출액이 평균 2,500만 원이었다면, 2025년 가구당 교육비는 2020년에 비해 얼마나 증가하였는가?**

① 150만 원   ② 265만 원   ③ 325만 원   ④ 500만 원

해 2020년 가구당 총 지출액이 평균 2,000만 원이었고 이 중 교육비가 차지한 비율은 23%이므로 이 해의 가구당 교육비 지출액은 '2,000 × 0.23 = 460(만 원)'이다. 또한 2025년 가구당 총 지출액은 2,500만 원이므로 교육비 지출액은 '2,500 × 0.29 = 725(만 원)'이다. 따라서 2025년의 가구당 교육비는 2020년에 비해 265만 원이 증가하였다.

17 다음 설명 중 잘못된 것은? (단, 2020년도 가구당 총 지출액은 2,000만 원, 2025년도 가구당 총 지출액은 2,500만 원이라 가정한다)

① 2020년 가구당 식비 지출액은 월 45만 원이다.

② 도시 가정에서의 교육비 비중은 증가하는 추세이다.

③ 2025년의 가구당 주거비 지출액은 2020년에 비해 줄었다.

④ 2025년 주거비 · 식비 · 교육비를 제외한 기타 지출액은 가구당 125만 원이다.

[해] 2020년 가구당 주거비 지출액은 '2,000×0.42＝840(만 원)'이며 2025년 가구당 주거비 지출액은 '2,500×0.35＝875(만 원)'이다. 즉, 2025년 가구당 주거비 지출비율은 2020년에 비해 줄었으나 지출액은 늘었다.

18 다음은 어느 식당의 시간대별 이용 고객 수를 표시한 도표이다. 이에 대한 설명으로 옳지 않은 것은?(단, 고객 1인당 매출은 모두 동일한 것으로 간주한다.)

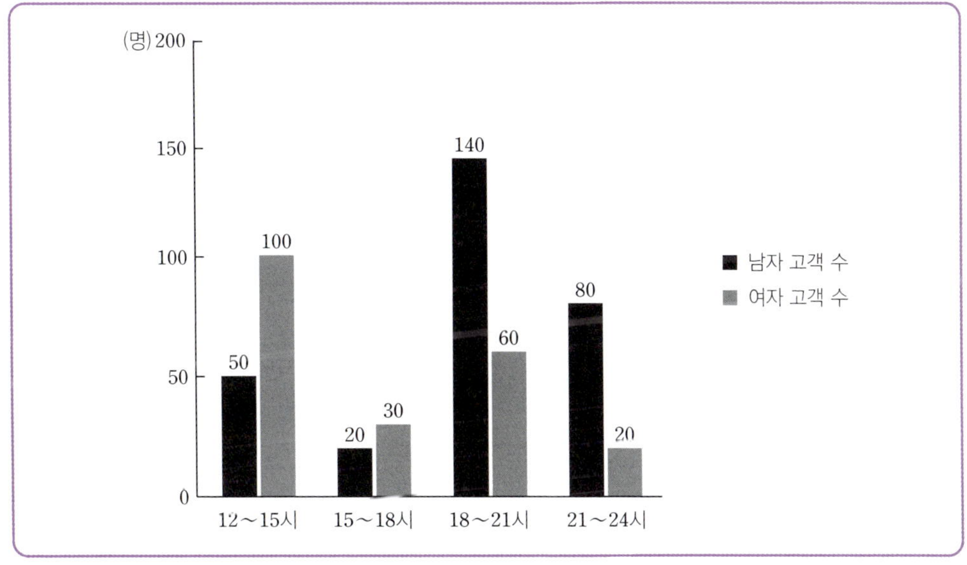

① 낮에는 여자 고객 수가 많고 밤에는 남자 고객 수가 많다.

② 고객이 가장 적은 시간대의 매출은 하루 전체 매출의 10% 수준이다.

③ 18~21시 사이의 고객 비율이 하루 전체 고객의 40%를 차지하고 있다.

④ 이 식당의 전체 매출에서 남자 고객이 차지하는 매출 비중은 60%가 넘는다.

[해] 전체 고객수가 50＋100＋20＋30＋140＋60＋80＋20＝500(명)이며 남자 고객 수가 50＋20＋140＋80＋290(명)이므로 남자 고객 수는 전체의 58%를 차지하고 있다. 매출은 고객 수에 비례하므로 남자 고객이 차지하는 매출비중도 58%이다.
① 12~18시 사이 낮에는 여자 고객 수가 많고, 18~24시 사이 밤에는 남자 고객 수가 많다.
② 15~18시 고객이 가장 적은 시간대의 매출은 전체 고객 수 500명 중 50명이므로 하루 전체 매출의 10% 수준이다.
③ 18~21시 사이는 고객 수가 200명으로 하루 전체 고객 500명 중 40%를 차지하고 있다.

[답] 16 ② 17 ③ 18 ④

19 $0 < x < 3$일 때, $\sqrt{(x-3)^2}$의 값은?

① $-x+3$ ② $-x-3$ ③ $x+3$ ④ $x-3$

해 $0 < x < 3$에서 $\sqrt{(x-3)^2} = |x-3| = -(x-3) = -x+3$

20 $A \odot B = (A+B) - AB$, $A \odot B = A^2 + B^2$이라 할 때, $2 \odot (3 \odot 1)$의 값은?

① 5   ② 6   ③ 7   ④ 8

해 $2 \odot (3 \odot 1) = 2 \odot \{(3+1) - 3\} = 2 \odot 1 = 2^2 + 1^2 = 5$

21 다음 조건에 따른 자연수로 옳은 것은?

- 두 자리 자연수이다.
- 이 자연수는 각 자릿수를 더한 값의 8배이다.
- 이 자연수는 각 자릿수의 자리를 바꾼 값보다 45가 많다.

① 55   ② 68   ③ 72   ④ 86

해 십의 자리 수를 x, 일의 자리 수를 y라고 하면 다음과 같은 두 방정식이 나온다.
$10x + y = (x+y) \times 8 \rightarrow 2x - 7y = 0 \cdots \bigcirc$
$10x + y = x + 10y + 45 \rightarrow x - y = 5 \cdots \bigcirc\!\bigcirc$
$\bigcirc$, $\bigcirc\!\bigcirc$을 연립하면 $x=7$, $y=2$이며 두 자리 자연수는 72가 된다.

[22~23] 아래의 표는 우리나라의 지역별 월 평균기온을 나타낸 것이다. 이를 토대로 다음 물음에 알맞은 답을 고르시오.

(단위 : ℃)

구분	1월	4월	7월	10월
경기도	-2.2	9.4	27.5	8.9
인천시	-1.9	9.1	27.7	9.0
강원도	-6.3	5.9	23.7	4.1
대전시	0.6	8.7	25.3	6.9
제주도	3.7	13.3	27.5	12.3

22 대전시의 경우 1월에서 4월까지 3개월 동안 월 평균기온은 매월 평균 몇 ℃씩 상승했는가?

① 2.7℃ ② 2.9℃ ③ 3.1℃ ④ 3.3℃

해 대전시의 1월 평균기온은 0.6℃, 4월 평균기온은 8.7℃이므로, 3개월 동안 기온이 8.1℃가 상승하였다. 따라서 이 기간 동안 매월 평균 2.7(＝8.1÷3)℃씩 상승하였다.

23 1월과 7월의 평균기온 차이가 가장 큰 지역은?

① 경기도 ② 인천시 ③ 강원도 ④ 제주도

해 1월과 7월의 평균기온 차이는 경기도의 경우 29.7℃, 인천시는 29.6℃, 강원도는 30.0℃, 대전시는 24.7℃, 제주도는 23.8℃이다. 따라서 평균기온 차이가 가장 큰 지역은 강원도이다.

24 아래 〈표〉는 기업별 재직 임원의 수를 조사하여 나타낸 것이다. 다음 중 기업 당 평균 재직 임원의 수와 표준편차가 올바르게 짝지어진 것은?

〈표〉 기업별 재직 임원의 수

재직 임원 수(명)	기업 수(개)
0 이상 4 미만	9
4 이상 8 미만	1
8 이상 12 미만	3
12 이상 16 미만	5
16 이상 20 미만	2
합	20

① 6명, 10 ② 7명, 7 ③ 8명, 6 ④ 10명, 6

해 구간값이 제시된 경우, 구간의 확정된 계급값을 알 수 없으므로 각 계급의 중간값을 해당 계급값으로 사용한다. 따라서 기업 당 평균 재직 임원의 수는 $\{(2 \times 9)+(6 \times 1)+(10 \times 3)+(14 \times 5)+(18 \times 2)\} \div 20 = 8$(명)이 된다.

편차＝계급값－평균이므로 평균이 8명일 때 각 계급의 편차는 순서대로 각각 -6, -2, 2, 6, 10이므로 편차의 제곱과 각 계급의 기업 수를 곱하여 합을 구하면 $324+4+12+180+200=7200$이고 이를 전체 기업 수 20으로 나눈 값인 분산이 360이므로 표준편차는 36의 제곱근인 6이다.

답 19 ① 20 ① 21 ③ 22 ① 23 ③ 24 ③

25 다음은 (가), (나), (다) 생산 공장에서 생산하는 음료수의 1일 생산량을 나타낸 것이다. A~C 음료수에 대한 생산 비율 중 B음료수의 생산 비율이 가장 작은 공장은? (단, 소수점 이하는 절삭한다.)

음료수의 1일 생산량

(단위 : 개)

구분	A음료수	B음료수	C음료수
(가) 공장	15,000	22,500	7,500
(나) 공장	36,000	48,000	18,000
(다) 공장	9,000	14,000	5,000

① (가) 공장　　② (나) 공장　　③ (다) 공장　　④ 모두 같음

해 각 공장의 B음료수 생산 비율을 구하면 다음과 같다.

(가) 공장 : $\dfrac{22,500}{15,000+22,500+7,500}\times100=50(\%)$

(나) 공장 : $\dfrac{48,000}{36,000+48,000+18,000}\times100≒47(\%)$

(다) 공장 : $\dfrac{14,000}{9,000+14,000+5,000}\times100=50(\%)$

따라서 (나) 공장의 생산 비율이 약 47%로 가장 작다.

26 다음 〈표〉는 연령별 스마트폰 1회 이용 시 평균 이용시간이다. 이에 대한 설명으로 옳지 <u>않은</u> 것은?

〈표〉 연령별 스마트폰 1회 이용 시 평균 이용시간

(단위 : %)

구분	5분 미만	5분~10분 미만	10분~20분 미만	20분~30분 미만	30분 이상
유아(만3세~9세)	29.9	10.8	32.5	10.6	16.2
청소년(만10세~19세)	30.2	17.3	29	12.2	11.3
성인(만20세~59세)	30.5	11.5	13.4	23.7	20.9
60대(만60세~69세)	34.3	19.5	24.3	19.8	2.1

① 30분 이상 사용자들의 비율은 성인이 가장 많다.

② 청소년들은 30분 이상 사용자들의 비율이 가장 낮다.

③ 10분~20분 미만 사용자들의 비율은 유아가 가장 많다.

④ 60대에는 20분~30분 미만 사용자들의 비율이 가장 많다.

 60대에는 5분 미만 사용자들이 가장 많다.

27 표준 업무시간이 80시간인 업무를 각 부서에 할당해 본 결과, 다음과 같은 〈표〉를 얻었다. 어느 부서의 업무효율이 가장 높은가?

〈표〉 부서별 업무시간 분석결과

부서명	투입인원(명)	개인별 업무시간 (시간)	회의	
			횟수(회)	소요시간(시간/회)
A	2	41	3	1
B	3	30	2	2
C	4	22	1	4
D	4	17	3	2

※ 업무효율 $=\dfrac{\text{표준업무시간}}{\text{총투입시간}}$

※ 개인별 투입시간＝개인별 업무시간＋회의 소요시간

※ 총 투입시간은 개인별 투입시간의 합임.

※ 부서원은 업무를 분담하여 동시에 수행할 수 있음.

※ 투입된 인원의 개인별 업무능력과 인원당 소요시간이 동일하다고 가정함.

① A부서 ② B부서 ③ C부서 ④ D부서

 '업무효율 $=\dfrac{\text{표준업무시간}}{\text{총투입시간}}$', '개인별 투입시간＝개인별 업무시간＋회의 소요시간', 총 투입시간은 개인별 투입시간의 합이므로 부서별 업무효율은 다음과 같다.

부서명	투입인원(명)	개인별 투입시간	총 투입시간	업무효율
A	2	44(41＋3)	88(44×2)	약 0.91
B	3	34(30＋4)	102(34×3)	약 0.78
C	4	26(22＋4)	104(26×4)	약 0.77
D	4	23(17＋6)	92(23×4)	약 0.87

따라서 업무효율이 가장 높은 부서는 A부서이다.

답 25 ② 26 ④ 27 ①

[28~29] 다음 제시된 통계 자료는 어느 국가의 지역별 문자해독률과 문맹률에 대한 자료이다. 이를 토대로 물음에 가장 알맞은 답을 고르시오.

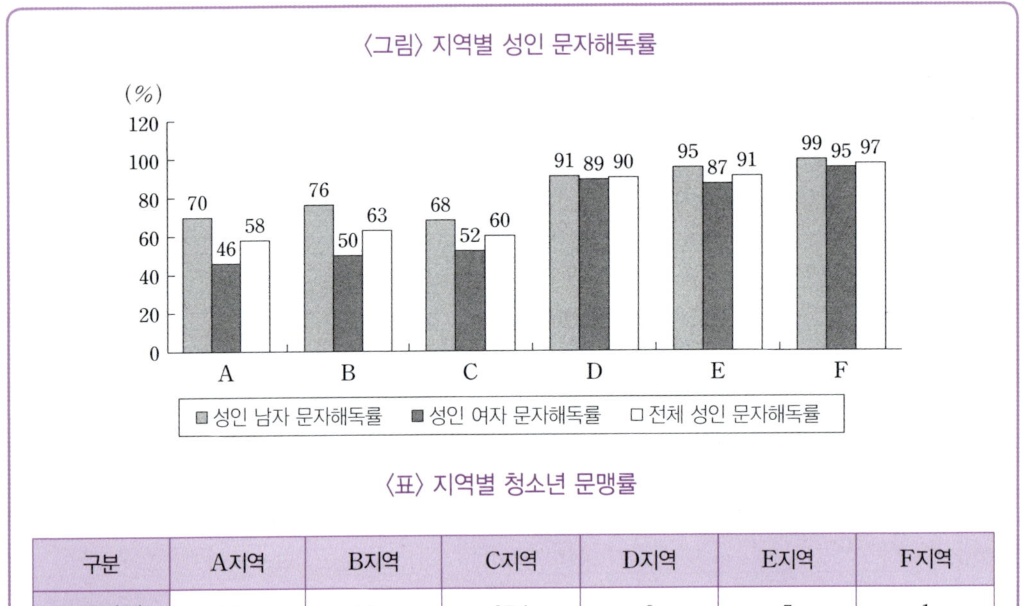

〈표〉 지역별 청소년 문맹률

구분	A지역	B지역	C지역	D지역	E지역	F지역
문맹률(%)	53.7	10.2	27.1	3	5	1

28 다음 중 가장 올바르지 않은 설명은?

① 성인 남녀 간 문맹률의 차이가 가장 큰 지역은 B이다.

② C지역의 성인 여자 문맹률은 성인 남자 문맹률보다 높다.

③ 성인 남자 문맹률이 높은 지역일수록 청소년 문맹률이 높다.

④ 청소년 문맹률과 성인 남자의 문맹률이 같은 지역은 두 지역이다.

해 성인 남자의 문맹률이 가장 높은 지역은 C지역(32%)이다. 그런데 C지역의 청소년 문맹률은 27.1%로 두 번째로 높은 것에 비해 성인 남자 문맹률이 두 번째로 높은 A지역의 청소년 문맹률은 53.7%로 가장 높으므로 ③의 내용은 옳지 않다.

29 성인 남녀 간 문맹률의 차이가 가장 큰 지역의 청소년 문맹률(%)과 청소년 문맹률이 네 번째로 높은 지역의 남녀 간 성인 문맹률의 각각 차이(%)는?

① 10.2%, 8%

② 53.7%, 2%

③ 10.2%, 2%

④ 27.1%, 4%

해 성인 남녀 간 문맹률의 차이가 가장 큰 B지역의 청소년 문맹률은 10.2%이며, 청소년 문맹률이 네 번째로 높은 E지역의 남녀 간 성인 문맹률 차이는 '95%－87%＝8%'이다.

30 다음은 취업자 및 취업자 증감률에 관한 표이다. 취업자가 가장 많은 달을 찾아 전년도 동월의 취업자 수를 구하면? (단, 천 단위 미만은 절삭한다.)

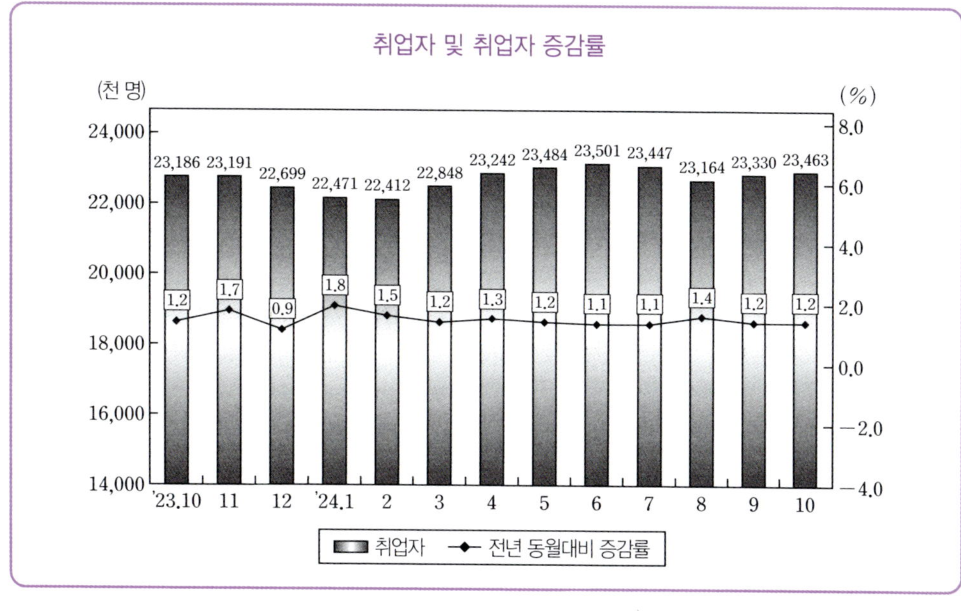

① 19,570천 명   ② 21,315천 명   ③ 22,315천 명   ④ 23,245천 명

해 취업자가 가장 많은 달은 2024년 6월이고, 이 달의 전년 동월대비 증감률은 1.1%이므로

$x + 0.011x = 23,501,000$(명)

$1.011x = 23,501,000$(명), $x = 23,245,301.6815\cdots$

따라서 취업자가 가장 많은 2024년 6월의 전년도 동월인 2023년 6월의 취업자 수는 23,245천 명(천 단위 미만 절삭)이다.

답 28 ③   29 ①   30 ④

공군부사관 대표유형 + 실전문제

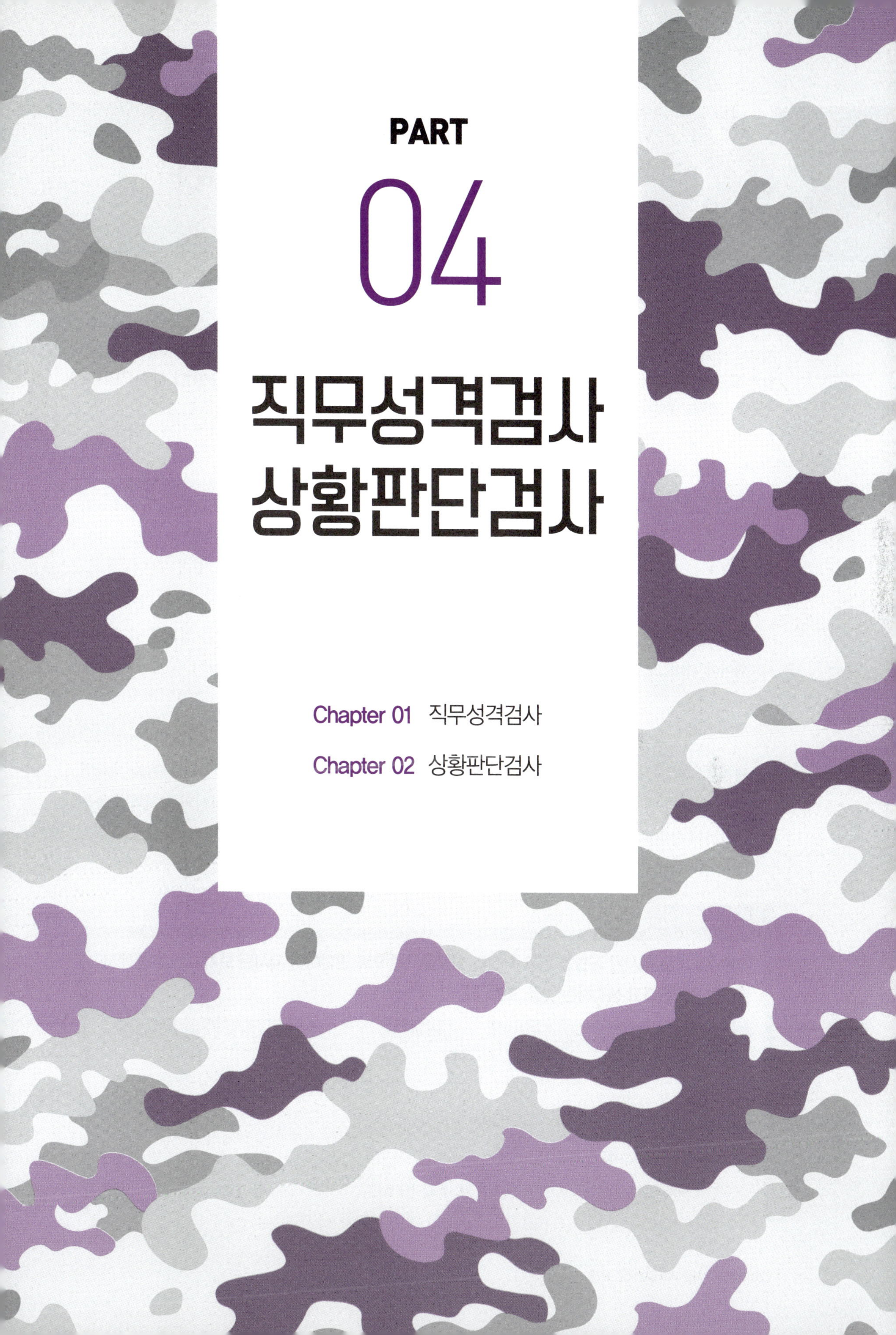
PART
04
직무성격검사
상황판단검사
Chapter 01   직무성격검사
Chapter 02   상황판단검사

직무성격검사

직무성격검사는 말 그대로 간부에게 요구되는 인성, 행동, 성격, 특성 등을 중점적으로 평가하는 검사이다. 따라서 다채롭고 많은 질문들이 주어지며, 이를 통해 수험생이 부사관으로서 임무수행 및 군 생활에 있어 적합함을 평가한다. 직무성격검사는 추후에 진행되는 면접의 자료로 사용되기도 한다.

1 직무성격검사 확인

(1) 대응법

직무성격검사는 짧은 질문에 대한 자신의 생각을 답변을 하는 것이다. 30분이라는 시간 안에 180문항에 답변을 해야 하므로, 솔직한 자신의 생각을 답하면 된다. 대신 자신의 생각은 일관성 있게 유지되어야 하며, 모든 질문에 답변을 할 수 있도록 해야 한다.

(2) 유형파악

대체적으로 길지 않은 질문이 주어지고, 이에 따른 자신의 생각을 ①~⑤로 지정된 답변을 택하면 된다. 질문의 내용을 정확히 이해하되, 심오한 고민을 하지 않는 것이 좋다. 평상시의 자신의 모습을 생각하여 답변하는 것이 가장 좋다.

대표유형

[01~10] 다음 제시된 상황을 읽고 자신의 성향을 기준으로 판단하여 제시된 보기 ①~⑤ 중에서 본인이 해당된다고 생각하는 것을 고르시오.

전혀 그렇지 않다	그렇지 않다	보통이다	그렇다	매우 그렇다
①	②	③	④	⑤

번호	내용	선택
01	작은 일에도 걱정을 많이 한다.	① ② ③ ④ ⑤
02	나와 친밀한 사람에게 불행한 일이 있을 때, 내 일처럼 느낀다.	① ② ③ ④ ⑤

03	일을 할 때 새로운 방법을 고안해서 하는 것을 좋아한다.	① ② ③ ④ ⑤
04	자신에 대해 엄격하다.	① ② ③ ④ ⑤
05	혼자 할 수 있는 취미나 여가생활이 좋다.	① ② ③ ④ ⑤
06	주변 사람들은 나의 능력을 인정해준다.	① ② ③ ④ ⑤
07	법과 규칙은 엄격히 집행되어야 한다고 생각한다.	① ② ③ ④ ⑤
08	마음이 대개 편안한 상태이다.	① ② ③ ④ ⑤
09	주변 사람들의 기분이나 감정을 잘 파악한다.	① ② ③ ④ ⑤
10	일상적인 것보다는 새로운 것을 더 좋아한다.	① ② ③ ④ ⑤

Tip 직무성격검사에는 정확한 답이 없으니 솔직한 자신의 생각을 일관성 있게 답변하는 것이 좋다.

☑ 직무성격검사 연습

[01~180] 다음 제시된 상황을 읽고 자신의 성향을 기준으로 판단하여 제시된 보기 ①~⑤ 중에서 본인이 해당된다고 생각하는 것을 고르시오.

전혀 그렇지 않다	그렇지 않다	보통이다	그렇다	매우 그렇다
①	②	③	④	⑤

번호	내용	선택
01	금방 싫증이 나는 편이다.	① ② ③ ④ ⑤
02	다른 사람에게 나의 생각을 분명히 주장한다.	① ② ③ ④ ⑤
03	교통사고를 당하지 않을까 항상 신경이 쓰인다.	① ② ③ ④ ⑤
04	지금까지도 가슴 아픈 과거의 실패가 있다.	① ② ③ ④ ⑤
05	고생은 사서라도 하는 편이다.	① ② ③ ④ ⑤
06	의견이나 생각이 자주 바뀌는 편이다.	① ② ③ ④ ⑤
07	다른 사람의 험담을 한 번도 해본 적이 없다.	① ② ③ ④ ⑤
08	내 주위의 사람들이 나를 어떻게 생각하는지 신경 쓰인다.	① ② ③ ④ ⑤
09	친하거나 가까운 사람에게 의존하는 경향이 있다.	① ② ③ ④ ⑤
10	학교를 그만두고 싶다는 생각을 한 적이 있다.	① ② ③ ④ ⑤
11	나쁜 일이 생기면 계속 이어질 것 같은 생각이 든다.	① ② ③ ④ ⑤
12	개성 있는 사람이 좋다.	① ② ③ ④ ⑤

13	나는 기분파라고 생각한다.	①	②	③	④	⑤
14	친구와 만나는 것도 귀찮다고 생각한 적이 있다.	①	②	③	④	⑤
15	알고 보면 이 세상에 싫은 사람은 없다.	①	②	③	④	⑤
16	화를 잘 내지 않는 편이다.	①	②	③	④	⑤
17	어떤 일에 일단 흥분되면 잘 진정되지 않는 편이다.	①	②	③	④	⑤
18	하는 일이 잘못되면 내 책임이 크다고 생각한다.	①	②	③	④	⑤
19	남에게 시끄럽다는 소리를 들은 적이 있다.	①	②	③	④	⑤
20	맘에 드는 일에는 금방 빠져드는 타입이다.	①	②	③	④	⑤
21	지루한 것은 참기 어렵다.	①	②	③	④	⑤
22	남에게 폐를 끼친 적이 한 번도 없다.	①	②	③	④	⑤
23	혼자만의 고독을 즐긴다.	①	②	③	④	⑤
24	화날 만한 일이 생기면 곧바로 화를 낸다.	①	②	③	④	⑤
25	주위의 속삭이는 말은 나에 대한 이야기라는 느낌이 든다.	①	②	③	④	⑤
26	신경질적인 면이 있다.	①	②	③	④	⑤
27	나 자신은 감정적인 인간이라고 생각한다.	①	②	③	④	⑤
28	종종 다른 사람이 바보 같다는 생각이 든다.	①	②	③	④	⑤
29	다른 사람에 대한 칭찬에 인색하지 않다.	①	②	③	④	⑤
30	언행에 있어 다른 사람의 이목이 신경 쓰인다.	①	②	③	④	⑤
31	나는 자부심이 대단한 사람이다.	①	②	③	④	⑤
32	거짓말을 한 적이 없다.	①	②	③	④	⑤
33	사소한 일에도 끙끙대며 걱정하는 편이다.	①	②	③	④	⑤
34	나만의 신념을 가지고 있다.	①	②	③	④	⑤
35	나는 융통성이 별로 없다.	①	②	③	④	⑤
36	나는 낙천적인 사람이다.	①	②	③	④	⑤
37	뉴스에서 범죄 소식을 들으면 불안한 마음이 든다.	①	②	③	④	⑤
38	솔직히 논쟁 시 다른 사람의 의견을 듣는 것이 싫다.	①	②	③	④	⑤
39	과제를 잊은 적이 한 번도 없다.	①	②	③	④	⑤
40	남의 생각이나 행동 패턴을 분석하여 잘 파악하는 편이다.	①	②	③	④	⑤
41	일상적 현상이나 일에 대해서도 곰곰이 생각해 보는 편이다.	①	②	③	④	⑤
42	일을 처리하는데 있어 더 나은 방법이 있는지 따져보는 편이다.	①	②	③	④	⑤
43	세세한 일까지 챙기는 편이다.	①	②	③	④	⑤

44	낯선 상황을 접할 때도 거의 긴장하지 않는다.	① ② ③ ④ ⑤
45	항상 혁신적인 태도를 유지하는 편이다.	① ② ③ ④ ⑤
46	신중하고 꼼꼼하다는 주위의 평가가 있다.	① ② ③ ④ ⑤
47	나는 인정이 넘치는 사람이다.	① ② ③ ④ ⑤
48	새로운 사람을 사귀는 것이 어렵지 않다.	① ② ③ ④ ⑤
49	나는 아주 진취적인 사람이다.	① ② ③ ④ ⑤
50	낯선 사람과의 술자리에서는 조용히 있는 편이다.	① ② ③ ④ ⑤
51	꼬치꼬치 따지는 사람은 짜증이 난다.	① ② ③ ④ ⑤
52	남을 귀찮게 하는 것은 큰 실례이다.	① ② ③ ④ ⑤
53	어떤 모임에서든 분위기를 잘 띄우는 편이다.	① ② ③ ④ ⑤
54	동료와의 유대관계 유지를 위해 사생활을 포기할 수 있다.	① ② ③ ④ ⑤
55	위험을 감수하지 않고는 성공할 수 없다고 생각한다.	① ② ③ ④ ⑤
56	결국 더 중요한 것은 과정보다는 결과이다.	① ② ③ ④ ⑤
57	내가 속한 조직이나 분야에서 언젠가는 최고가 되고 싶다.	① ② ③ ④ ⑤
58	실패한 일은 반드시 되짚어 보고 원인을 분석한다.	① ② ③ ④ ⑤
59	어떤 일이든 도전해서 성공할 자신이 있다.	① ② ③ ④ ⑤
60	방이나 책상 정리를 항상 깔끔히 하는 편이다.	① ② ③ ④ ⑤
61	나는 나만의 개성이 넘치는 사람이다.	① ② ③ ④ ⑤
62	나는 마음만 먹으면 어떤 사람도 설득시킬 수 있다.	① ② ③ ④ ⑤
63	승부근성이 강하다.	① ② ③ ④ ⑤
64	종종 사소한 일에 예민하게 반응한다.	① ② ③ ④ ⑤
65	아무것도 하지 않고 멍히게 있는 것을 부적 싫어한다.	① ② ③ ④ ⑤
66	옳다고 생각하는 일은 끝까지 밀어붙이는 편이다.	① ② ③ ④ ⑤
67	기분이 들떠 잠을 못 잔 적이 많다.	① ② ③ ④ ⑤
68	안 되는 일에는 포기가 남들보다 빠르다.	① ② ③ ④ ⑤
69	남에게 상처가 될 말은 절대 하지 않는다.	① ② ③ ④ ⑤
70	사람을 사귀는 것이 성가시다고 생각한 적이 있다.	① ② ③ ④ ⑤
71	남에게 칭찬받기 위해 하기 싫은 일도 곧잘 한다.	① ② ③ ④ ⑤
72	타인에 대한 배려심이 남달리 강하다고 생각한다.	① ② ③ ④ ⑤
73	친절한 사람이라는 말을 자주 듣는다.	① ② ③ ④ ⑤
74	다수의 의견은 절대 존중한다.	① ② ③ ④ ⑤

75	가까운 사람에게는 쉽게 비밀을 털어 놓는다.	① ② ③ ④ ⑤
76	일을 처리하는데 있어 나만의 노하우가 있다.	① ② ③ ④ ⑤
77	가끔 아무것도 의식하지 않고 함부로 말할 때가 있다.	① ② ③ ④ ⑤
78	기분을 솔직하게 표현하는 편이다.	① ② ③ ④ ⑤
79	감정의 기복이 심한 편이다.	① ② ③ ④ ⑤
80	친한 친구가 다른 사람을 욕하면 동조해 주는 편이다.	① ② ③ ④ ⑤
81	공공장소에서 시끄럽게 이야기하는 사람은 꼴 보기 싫다.	① ② ③ ④ ⑤
82	아주 늦게 가느니 차라리 안 가는게 낫다고 생각한다.	① ② ③ ④ ⑤
83	법이나 규칙은 어떠한 경우에도 지켜야 한다.	① ② ③ ④ ⑤
84	스포츠 경기에서 응원하는 팀이 지면 그날 기분이 우울하다.	① ② ③ ④ ⑤
85	어떤 일을 함에 있어 비교적 구체적인 계획을 세우는 편이다.	① ② ③ ④ ⑤
86	주위 환경 변화에 그다지 동요하지 않는다.	① ② ③ ④ ⑤
87	능력이 뛰어난 사람을 보면 무척 부럽다는 생각이 든다.	① ② ③ ④ ⑤
88	유행에 민감한 편이다.	① ② ③ ④ ⑤
89	해야 할 일은 신속히 처리하는 편이다.	① ② ③ ④ ⑤
90	전통이나 관습에 구애받지 않는 편이다.	① ② ③ ④ ⑤
91	고집이 세다는 이야기를 가끔 듣는다.	① ② ③ ④ ⑤
92	불평불만을 늘어놓는 사람은 한심해 보인다.	① ② ③ ④ ⑤
93	부끄러운 일을 당하면 얼굴이 화끈거린다.	① ② ③ ④ ⑤
94	나는 의지가 강한 사람이다.	① ② ③ ④ ⑤
95	나와 무관한 일에 관련되는 것은 언제나 성가시다.	① ② ③ ④ ⑤
96	뻔뻔하다는 말을 듣는 것은 정말 싫다.	① ② ③ ④ ⑤
97	무서운 영화를 보면서 안 무서운 척 한 적이 있다.	① ② ③ ④ ⑤
98	여간해서는 병원에 가지 않는다.	① ② ③ ④ ⑤
99	세상에는 불의가 눈감아질 때가 많다.	① ② ③ ④ ⑤
100	손해를 감수하면서까지 정직할 필요는 없다.	① ② ③ ④ ⑤
101	진실은 언제나 밝혀지기 마련이다.	① ② ③ ④ ⑤
102	양심에 어긋난 행동은 하지 않는다.	① ② ③ ④ ⑤
103	일처리는 마감 일정에 맞추기보다 항상 조금 일찍 끝낸다.	① ② ③ ④ ⑤
104	내가 유치하게 느껴질 때가 종종 있다.	① ② ③ ④ ⑤
105	윗사람들로부터 고분고분하다는 말을 듣는 편이다.	① ② ③ ④ ⑤

106	내면의 과시욕을 억누르는 편이다.	① ② ③ ④ ⑤
107	내가 생각하는 이상 세계와 지금의 현실 세계는 차이가 크다.	① ② ③ ④ ⑤
108	아는 사람과 만나는 것이 불편할 때가 종종 있다.	① ② ③ ④ ⑤
109	1등을 제외하고 2등 이하는 잘 모를 때가 많다.	① ② ③ ④ ⑤
110	읽기 시작한 책은 대부분 끝까지 읽는 편이다.	① ② ③ ④ ⑤
111	비 오는 날과 맑은 날에 느끼는 기분 차가 큰 편이다.	① ② ③ ④ ⑤
112	뜻밖에 시간이 빌 때는 무엇을 할지 모를 때가 많다.	① ② ③ ④ ⑤
113	자신이 지나치게 신중하다고 느낄 때가 있다.	① ② ③ ④ ⑤
114	우산을 챙겨오지 못해 비를 맞은 적이 많다.	① ② ③ ④ ⑤
115	남이 하는 칭찬이 유쾌하지만은 않다.	① ② ③ ④ ⑤
116	화려한 옷차림보다는 수수한 것을 더 선호한다.	① ② ③ ④ ⑤
117	남의 배려가 귀찮게 느껴질 때가 있다.	① ② ③ ④ ⑤
118	작은 일에 연연해 하지 않는 것이 성공의 지름길이다.	① ② ③ ④ ⑤
119	주변 사람들은 나의 재능을 과소평가한다.	① ② ③ ④ ⑤
120	규칙을 지키는 것이 경쟁에서의 승리보다 중요하다.	① ② ③ ④ ⑤
121	약속은 반드시 지켜야 한다.	① ② ③ ④ ⑤
122	책임감이 강하다.	① ② ③ ④ ⑤
123	조직이나 어떤 모임에서 눈에 띄는 행동을 하지 않는다.	① ② ③ ④ ⑤
124	갑자기 이유 없이 화가 날 때가 있다.	① ② ③ ④ ⑤
125	자신의 결점보다 남의 결점을 잘 찾아낸다.	① ② ③ ④ ⑤
126	어떤 상황에서든 결정이 빠른 편이다.	① ② ③ ④ ⑤
127	상사의 부당한 명령도 언제나 수용해야 한다.	① ② ③ ④ ⑤
128	어떤 상황에서든 차분함을 잃지 않는다.	① ② ③ ④ ⑤
129	기왕이면 새로운 것이 좋다.	① ② ③ ④ ⑤
130	말보다는 행동이 중요하다.	① ② ③ ④ ⑤
131	가끔 주위의 물건을 때려 부수고 싶을 때가 있다.	① ② ③ ④ ⑤
132	낯선 상황에도 빨리 적응한다.	① ② ③ ④ ⑤
133	스스로에 대해서는 아주 엄격한 편이다.	① ② ③ ④ ⑤
134	혼자 노는 것보다는 여럿이 어울려 노는 것이 좋다.	① ② ③ ④ ⑤
135	때로는 선의의 거짓말이 필요하다.	① ② ③ ④ ⑤
136	주변 사람들의 불행한 일은 나의 일 같이 느껴진다.	① ② ③ ④ ⑤

137	다른 사람들의 기분이나 감정 상태를 잘 파악한다.	① ② ③ ④ ⑤
138	가끔 불을 지르고 싶은 충동을 느낀다.	① ② ③ ④ ⑤
139	일을 처리하는데 있어 나만의 기준이 있다.	① ② ③ ④ ⑤
140	어렸을 때 혼자 논 적이 많았다.	① ② ③ ④ ⑤
141	약자에게 약하고 강자에게 강하다.	① ② ③ ④ ⑤
142	중요한 일은 일단 결정을 내리고 그 후 합당한 이유를 찾는 편이다.	① ② ③ ④ ⑤
143	스스로 판단해 볼 때 자신은 머리가 아주 좋은 편이다.	① ② ③ ④ ⑤
144	나는 무척 용기 있는 사람이다.	① ② ③ ④ ⑤
145	남에서 아픈 모습을 보이는 것을 싫어하는 편이다.	① ② ③ ④ ⑤
146	나는 다른 사람으로부터 영향을 받기 쉬운 타입이다.	① ② ③ ④ ⑤
147	어떤 사람이든 끝까지 미워하기는 어렵다.	① ② ③ ④ ⑤
148	사실 세상은 불공평하다.	① ② ③ ④ ⑤
149	욕심이 많은 것과 목표가 큰 것은 아주 비슷하다고 생각한다.	① ② ③ ④ ⑤
150	과욕은 나쁘지만 아무런 욕심이 없는 것보다는 낫다.	① ② ③ ④ ⑤
151	가끔 혼자 살고 싶다는 생각을 한다.	① ② ③ ④ ⑤
152	나의 평소 심적 상태는 무척 안정되어 있다.	① ② ③ ④ ⑤
153	취미가 다양한 편이다.	① ② ③ ④ ⑤
154	다른 사람들과 잘 협조하는 편이다.	① ② ③ ④ ⑤
155	근거 없는 소문은 무시하는 편이다.	① ② ③ ④ ⑤
156	자랑할 만한 남다른 특기가 많다.	① ② ③ ④ ⑤
157	규칙적으로 운동한다.	① ② ③ ④ ⑤
158	스스로 생각해봐도 대견한 일을 많이 한 편이다.	① ② ③ ④ ⑤
159	사람들이 나쁘다고 생각할 때가 있다.	① ② ③ ④ ⑤
160	고민을 털어놓을 친구가 많은 편이다.	① ② ③ ④ ⑤
161	남이 재촉할 때는 화부터 난다.	① ② ③ ④ ⑤
162	강한 의지보다는 바른 생각이 우선이다.	① ② ③ ④ ⑤
163	나의 미래는 밝다고 생각한다.	① ② ③ ④ ⑤
164	다른 사람이 답답하다고 느낄 때가 많다.	① ② ③ ④ ⑤
165	여러 일이 한꺼번에 닥치면 포기하고 싶다.	① ② ③ ④ ⑤
166	문제가 발생하면 그 원인부터 따진다.	① ② ③ ④ ⑤
167	쉽게 감동받는 편이다.	① ② ③ ④ ⑤

168	후회를 자주 하는 편이다.	①	②	③	④	⑤
169	말다툼을 자주 한다.	①	②	③	④	⑤
170	스트레스는 바로바로 풀려고 노력한다.	①	②	③	④	⑤
171	어떤 일을 끝마치지 않고는 다른 일에 집중할 수 없다.	①	②	③	④	⑤
172	매일 한 가지씩은 반성한다.	①	②	③	④	⑤
173	열심히 일하다가도 갑자기 하기 싫을 때가 있다.	①	②	③	④	⑤
174	세상을 바꾸고 싶다는 생각이 자주 든다.	①	②	③	④	⑤
175	지나치게 긴장해 일을 망친 적이 있다.	①	②	③	④	⑤
176	사회생활에서는 인간관계가 무엇보다 중요하다.	①	②	③	④	⑤
177	정이 많은 사람이 능력 있는 사람보다 좋다.	①	②	③	④	⑤
178	돈을 허비한 적이 한 번도 없다.	①	②	③	④	⑤
179	한 번 믿은 사람은 끝까지 믿는 편이다.	①	②	③	④	⑤
180	세상이 나아지는데 이바지하고 싶은 꿈을 가지고 있다.	①	②	③	④	⑤

상황판단검사

상황판단검사는 수험생이 부사관으로서 인성·적성검사에서 측정하기 어려운 직무관련 시나리오에 대해 주어진 답변 중 어떻게 대처하는지를 검사한다. 이를 통해 수험생의 상황판단능력과 위기대처능력 등을 평가하고, 나아가 수험생의 직무 적합도를 평가한다. 따라서 해당 검사는 병사가 아닌 부사관으로서 자신의 판단을 답변하여야 한다.

1 상황판단검사 확인

(1) 대응법

상황판단검사는 주어진 시나리오에 군 간부, 부사관으로서의 답변을 하는 것이다. 20분이라는 시간 안에 15문항의 상황을 파악하고 답변해야 하므로, 부사관으로서의 기본 자질과 소양을 평상시에도 기를 수 있도록 노력해야 한다.

(2) 유형파악

주어진 시나리오에 대하여 가장 할 것 같은 행동과 가장 하지 않을 것 같은 행동을 주어진 보기 중에 답변하는 것이다. 따라서 자신의 생각과 일치하는 것이 없다면 자신의 생각과 가장 비슷한 답변을 골라야 함을 주의해야 한다.

 대표유형

다음 상황을 읽고 제시된 질문에 적합하다고 생각하는 답을 적으시오.

당신은 소대장이다. 어느 날 중대장이 당신이 보기에 잘못된 것으로 보이는 결정을 내렸다. 당신은 그가 가능한 그 결정을 취하할 수 있도록 설득하려 노력했으나, 그는 이미 확고한 결단을 내렸으니 따르라고 한다. 그러나 당신의 동료 소대장들과 부사관들도 모두 중대장이 잘못된 결정을 내린 것 같다는 것에 동의하고 있다.

이 상황에서 당신이 ⓐ 가장 할 것 같은 행동은 무엇입니까? (　　　)
이 상황에서 당신이 ⓑ 가장 하지 않을 것 같은 행동은 무엇입니까? (　　　)

① 대대장에게 가서 상황을 설명하고, 조언을 부탁한다.

② 소대로 돌아가서 나는 중대장의 결정에 찬성하니, 모두 명령을 따라야 한다고 설득한다.

③ 부사관들에게 나는 중대장의 결정에 찬성하지는 않지만, 어쩔 수 없으니 명령을 그냥 따르자고 말한다.

④ 부사관들에게 나는 중대장의 결정에 따르지 않는다는 것을 말하고, 이 상황에서 어떻게 처신해야 할지 조언을 구한다.

⑤ 소대로 돌아가서 나는 중대장의 결정에 찬성하지는 않지만, 어쩔 수 없으니 명령을 일단 따르라고 이야기한다.

⑥ 중대장에게 다시 가서, 나는 그 결정이 문제가 있다고 생각하며, 부사관들과 대원들에게 잘못된 명령을 시행하라고 하기는 어렵다고 이야기한다.

⑦ 한 시간 정도의 시간이 지난 후, 중대장에게 다시 가서 대안을 제시한다.

○Tip 주어진 상황에 따라 답변의 방향을 달라질 수 있으나, 상황판단검사에서도 역시 일관성 있게 군 간부로서, 부사관으로서의 신분과 지위에 맞게 답변하는 것이 중요하다.

❷ 상황판단검사 연습

[01~15] 다음 상황을 읽고 제시된 질문에 적합하다고 생각하는 답을 적으시오.

01

A부대의 B중사는 현재의 훈련 방식보다 좀 더 효율적인 새로운 훈련 방식을 찾아 이를 제안하였다. 그런데 C원사는 이를 무시하고 기존의 방식의 훈련을 고수하고자 한다.

이 상황에서 당신이 B중사라면 ⓐ 가장 할 것 같은 행동은 무엇입니까? (   )
ⓑ 가장 하지 않을 것 같은 행동은 무엇입니까? (   )

① C원사와의 갈등으로 인해 문제를 일으키기를 원하지 않으므로 C원사의 지시대로 훈련을 진행시킨다.

② 다른 부사관들과 상의하여 새로운 훈련 방식을 수용하도록 한다.

③ 대대장에게 가서 기존의 방식보다 훨씬 효율적이라는 점을 부각시키면서 직접 새로운 방식을 제안한다.

④ 부사관들에게 나는 C원사의 결정에 찬성하지는 않지만, 어쩔 수 없으니 그 명령을 따르자고 말한다.

⑤ C원사에게 두 가지 훈련을 같이 실시해보고 나서 다시 결정하자고 한다.

⑥ C원사에게 기존의 훈련 방식을 고수하려는 이유가 무엇인지 물어보고, 그 이유에 해당되는 내용을 새로운 훈련 방식에 추가하여 C원사로 하여금 따르도록 유도한다.

⑦ 결정된 훈련 방식을 바꿔치기하여 자신이 제안한 새로운 방식으로 명령이 하달되도록 한다.

02

D라는 부사관은 H대대에서 근무하고 있다. 특정 사안에 따른 K중대장의 업무상 명령이 있었으나 D부사관은 그 명령이 불합리하다고 생각하고 있다.

이때 당신이 D부사관이라면 ⓐ 가장 할 것 같은 행동은 무엇입니까? (   )
ⓑ 가장 하지 않을 것 같은 행동은 무엇입니까? (   )

① 소대원들에게 나는 중대장의 결정에 찬성하지는 않지만, 어쩔 수 없으니 그 명령을 일단 따르라고 지시한다.

② K중대장에게 다시 가서 그 결정에 따른 명령에는 문제가 있다는 자신의 생각을 밝히고, 또한 부사관들과 소대원들에게 잘못된 명령을 지시하기는 어렵다고 말한다.

③ 다른 부사관들에게 자신은 K중대장의 결정에 따르지 않겠다고 말하고, 이 상황에서 어떻게 처신해야 할지 조언을 구한다.

④ H대대의 대대장에게 가서 상황의 불합리성을 설명하고, K중대장에게 시정 명령을 내려줄 것을 건의한다.

⑤ 다른 동료 부사관들과 단합하여 K중대장에게 다른 대안을 제시해달라는 의견을 모아 전달한다.

⑥ 계급 사회에서 상사의 명령에 따르는 것은 당연하므로, 그 명령이 불합리하다 생각할지라도 무조건적으로 K중대장의 명령에 따라 행동한다.

⑦ 일단 K중대장의 명령에 따라 행동하고, 그 이후 나타나는 불합리한 부분을 중대장 스스로가 느끼도록 하기 위해 불합리한 부분이 더 잘 나타날 수 있도록 부각시켜 행동한다.

03

J병장이 여러 소대원들에게 몇천 원에서 몇만 원씩의 돈을 빌려갔다가 차일피일 미루며 아직까지 갚지 않고 있다. 돈을 빌려주었던 소대원들끼리 이에 대해 하는 이야기를 하는 것을 L부소대장이 듣게 되었다.

이때 당신이 L부소대장이라면 ⓐ 가장 할 것 같은 행동은 무엇입니까? (   )
ⓑ 가장 하지 않을 것 같은 행동은 무엇입니까? (   )

① 상관에게 보고하여 J병장이 영창 등 합당한 처벌을 받도록 조치한다.

② J병장을 불러 어떠한 이유로 그렇게 했는지 물어본 후 잘 알아듣게 타이른다.

③ J병장이 소대원들에게 공개적으로 사과하게 하고 매월 월급에서 갚으라고 한다.

④ J병장 대신 돈을 갚아주고 J병장에게 돈이 필요하면 나에게 빌리라고 한다.

⑤ 돈을 빌려준 소대원들에게 J병장에게 빌려준 돈만큼 빌리라고 말해준다.

⑥ J병장의 월급을 몇 달간 감봉하여 그 감봉된 금액으로 빌려준 소대원들에게 일정 금액씩을 갚아준다.

⑦ J병장 부모님에게 전후 사실을 알려주고 대신하여 돈을 갚게 하여 일을 수습한다.

04

M대대에서 근무하고 있는 위관급 장교 P는 M대대 내의 군사기밀 중 일부를 누설하였다. 그리고 같은 부대에서 근무하고 있는 S상사가 우연히 이 사실을 알게 되었다.

이때 당신이 S상사라면 ⓐ 가장 할 것 같은 행동은 무엇입니까? (   )
ⓑ 가장 하지 않을 것 같은 행동은 무엇입니까? (   )

① M대대의 대대장에게 사실 그대로를 보고하여 P장교가 군사재판에 의해 처벌받도록 한다.

② P장교에게 부대 기밀을 누설한 것은 어떤 이유에서든 잘못되었다고 따진다.

③ P장교에게 스스로 대대장에게 찾아가서 사실을 보고하고 자신이 저지른 잘못에 대해 처벌을 받음으로써 사태를 수습하라고 설득한다.

④ 둘 만의 비밀유지를 약속하고 P장교에게 기밀을 공유하자고 한다.

⑤ P장교가 처음 한 행동이니 눈감아준다고 말하고 이를 못 본 척 한다.

⑥ 대대장에게 알리지 않고 계속 P장교의 행동을 감시한다.

⑦ 자신이 한 일이 아니므로 그냥 무시하고 지나친다.

05

Y부사관은 복무 중에 소대 내에서 W상병을 비롯한 몇몇의 선임병들이 후임병을 구타하고 있는 현장을 목격하였다.

이때 당신이 Y부사관이라면 ⓐ 가장 할 것 같은 행동은 무엇입니까? (   )
ⓑ 가장 하지 않을 것 같은 행동은 무엇입니까? (   )

① 구타를 당장 중지시키고 W상병 등의 선임병들을 불러 이유 불문하고 체벌을 가한다.

② 상급자에게 보고하여 군사재판에 회부되게 하여 구타를 가한 선임병들이 폭행죄로 처벌을 받도록 한다.

③ W상병 등 구타를 가한 선임병들에게 그 이유를 물어보고 다시는 이런 일이 재발되지 않도록 따끔하게 주의를 준다.

④ 어떤 이유에서건 구타는 잘못된 행위라는 것을 분명히 인지시키고 다시는 이러한 행위를 하지 않겠다는 약속을 받는다.

⑤ 구타를 당한 후임병들에게 사과하게 한 후 그냥 눈감아준다.

⑥ 구타를 가한 선임병들을 세워놓고 반대로 후임병들이 한 대씩 때릴 수 있도록 한다.

⑦ 못 본 척하고 그냥 지나친다.

06

A부대의 B부소대장은 C소대장을 보좌하여 부대 내의 소대원들을 나누어 인솔하여 전투 훈련을 나갔다. 훈련을 실시하던 중 D일병이 부상을 당했는데 다른 소대원들은 모두 환자를 돌볼 수 있는 상황이 아니고 C소대장도 다른 소대원들을 지휘하고 있는 상황이다.

이때 당신이 B부소대장이라면 ⓐ 가장 할 것 같은 행동은 무엇입니까? (   )
ⓑ 가장 하지 않을 것 같은 행동은 무엇입니까? (   )

① 훈련 중인 몇몇 소대원들로 하여금 D일병을 군의 병원으로 옮겨 치료받게 한다.

② C소대장에게 연락하여 훈련을 전면 중단시키고 D일병을 군의 병원으로 옮겨 치료받게 한다.

③ 군의 병원에 연락하여 D일병을 후송할 장비와 인력을 보내 줄 것을 요청한다.

④ 소대의 훈련지휘를 분대장에게 맡기고 직접 D일병을 군의 병원으로 후송한다.

⑤ 중대장에게 연락하여 현재의 상황을 설명하고 어떻게 할 것인지를 묻는다.

⑥ 훈련을 전면 중단시킬 수는 없으므로 일단 급한 대로 자신이 응급처치를 실시하고, 훈련이 끝날 때까지는 참으라고 한다.

⑦ 큰 부상이 아니니 훈련을 마칠 때까지 그냥 참고 견디라고 한다.

07

H이병은 논산 훈련소에 입소하여 훈련을 받은 후 J부대로 자대 배치를 받아 온 지 약 2주일 정도 되었다. 그런데 H이병은 평소 숫기가 없고 소심한 성격 탓에 군 생활에 적응하지 못하고 힘들어 했는데, 이 사실을 K부소대장이 처음 알게 되었다.

이때 당신이 K부소대장이라면 ⓐ 가장 할 것 같은 행동은 무엇입니까? (   )
ⓑ 가장 하지 않을 것 같은 행동은 무엇입니까? (   )

① 같은 내무반에서 생활하고 있는 제일 선임병에게 H이병을 특별히 신경 써서 보살펴 주라고 지시한다.

② H이병에게 성격을 바꾸어 같은 내무반 병들과 빨리 어울리며 적응할 수 있도록 노력해 보라고 충고
한다.

③ 군 생활에 적응이 될 때까지 어려움을 견디게 해줄 수 있는 취미 생활을 가져보라고 한다.

④ 중대장에게 이를 알리고 휴가를 보내 줄 것을 건의한다.

⑤ 모르는 척 무시하고 그냥 내버려둔다.

⑥ 다른 방법이 없으므로 그냥 꾹 참고 견디라고 한다.

⑦ 당분간 모든 훈련에서 제외시켜 내무반에서 편히 쉴 수 있도록 선처해준다.

08

진급 심사를 얼마 남겨두지 않은 L부소대장이 근무 종료 후 부대 인근의 한 주점에서 음주를 한 후 취기가 있는 상태에서 근처를 지나던 N중대장에게 발각되었다.

이때 당신이 L부소대장이라면 ⓐ 가장 할 것 같은 행동은 무엇입니까? (　　)
ⓑ 가장 하지 않을 것 같은 행동은 무엇입니까? (　　)

① 딱 한 잔 마셨을 뿐이라고 잡아떼고 선처를 빈다.

② 다른 소대장이 고민 상담을 해달라며 하도 졸라 어쩔 수 없이 마셨다고 변명한다.

③ 근무 종료 후의 음주를 묵인해주는 다른 부대의 관례를 말하며 봐달라고 한다.

④ 음주로 인해 사고를 저지르거나 소란을 피우지 않았으니 그냥 눈감아 달라고 당당히 요구한다.

⑤ N중대장을 설득하여 술자리로 끌어들이고 잘 대접한다.

⑥ 음주를 한 다른 소대장들의 이름을 전부 말해 자신에 대한 처벌을 막거나 혼자만 처벌받는 일이 없도
록 한다.

⑦ 자신의 실수를 인정하고 용서를 빌며, 재발방지와 시정의 약속을 한다.

09

M소대장은 지난 인사발령으로 다른 부대의 소대를 맡게 되었다. 그런데 그 소대에는 M소대장보다 나이가 많은 다수의 소대원이 있다.

이때 당신이 M소대장이라면 ⓐ 가장 할 것 같은 행동은 무엇입니까? (　　)
ⓑ 가장 하지 않을 것 같은 행동은 무엇입니까? (　　)

① 소대원 중 선임이나 분대장을 등을 꽉 휘어잡고 기선을 제압하기 위해 노력한다.

② 자신의 지시나 명령 수행에 불성실한 소대원에게 아주 혹독한 정신교육을 시키고 중대장에게 보고한다.

③ 계급의 차이를 분명히 주지시키고 나이가 많은 사병이라도 엄격하게 대한다.

④ 선임 소대장이나 그 밖에 비슷한 경험이 있는 다른 소대장들에게 조언을 구한다.

⑤ 자신보다 나이가 많은 사병들은 그만큼 충분히 예우해 준다.

⑥ 새로 맡게 된 소대의 관례를 우선시하고 소대원들을 최대한 배려한다.

⑦ 소대원 중 실질적인 영향력이 가장 큰 병들과 친목을 도모하고 소대 분위기를 화기애애하도록 만든다.

10

> P소대장은 자신의 직속상관인 O중대장이 부대의 업무와 관련된 중요한 실수를 하는 것을 목격했다. 그런데 O중대장은 자신의 실수를 P소대장이 눈감아주면 진급 심사 등에 있어 특혜를 주겠다고 하며 설득했다.

이때 당신이 P소대장이라면 ⓐ 가장 할 것 같은 행동은 무엇입니까? (   )
ⓑ 가장 하지 않을 것 같은 행동은 무엇입니까? (   )

① 직속 상사의 부탁이라도 부당한 것이므로 단호히 거부한다.

② O중대장의 상관을 찾아 중대장의 실수와 부당한 제안을 모두 보고한다.

③ O중대장에게 자신의 실수를 사실대로 보고하도록 설득한다.

④ 특혜 제안은 수용하지 않고 그냥 실수를 못 본 척 해준다.

⑤ 관련 사실에 대해 입을 다물고 다른 부대로의 전출을 요구한다.

⑥ 다른 동료 소대장에게 전후 사실을 설명하고 어떻게 처신해야 할 것인지 조언을 구한다.

⑦ 제안을 수용하는 조건으로 특혜를 확실히 보장받을 수 있도록 중대장의 서명날인을 받아둔다.

11

> S소대장은 우연히 소대원들이 자신에 대해 불평을 늘어놓고 비난하는 것을 듣게 되었다.

이때 당신이 S소대장이라면 ⓐ 가장 할 것 같은 행동은 무엇입니까? (   )
ⓑ 가장 하지 않을 것 같은 행동은 무엇입니까? (   )

① 자신을 비난하는 부하들을 모두 불러 경고하고 얼차려를 시킨다.

② 자신에 대한 비난을 다 알고 있다는 것을 넌지시 알려 주의를 환기시키고 우회적으로 경고한다.

③ 상급자에게 모두 보고하여 규정대로 처리하게 한다.

④ 그냥 못 들은 척 하고 넘어간다.

⑤ 다른 소대의 소대장들에게 조언을 구하여 대처한다.

⑥ 자신을 비난하는 소대원들 모두와 더 친분을 쌓아 가까워지도록 한다.

⑦ 불평불만의 내용을 모두 수용 · 파악하여 잘못된 부분은 시정한다.

12

Y소대장은 우연히 같은 부대의 부하인 W부소대장이 부대의 비품을 횡령하고 있다는 사실을 알게 되었다. 그런데 그 내막을 알아보던 중 W부소대장의 다른 가족들의 형편이 무척 곤궁하다는 것을 알게 되었다.

이때 당신이 Y소대장이라면 ⓐ 가장 할 것 같은 행동은 무엇입니까? (   )
ⓑ 가장 하지 않을 것 같은 행동은 무엇입니까? (   )

① 자신의 상관에게 W부소대장의 횡령 사실을 그대로 보고 한다.

② 횡령 사실을 직접 보고하기보다는 우회적으로 다른 부대원들이 알게 한다.

③ 부대의 비품 관리 강화 캠페인을 벌여 W부소대장이 횡령 행위를 멈추도록 간접적인 압박을 가한다.

④ W부소대장을 개인적으로 불러 횡령 사실을 알고 있다고 말하고 그만두라고 지시한다.

⑤ W부소대장의 가족을 금전적으로 도울 수 있는 방안을 모색해 본다.

⑥ 그의 딱한 처지를 이해하고 발각되지 않게 조언을 해준다.

⑦ 다른 가족들의 형편을 고려하여 그냥 못 본 척한다.

13

C소대장이 통솔하고 있는 D소대원의 실수로 부대에 문제가 발생하였다. 이에 C소대장은 상관에게 불려가 소대원을 제대로 관리하지 못한 것에 대해 심한 문책을 받고 인격적인 모멸감까지 당했다.

이때 당신이 C소대장이라면 ⓐ 가장 할 것 같은 행동은 무엇입니까? (   )
ⓑ 가장 하지 않을 것 같은 행동은 무엇입니까? (   )

① 자신의 직접 잘못이 아님에도 인격적 모멸을 가한 것에 대해 상관에게 항의한다.

② 소대나 보직의 변경을 요구한다.

③ 상관에게 당한 일은 깨끗이 잊고 자신의 업무를 계속한다.

④ 다른 소대장들에게 관련 사실을 말하고 조언을 구하여 어떻게 할 지 결정한다.

⑤ D소대원에게도 자신이 당한 만큼의 모멸감을 안겨 준다.

⑥ 소대원 전체의 정신 기강을 확립하는 차원에서 혹독한 정신교육과 얼차려를 실시한다.

⑦ D소대원을 적절히 관리하지 못한 점을 반성하고 소대원 관리에 더욱 노력한다.

14

> H부사관은 같은 부대로 배치받은 동기인 J부사관과 함께 근무하면서 평소 자신이 더 성실하고 지휘관으로서의 능력도 뛰어나다고 생각하고 있었다. 그런데 이후 진급 심사에서 J부사관만 진급하고 H부사관은 진급하지 못했다.

이때 당신이 H부사관이라면 ⓐ 가장 할 것 같은 행동은 무엇입니까? (   )
ⓑ 가장 하지 않을 것 같은 행동은 무엇입니까? (   )

① 진급 심사 결과가 부당하다고 상관에게 항의한다.

② 가능한 경로를 통해 공식적으로 재심사를 요구한다.

③ 부대 내에서 자신이 J부사관보다 뛰어나며 진급 심사가 잘못되었다는 여론을 형성하려 노력한다.

④ 부대 내에서의 문제 제기보다는 다른 부대로의 전출을 요구한다.

⑤ 어쩔 수 없으므로 진급 심사 결과를 수용하고 J부사관을 상사로 인정한다.

⑥ 진급 심사의 결과는 수용하되 J부사관을 상사로 인정하지는 않는다.

⑦ 자신이 탈락한 이유를 알아보고 부족한 점을 보충하고 개선하려 노력한다.

15

> L소대장은 부하인 M부소대장에게 공적인 업무를 명령했다. 그런데 M부소대장은 명령을 수행하기 전, 중대장의 개인적인 심부름도 받게 되어 결국 N중대장의 심부름만 하고 L소대장의 명령은 이행하지 못했다.

이때 당신이 L소대장이라면 ⓐ 가장 할 것 같은 행동은 무엇입니까? (   )
ⓑ 가장 하지 않을 것 같은 행동은 무엇입니까? (   )

① 군대는 계급이 우선이므로, 상상의 명령에 따른 M부소대장의 행동에 대하여 칭찬한다.

② N중대장에게 찾아가 개인적인 심부름을 시킨 것에 대해 항의한다.

③ M부소대장을 불러 자신이 명령한 업무를 하지 않은 이유에 대해 물어본다.

④ M부소대장의 난처한 상황을 고려하여 그냥 넘긴다.

⑤ 군대 내에서 상관의 개인적인 심부름은 부당한 것이라고 군 관련 홈페이지에 익명의 글을 남긴다.

⑥ M부소대장에게 공적인 업무와 사적인 일이 충돌할 때는 공적인 업무가 우선이라고 설교한다.

⑦ M부소대장이 명령을 수행하지 못한 것에 대해 처벌한다.

재 문 운 전 실 + 행 야 표 더 건 사 부 군 공

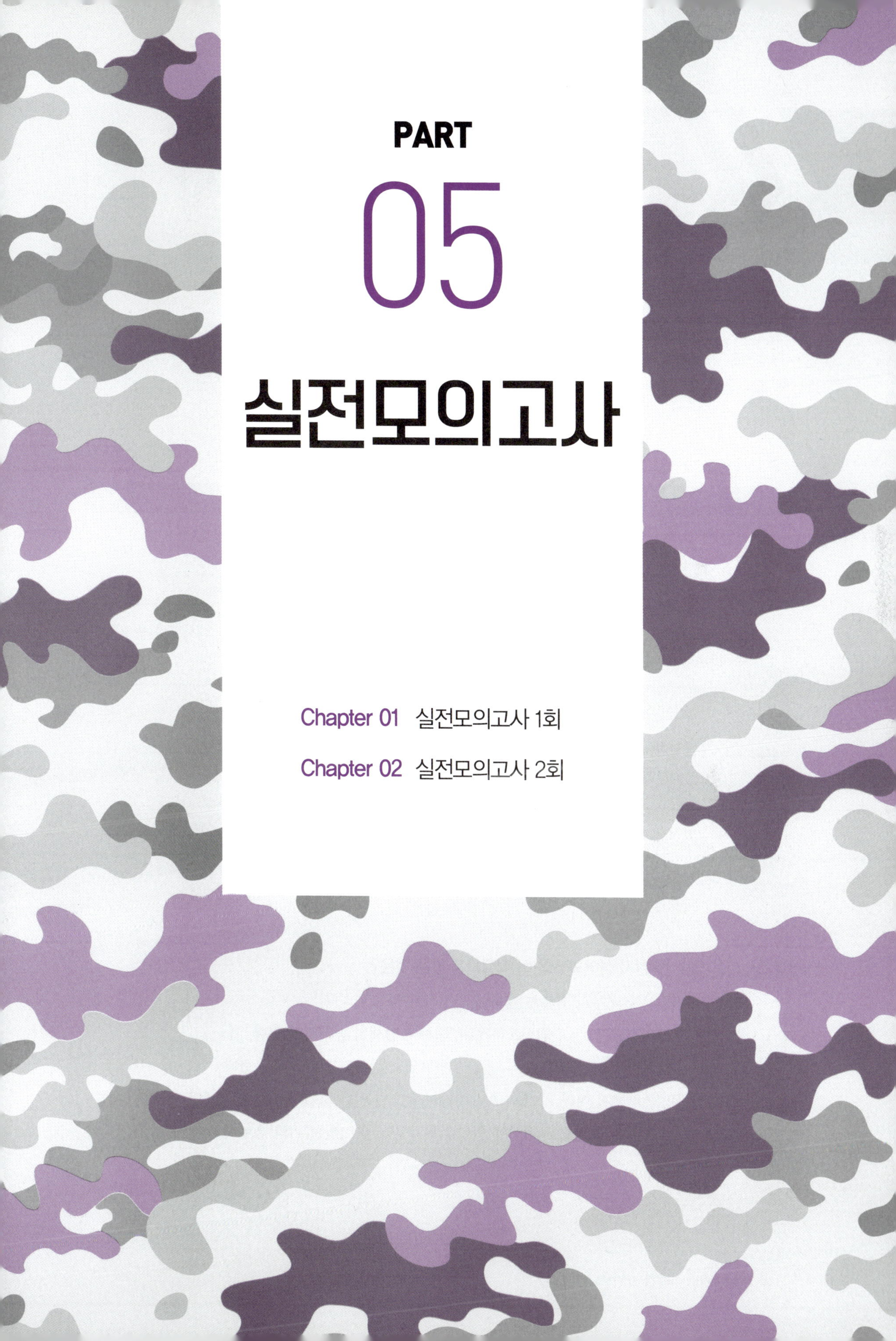

PART
05
실전모의고사

실전모의고사 1회

정답 및 해설 P. 246

• 영역을 구별하여 언어논리 25문항(20분), 자료해석 20문항(25분), 공간능력 18문항(10분), 지각속도 30문항(3분)으로 구성
으로 구성되어 있습니다.

.

언어논리　　　　25문항 | 20분

01 ㉠, ㉡에 어울리는 한자성어는?

> 스스로의 형편이 초라함을 보고 (㉠)을(를) 발할 것이 아니라, 사명감을 가지고 힘을 기른다면, 우리 민족은 오래 지나지 않아 (㉡)하게 될 것이다.

	㉠	㉡
①	자격지심(自激之心)	사상누각(沙上樓閣)
②	자포자기(自暴自棄)	청출어람(靑出於藍)
③	자굴지심(自屈之心)	괄목상대(刮目相對)
④	방약무인(傍若無人)	자화자찬(自畵自讚)
⑤	심기일전(心機一轉)	작심삼일(作心三日)

02 다음 밑줄 친 한자 성어의 쓰임이 적절하지 <u>않은</u> 것은?

① 이번 면접은 <u>유비무환(有備無患)</u>하여 굉장히 마음이 편하다.

② 시험에 떨어진 후 그는 <u>간담상조(肝膽相照)</u>하며 밤새워 공부하고 있다.

③ 난리가 나자 마을 사람들은 모두 <u>남부여대(男負女戴)</u>하고 피란길에 올랐다.

④ <u>고장난명(孤掌難鳴)</u>이라고, 도와주는 사람이 없으니 일을 하기가 너무 어려웠다.

⑤ 상대방이 온화한 표정으로 협상에 임할수록 <u>구밀복검(口蜜腹劍)</u>의 유형이 아닌지를 잘 살펴야 한다.

03 다음 중 인간의 소유욕과 관련된 속담이 <u>아닌</u> 것은?

① 소 잃고 외양간 고친다.

② 감기 고뿔도 남은 안 준다.

③ 말 타면 경마 잡히고 싶다.

④ 한 섬 빼앗아 백 섬 채운다.

⑤ 범을 보니 무섭고 범 가죽을 보니 탐난다.

04 다음 제시된 예문의 밑줄 친 부분과 같은 의미로 사용된 것은?

> 그는 잠자는 시간을 <u>빼고</u>는 하루 종일, 심지어 밥 먹는 시간조차 공부에 매진했다.

① 박 사장네 셋째 아들은 목소리까지 제 아버지를 쏙 <u>뺐다</u>.

② 의자를 밟고 올라가서 책장 맨 윗줄에 꽂혀 있는 책을 간신히 <u>뺐다</u>.

③ 이번에 새로 만든 통장은 이율이 매우 높은데도 필요할 때마다 돈을 <u>빼</u> 쓸 수 있다.

④ 방세가 벌써 일곱 달째 밀려 있지만 지금 살고 있는 집에서 방을 <u>빼면</u> 갈 데가 없다.

⑤ 내가 다른 일에 몰두하고 있는 사이에 모임에서 나만 <u>빼고</u> 모두들 프로젝트에 착수했다.

05 다음 제시된 예문의 밑줄 친 부분과 같은 의미로 사용된 것은?

> 금메달을 딴 선수들은 모두 기쁨에 <u>찬</u> 얼굴로 눈물을 흘렸다.

① 부대원 모두가 패기에 <u>차</u> 있었다.

② 향긋한 냄새가 부엌에 가득 <u>찼다</u>.

③ 영아들은 항상 기저귀를 <u>차야</u> 한다.

④ 그 사람은 팔뚝에 완장을 <u>차고</u> 있있다.

⑤ 소대장은 복무연한이 <u>차서</u> 한 달 전에 제대했다.

06 다음 중 속담과 뜻풀이가 바르게 연결된 것은?

① 말이 씨가 된다 : 사람의 욕심이란 한이 없음

② 작은 고추가 더 맵다 : 잘될 사람은 어려서부터 장래성이 엿보임

③ 산 까마귀 염불한다 : 아무리 가공을 하여도 본바탕은 변하지 않음

④ 울며 겨자 먹기 : 아무리 익숙한 사람이라도 간혹 실수할 때가 있음

⑤ 벼린 도끼가 이 빠진다 : 공을 들여 잘 장만한 것이 오히려 빨리 못쓰게 됨

07 다음 중 한자의 뜻이 잘못 설명된 것은?

① 전파(傳播) : 전하여 널리 퍼뜨림

② 독단(獨斷) : 홀로 판단하거나 결정함

③ 고루(固陋) : 한쪽으로 생각이 치우침

④ 교정(矯正) : 틀어지거나 잘못된 것을 바로잡음

⑤ 예지(叡智) : 사물의 이치를 꿰뚫어 보는 지혜롭고 밝은 마음

08 다음 제시된 문장의 빈칸에 들어갈 말로 가장 적합한 것은?

> 사태의 심각성 때문에 국민의 감정이 (　　)되었다.

① 고양(高揚)　　　　　　② 고조(高調)

③ 배양(培養)　　　　　　④ 가격(加擊)

⑤ 증진(增進)

09 다음 제시된 두 문장의 빈칸에 들어갈 말로 가장 적합한 것은?

> 그는 자신의 지위와 (　　)하는 대우를 요구했다.
> 외교 정책은 중국 사회의 변화에 (　　)하여 신축성 있게 전개되어 갔다.

① 부응(符應)　　　　　　② 대응(對應)

③ 호응(呼應)　　　　　　④ 상통(相通)

⑤ 상응(相應)

10 〈보기〉의 밑줄 친 다의어의 의미를 잘못 말한 것은?

─── 〈보기〉───

지호 : 은수야, 나는 친구들이랑 내일 한라산으로 등산하러 ㉠ 간다!

은수 : 좋겠다. 그런데 민수는 종아리뼈에 금이 ㉡ 갔다며?

지호 : 응, 정확한 검사 결과는 내일에 ㉢ 가서야 나온대.

은수 : 그래, 너도 너무 무리하지는 마.

지호 : 응, 여름도 다 ㉣ 가서 선선하니까 많이 힘들지는 않을 거야.

은수 : 맞어, 근데 몇시에 ㉤ 간다고?

① ㉠ : 한 곳에서 다른 곳으로 장소를 이동하다.

② ㉡ : 금, 줄, 주름살, 흠집 따위가 생기다.

③ ㉢ : 일정한 시간이 되거나 일정한 곳에 이르다.

④ ㉣ : 기계 따위가 제대로 작동하다.

⑤ ㉤ : 어떤 대상이 다른 곳으로 이동하여 사라지다.

11 다음 글을 읽고 중심 내용으로 옳은 것은?

이 기능은 우리가 세계를 이해하는 정도에 비례하여 수행된다. 그러면 세계를 이해한다는 것은 무엇인가? 그것은 이 세상에 존재하는 사물에 대하여 이름을 부여함으로써 발생한다. 여기 한 그루의 나무가 있다고 하자. 그런데, 그것을 나무라는 이름으로 부르지 않는 한 그것은 나무로서의 행세를 하지 못한다. 인류의 지식은 인류가 깨달아 알게 되는 모든 대상에 대하여 이름을 붙이는 작업에서 형성되는 것이라고 말해도 좋다. 어떤 사물이건 거기에 이름이 붙으면 그 사물의 개념이 형성된다. 다시 말하면 그 사물의 의미가 확정된다. 그러므로 우리가 쓰고 있는 언어는 모두가 사물을 대상화하여 그것에 의미를 부여하는 이름이라고 할 수 있다.

① 언어는 시적 기능을 지니고 있다.　　② 언어는 정보적 기능을 지니고 있다.

③ 언어는 친교적 기능을 지니고 있다.　　④ 언어는 함축적 기능을 지니고 있다.

⑤ 언어는 선동적 기능을 지니고 있다.

12 다음 글에서 추론할 수 있는 내용으로 옳은 것은?

전통은 물론 과거로부터 이어 온 것을 말한다. 이 전통은 대체로 사회 및 그 사회의 구성원인 개인의 몸에 배어 있다. 따라서 전통은 우리 스스로 깨닫지 못하는 사이 현실에 작용하는 경우가 있다. 그러나 과거로부터 이어 온 것을 무턱대고 모두 전통이라고 한다면, 인습이라는 것과의 구별이 서지 않을 것이다. 우리는 인습을 버려야 할 것이라고는 생각하지만, 계승해야 할 것이라고는 생각하지 않는다. 여기서 우리는 과거에서 이어 온 것을 객관화하고 이를 비판하는 입장에 서야 할 필요를 느끼게 된다. 우리는 그 비판을 통해서 현재의 문화 창조에 이바지할 수 있다고 생각되는 것만을 전통이라고 불러야 할 것이다. 이같이 전통은 인습과 구별될뿐더러, 또 단순한 유물과도 구별되어야 한다. 현재의 문화 창조와 관계가 없는 것을 우리는 문화적 전통이라고 부를 수가 없기 때문이다.

① 전통은 과거의 유산 중에서 현재적 기준으로 걸러진 것이다.

② 전통은 새로운 문화를 창조하는 과정에서 생기는 부산물이다.

③ 전통은 과거 지향적인 유물과는 달리 미래적 가치를 지니고 있다.

④ 전통은 인습과 달리 항상 의식되고 있는 과거의 문화적 유산이다.

⑤ 전통은 과거로부터 이어온 것이며 현재의 우리를 정립하는 불변의 가치이다.

13 높임법의 사용이 적절하지 <u>않은</u> 것은?

① 그분께서는 아들이 둘이시다.

② 언니, 할머니께서 오라고 하셔.

③ 우리 사장님께서는 귀가 밝으시다.

④ 교장 선생님의 말씀이 계시겠습니다.

⑤ 어머님, 아범이 출근하지 않았습니다.

14 〈보기〉를 참고할 때 표준어의 사용이 올바른 것은?

〈보기〉

　원래 '두째'와 '둘째'는 구별되던 말이었다. '두째'는 "이 아이가 두째 아들이다."처럼 차례를 나타내고, '둘째'는 "사과를 둘째 먹는다."처럼 수량을 나타내는 것으로 구별되었다. 그러나 오늘날 이러한 구별이 어렵고 혼란만 일으킨다고 보아 '첫째, 둘째, 셋째, 넷째'만을 표준어로 삼는다. 다만 십 단위 이상에서 차례를 나타낼 때는 '두째'의 형태를 취한다. 한편, 차례의 표현으로 '열한째', 수량의 표현으로 '열하나째'가 쓰인다.

① 감을 열한째 먹는다. (수량)

② 그녀는 하나째 아이를 낳았다. (차례)

③ 사과를 스물세째 먹는다. (수량)

④ 그 아이는 열네째다. (차례)

⑤ 철수는 포도를 스물둘째 먹는다. (수량)

15 다음 중 맞춤법이 <u>잘못된</u> 것은?

① 교실 문을 잘 잠가야 한다.

② 갑자기 웅성대며 지꺼리는 소리가 들려왔다.

③ 이번에 새로 지은 건물의 안팎을 둘러보았다.

④ 밤새 얼굴이 많이 해쓱해져서 보기에 안쓰럽다.

⑤ 어찌나 미안하던지 멋쩍게 머리를 긁적이고 서 있었다.

16 다음 밑줄 친 부분이 맞춤법에 맞게 쓰인 것은?

① 연이는 나를 보자 눈살을 <u>찌뿌렸다.</u>

② 비가 <u>개이고</u> 하늘에는 무지개가 떴다.

③ 벌레 한 마리 때문에 학생들이 <u>법석</u>을 떨었다.

④ 언니는 지금 쌍둥이를 임신하여 <u>홀몸</u>이 아니다.

⑤ 그는 여러 논문을 <u>짜집기</u>하여 학위가 취소되었다.

17 다음 글의 내용상 밑줄 친 부분에 올 문장으로 가장 적절한 것은?

_________________________ 그 중 단일 한자로 구성된 친족지칭어는 부(父), 형(兄), 처(妻) 등과 같이 소수에 불과하며, 대다수는 형수(兄嫂), 제수(弟嫂), 고모부(姑母夫)와 같이 2개 이상의 개별 한자들의 결합으로 구성되어 있다. 복수의 한자어로 구성된 친족지칭어는 '친족관계를 지시하는 유의미한 최소 단위'인 친족형태소가 결합된 형태를 취하는데, 친족형태소는 크게 두 부류로 나뉠 수 있다. 하나는 독립적으로 개별 친족용어의 구성요소가 될 수 있는 부(父), 형(兄), 수(嫂)와 같은 명사적 형태소이다. 다른 하나는 특정 친족관계의 지시와는 무관하고 독립적으로 친족용어의 구성요소가 될 수 없는 대, 고, 종과 같은 관형사적 형태소이다.

① 한국의 친족지칭어는 교육이 중요하다.

② 친족지칭어의 발달은 국어의 중요한 특징이다.

③ 한국의 친족지칭어는 거의 한자어로 이루어져 있다.

④ 한국의 친족지칭어는 고유어가 많은 비중을 차지한다.

⑤ 한국의 친족지칭어는 시대에 따라 많은 변화를 겪어왔다.

18 다음 글의 내용상 밑줄 친 부분에 올 문장으로 가장 적절한 것은?

과거의 선비들은 지(知)와 행(行)의 일치를 꾀하면서 자신의 인격을 갈고 닦았다. 그래서 그들은 양심에 거슬리는 일에는 아예 발을 들이지 않았고 불의를 보면 참지 않았던 것이다. 그러나 오늘날의 학자나 지식인들은 지식과 행동양식 사이의 균형을 잃은 채 밀려드는 정보와 지식의 습득에만 급급할 뿐이다. 입만 벌리면 누구의 학설이 어떻고 아무개의 이론이 어떻다고 할 뿐 자신의 말이나 창의력은 일깨우려고 하지 않는다. 그렇기 때문에 _________________________

① 조금만 게을러도 새로운 정보와 지식을 놓쳐 도태되기 십상이다.

② 이름 높은 학자의 고견은 듣는 이에게 깨달음을 주는 역할을 한다.

③ 근대화는 전통 사회의 생활 양식에 거의 혁명적인 변화를 가져온다.

④ 학계는 새로운 지식을 피력하는 장이자, 진리에 대한 토론이 이루어지는 장이다.

⑤ 자신의 체험 없이 밖에서 얻어들은 공허한 지식에는 아무래도 신용이 가지 않는다.

19 다음 글에서 추론할 수 있는 내용으로 옳은 것은?

근대 산업 문명은 사람들의 정신을 병들게 하고, 끊임없이 이기심을 자극하며, 금전과 물건의 노예로 타락시킬 뿐만 아니라, 내면적인 평화와 명상의 생활을 불가능하게 만든다. 그로 인하여 유럽의 노동 계급과 빈민에게 사회는 지옥이 되고, 비서구 지역의 수많은 민중은 제국주의의 침탈 밑에서 허덕이게 되었다. 여기에서, 간디 사상에 물레의 상징이 갖는 의미가 드러난다. 간디는 모든 인도 사람들이 매일 한두 시간만이라도 물레질을 할 것을 권유하였다. 물레질의 가치는 경제적 필요 이상의 것이라고 생각한 것이다.

물레는 무엇보다 인간의 노역에 도움을 주면서 결코 인간을 소외시키지 않는 인간적 규모의 기계의 전형이다. 간디는 기계 자체에 대해 반대한 적은 없지만, 거대 기계에는 필연적으로 복잡하고 위계적인 사회 조직, 지배와 피지배의 구조, 도시화, 낭비적 소비가 수반된다는 것을 주목했다. 생산 수단이 민중 자신의 손에 있을 때 비로소 착취 구조가 종식된다고 할 때, 복잡하고 거대한 기계는 그 자체로 비인간화와 억압의 구조를 강화하기 쉬운 것이다.

간디는 산업화의 확대, 또는 경제 성장이 참다운 인간의 행복에 기여한다고는 결코 생각할 수 없었다. 간디가 구상했던 이상적인 사회는 자기 충족적인 소농촌 공동체를 기본 단위로 하면서 궁극적으로는 중앙 집권적인 국가 기구의 소멸과 더불어 마을 민주주의에 의한 자치가 실현되는 공간이다. 거기에서는 인간을 도외시한 이윤을 위한 이윤 추구도, 물건과 권력에 대한 맹목적인 탐욕도 있을 수가 없다. 이것은 비폭력과 사랑과 유대 속에 어울려 살 때에 사람은 가장 행복하고 자기완성이 가능하다고 믿는 사상에 매우 적합한 정치 공동체라 할 수 있다.

물레는 간디에게 그러한 공동체의 건설에 필요한 인간 심성 교육에 알맞은 수단이기도 하였다. 물레질과 같은 단순하지만 생산적인 작업의 경험은 정신 노동과 육체 노동의 분리 위에 기초하는 모든 불평등 사상의 문화적 · 심리적 토대의 소멸에 기여할 것이다.

김종철 – 『간디의 물레』

① 거대 기계는 억압의 구조를 제거해 준다.

② 근대 산업 문명은 인간의 내면적 평화를 가져왔다.

③ 간디는 경제 성장이 인간의 행복에 기여한다고 생각했다.

④ 물레는 노역에 도움을 주면서 인간을 소외시키지 않는다.

⑤ 물레는 폭력주의와 육체 노동을 중시하는 현대문명을 의미한다.

20 다음 제시된 글에 대한 반응으로 적절하지 <u>않은</u> 것은?

종교의 의미와 기능, 또는 종교에 대한 바람직한 태도, 종교와 자신의 관계 등에 대해 성찰하는 태도는 단순한 지적 호기심과는 다르다. 그것은 진실한 삶에 대한 성찰을 전제하는 것으로 모든 사람이 지녀야 하는 것이기도 하다.

그러나 이와 같이 실존적 측면에서의 성찰 과제로 종교를 바라보는 것은 오히려 자신의 자존을

훼손하는 것으로 보는 견해도 있다. 하지만 조금만 시각을 달리하면 그것이 적절하지 않다는 것을 쉽게 알 수 있다. 무엇보다 종교가 오랜 시간 동안 인류와 함께 성장해 왔다는 사실은 우리가 종교에 대해 진지한 성찰을 해야 하는 이유 중 하나이다.

어떤 사람이 오직 자신이 경험한 것에 의지해 절대적인 판단을 내리고, 엄연히 존재하는 현실을 거부한 채 충분한 성찰과 검토를 거치지 않은 판단이 마구 일어난다면 누구도 그 사람이 삶에 대한 총체적 인식에 도달했다고 말하지 않을 것이다. 교양인이라면 어떤 현상이나 대상이 자신의 삶과 직접적인 연관성을 가지고 있지 않더라도 성실한 태도로 그것을 성찰해야 하는 것처럼 종교에 대해서도 마찬가지의 태도를 가져야만 한다.

건전한 사고는 대상에 대한 비판적 인식에서 출발한다. 자기 자신만의 생각에 갇혀있거나 대상이나 객체에 함몰되어 있으면 올바른 인식에 도달할 수 없다. 그리고 그 결과 올바른 판단을 내릴 수 없게 되며 바람직한 삶 역시 요원한 것이 된다. 결국 교양인에게 종교에 대한 성찰은 기본적인 소양이라고 할 수 있는 것이다.

① 종교에 대한 긍정적인 관심을 가질 필요가 없다.
② 종교의 가장 근본적인 의미는 인간 구원의 가능성이다.
③ 경험의 한계를 인식하면 종교를 더욱 바르게 성찰할 수 있다.
④ 자신과 직접적인 연관이 없는 대상에 대해서도 성찰해야 한다.
⑤ 타인의 종교를 인정하지 못하는 것은 건강한 소양이 부족한 것이다.

21 다음 글의 내용과 일치하는 것은?

우리 몸속에는 다양한 종류의 호르몬이 존재하며 제각각 자신이 맡은 역할을 수행한다. 인슐린도 이러한 호르몬 중 하나이다. 인슐린의 중요한 역할 중의 하나는 다양한 근육 세포로 혈당을 내보내 에너지원으로 사용할 수 있도록 작용하는 것이다. 이러한 인슐린을 분비하는 곳은 췌장인데, 췌장의 랑게르한스섬이라는 곳에서 24시간 동안 쉬지 않고 인슐린을 분비한다. 이것을 기초 분비라고 하는데, 췌장이 특별한 자극을 받지 않았을 때의 분비를 뜻한다.

인슐린은 혈당치를 낮추는 역할도 담당한다. 혈당치가 급격하게 높아졌을 때는 혈당치를 평상시의 상태로 되돌리려고 한다. 따라서 당질을 섭취하여 혈액 속에 포도당이 증가하게 되면 인슐린이 즉각적으로 대량 분비된다. 이렇게 평소보다 10~30배나 되는 많은 양의 인슐린이 대량으로 분비되는 것을 추가 분비라고 한다.

인슐린은 우선 대량의 혈당을 근육 세포로 내보낸다. 근육에서는 혈당을 에너지원으로 이용하고 남은 것은 글리코겐으로 저장한다. 그리고 인슐린은 간에서도 혈당을 글리코겐으로 변화시켜 저장한다. 하지만 무한정 저장할 수 있는 것이 아니다. 근육이나 간에서 글리코겐을 받아들이는 양에 한계가 있기 때문이다. 허용된 양을 초과하게 되면 갈 곳을 잃게 된 혈당은 인슐린에 의해 지방 세포로 보내지게 되고 중성 지방으로 변하여 체지방이 된다. 즉 인슐린이 대량으로 분비되면 소비되지 않은 혈당은 체지방으로 축적되어 뚱뚱해 지게 되는 것이다.

인슐린 분비는 생명을 유지하기 위해 필수적인 중요한 시스템이다. 만일 인슐린이 분비되지 않게 되면 몸속은 고혈당 상태가 지속될 것이다. 혈당이 단순히 높기만 한 것이라면 자각 증상은 나타나지 않는다. 하지만 아프지도 가렵지도 않다고 해서 내버려두면 커다란 함정에 빠지게 되고 만다. 인슐린 작용이 부족하게 되면 당뇨병이 되고, 이렇게 고혈당 상태가 몇 년 동안 계속되면 혈관이 딱딱하게 굳어져 탄력을 잃고 약해져 너덜너덜하게 상처를 입은 상태가 되어 버린다. 다름 아닌 동맥 경화이다. 이는 당뇨병 망막증, 신경 장애, 뇌경색, 심근경색 같은 당뇨병 합병증뿐만 아니라 다양한 생활 습관병을 유발할 수 있다.

① 혈당은 근육 세포로 보내져 체지방이 되기도 한다.
② 공복 상태가 되면 췌장에서 인슐린 분비가 촉진된다.
③ 혈당은 글리코겐으로 변화되어 근육이나 간에 저장되기도 한다.
④ 인슐린 작용이 과하면 우리 몸은 고혈당 상태가 지속될 수 있다.
⑤ 혈당은 인슐린에 의해 지방 세포로 보내져 에너지원으로 쓰인다.

22 다음 중 제시문의 내용과 일치하는 것은?

복제인간은 체세포 제공자를 어느 정도나 닮게 될까? 우리는 그 실마리를 일종의 '복제인간'이라 할 만한 일란성 쌍둥이에서 찾을 수 있다. 쌍둥이를 연구하는 과학자들에 따르면, 일란성 쌍둥이의 경우 키나 몸무게 같은 생물학적 특징뿐 아니라 심지어 이혼 패턴과 같은 비생물학적 행동까지도 유사하다고 한다. 그렇다면 아인슈타인을 복제하면 복제인간도 아인슈타인과 똑같은 천재가 될까? 과학자들은 이 같은 질문에 대부분 '아니다'라고 말한다. 일란성 쌍둥이는 비슷한 환경에 놓이는 반면 복제인간과 체세포 제공자는 완전히 다른 환경에 놓일 수 있기 때문에, 복제인간의 경우 환경의 영향이 일란성 쌍둥이에 비해 훨씬 크게 작용할 것이다. 물론 그 경우에도 복제인간은 다른 사람보다는 체세포 제공자를 많이 닮을 것이다. 그러나 과학자들은 환경이 동일하더라도 복제인간이 체세포 제공자와 똑같지는 않을 것이라고 예상한다. 어쩌면 복제인간은 외모마저 체세포 제공자와 다를지 모른다. 최근 국내 연구팀은 복제동물이 체세포 제공자와 다른 외모를 보일 수 있다는 사례를 보고하였다. 흑갈색 돼지를 체세포 복제방식으로 복제한 돼지 다섯 마리 가운데 한 마리가 흰색으로 태어난 것이다. 연구팀은 미토콘드리아 유전자의 차이 때문에 복제돼지가 흰색이 되었다고 추정하고 있다.

유전자에는 핵 속의 DNA에 있는 것 말고도 미토콘드리아 DNA에 있는 것이 있고, 이 '미토콘드리아 유전자'는 전체 유전자의 약 1%를 차지한다. 연구팀이 미토콘드리아 유전자를 원인으로 지목하는 이유는 이 유전자가 세포질 속에만 존재하는 것으로서 수정 과정에서 난자를 통해 어미로부터만 유전되기 때문이다. 다섯 마리의 복제돼지는 각각 다른 난자를 이용해 복제됐고, 따라서 다른 미토콘드리아의 영향을 받았을 것으로 추측하고 있다.

① DNA 구조만을 고려한다고 할 때, 일란성 쌍둥이는 복제인간과 같다.

② 복제인간과 난자 제공자는 동일한 미토콘드리아 DNA를 가지고 있다.

③ 체세포 제공자와 복제인간의 유전자는 항상 일란성 쌍둥이 간의 유전자보다 서로 유사하다.

④ 체세포와 난자를 한 사람으로부터 제공받더라도, 복제인간은 체세포 제공자와 다른 DNA를 갖는다.

⑤ 복제인간이 환경의 영향으로 체세포 제공자와 여러 가지 면에서 다른 특성을 보이며 성장할 가능성은 없다.

23 다음에 제시된 문장을 글의 논리적 순서에 따라 바르게 배열한 것은?

⊙ 논리적 사고란, 사물을 사리에 맞게 차근차근 따지고 앞뒤를 가려 모순 없이 여러 가지를 생각하는 것을 말한다.

ⓛ 사물을 논리적으로 따져 생각할 수 있는 논리적 사고력은 일상생활과 과학 연구에 있어서 중요한 도구가 될 뿐만 아니라, 인류의 문화를 발전시키는 창조력의 원천이 된다.

ⓒ 오늘날 인류가 이룩한 문명과 인류가 누리는 풍부하고 윤택한 생활도 논리적 사고력에 그 바탕을 두고 있다.

ⓔ 예를 들면, 컴퓨터의 복잡한 원리도 인간의 이러한 능력을 체계적으로 탐구하는 논리학에서 온 것이다.

ⓜ 오늘날에 있어서 논리의 역할은 많은 지식과 정보를 보다 신속하고 정확하게 다룰 수 있게 하는 데 있다고 할 수 있다.

① ㉠－㉡－㉢－㉣－㉤　　　　② ㉠－㉢－㉡－㉣－㉤

③ ㉡－㉠－㉢－㉤－㉣　　　　④ ㉤－㉣－㉠－㉡－㉢

⑤ ㉤－㉣－㉡－㉢－㉠

24 다음 제시문의 밑줄 친 부분에 들어갈 문장으로 가장 적절한 것은?

　　웰즈의 소설 〈타임머신〉을 보면, 타임머신을 만든 발명가가 과거로 여행을 하는 도중에 나비를 밟음으로써 역사를 변화시키는 대목이 나온다. 시간 여행을 다룬 다른 소설에 등장하는 주인공들도 역사를 바꾸는 위험에 대해 걱정하곤 한다. 그러나 만약 역사가 그렇게 바뀔 수 있다면 시간 여행자에 의한 모순이 생겨난다. 어떤 시간 여행자가 시간을 거슬러 그의 할아버지가 소년이었던 과거로 여행을 왔다고 가정해 보자. 그런데 어떤 이유로 인하여 이 시간 여행자가 자신의 할아버지를 총으로 살해했다고 하자. 이 경우 할아버지가 자식을 보지 못하고 사망한다면 그 손자 역시 존재할 수 없기 때문에, 손자인 시간 여행자가 쏜 총 한방은 바로 그 사건의 발생을 위한 필요조건을 제거해 버리는 결과를 낳고 만다. 이러한 모순으로 인하여 시간 여행은 논리 법칙과 양립할 수 없다는 결론을 내릴 수 있다. 반면 시간 여행의 가능성을 옹호하는 사람은 위의 반론에서 벗어나기 위하여 다음과 같은 요지의 주장을 한다. ______________________________

① 비교적 가까운 과거로의 여행은 논리 법칙에 어긋나지 않는다.
② 역사는 시간 여행 중에 발생하는 사건에 의해 변화하지 않는다.
③ 과거로의 시간 여행자는 나비를 발로 밟지 않도록 조심해야 한다.
④ 시간 여행자가 과거로 시간 여행을 한다면 자신의 할아버지를 만날 수 있을 것이다.
⑤ 스티븐 호킹 박사를 과거로 데려가 아인슈타인과 공동 연구를 시킨다면 더욱 많은 업적을 남길 것이다.

25 다음에 제시된 문장을 글의 논리적 순서에 따라 바르게 배열한 것은?

㉠ 학문을 한다면서 논리를 불신하거나 논리에 대해서 의심을 가지는 것은 용납할 수 없다. 논리를 불신하면 학문을 하지 않는 것이 적절한 선택이다. 학문이란 그리 대단한 것이 아닐 수 있다. 학문보다 더 좋은 활동이 얼마든지 있어 학문을 낮추어 보겠다고 하면 반대할 이유가 없다.

㉡ 학문에서 진실을 탐구하는 행위라 하더라도 논리화되지 않은 체험에 의지하거나 논리적 타당성이 입증되지 않은 사사로운 확신을 근거로 한다면 학문이 아니다. 예술도 진실을 탐구하는 행위의 하나라고 할 수 있으나 논리를 필수적인 방법으로 사용하지는 않으므로 학문이 아니다.

㉢ 교수이기는 해도 학자가 아닌 사람들이 학문을 와해시키기 위해 애쓰는 것을 흔히 볼 수 있다. 편하게 지내기 좋은 직업인 것 같아 교수가 되었는데 교수는 누구나 논문을 써야한다는 악법에 걸려 본의 아니게 학문을 하는 흉내는 내야 하니 논리를 무시하고 논문을 쓰는 편법을 마련하고 논리 자체에 대한 악담으로 자기 행위를 정당화하게 된다. 그래서 생기는 혼란을 방지하려면 교수라는 직업이 아무 매력도 없게 하거나 아니면 학문을 하지 않으려는 사람이 교수가 되는 길을 원천 봉쇄해야 한다.

㉣ 논리를 어느 정도 신뢰할 수 있는가 의심스러울 수 있다. 논리에 대한 불신을 아예 없애는 것은 불가능하고 무익하다. 논리를 신뢰할 것인가는 개개인이 자유롭게 선택할 수 있는 기본권의 하나라고 해도 무방하다. 그러나 학문은 논리에 대한 신뢰를 자기 인생관으로 삼은 사람들이 독점해서 하는 행위이다.

① ㉠-㉡-㉢-㉣ 　　　　② ㉠-㉢-㉡-㉣
③ ㉡-㉣-㉠-㉢ 　　　　④ ㉢-㉠-㉣-㉡
⑤ ㉣-㉠-㉡-㉢

01 아버지의 나이는 형 나이의 **3**배이고, 동생 나이의 **5**배이다. 형과 동생이 **8**살 차이라면 아버지의 나이는 몇 세인가?

① 45세　　　② 50세　　　③ 55세　　　④ 60세

02 서로 다른 두 개의 주사위를 동시에 던질 때, 나오는 눈의 합이 **2** 또는 **4**가 되는 경우의 수를 구하면?

① 4가지　　　② 6가지　　　③ 8가지　　　④ 10가지

03 연못 주위에 나무를 심으려고 하는데, 나무의 간격을 **10m**에서 **5m**로 바꾸면 필요한 나무는 **11**그루가 늘어난다. 연못의 둘레는?

① 100m　　　② 110m　　　③ 120m　　　④ 130m

04 다음은 **A**반 학생 **40**명의 **100m** 달리기 기록을 조사하여 나타낸 표이다. x에 들어갈 알맞은 값과 기록이 **16**초 이상 **17**초 미만인 학생 수로 옳은 것은?

기록(초)	상대도수
0 이상 ~ 13 미만	0
13 이상 ~ 14 미만	0.05
14 이상 ~ 15 미만	0.15
15 이상 ~ 16 미만	0.25
16 이상 ~ 17 미만	x
17 이상 ~ 18 미만	0.1
18 이상 ~ 19 미만	0.1
합계	1

① 0.35, 12명　　　② 0.45, 13명　　　③ 0.35, 14명　　　④ 0.45, 15명

05 신입 부사관들은 4박 5일로 연수를 갈 예정이다. 숙소를 방의 크기에 따라 5명씩, 6명씩, 8명씩 배정하면 항상 3명이 남는다고 한다. 이때, 연수에 참가하는 신입사원의 수를 고르면? (단, 숙소는 최대 200명까지 수용할 수 있다.)

① 121명   ② 122명   ③ 123명   ④ 124명

06 A의 가게에서는 원가가 개당 4,000원인 물품에 6할의 이익을 붙여 정가로 팔았다. 이후 경기가 좋지 않아 결국 정가의 4할을 할인하여 팔았다. 이 물품을 할인해서 팔 때, 물품 하나당 발생하는 이익 또는 손실은?

① 160원 이익   ② 160원 손실   ③ 80원 이익   ④ 80원 손실

07 58분이 1시간으로 설정되어 있는 시계가 있다. 시각을 1시에 맞춰 놓았는데 시계의 시각이 5시 30분이라면 실제 시간은?

① 5시 17분   ② 5시 19분   ③ 5시 21분   ④ 5시 23분

08 A군은 4km/h로 걷는다. A군이 80분 동안 걷는 거리를 B군은 100분 만에 걷는다. B군의 속력은 얼마인가?

① 3.2km/h   ② 3.4km/h   ③ 3.8km/h   ④ 4km/h

09 주어진 자료들을 바탕으로 도출해 낼 수 있는 결론이 <u>아닌</u> 것은?

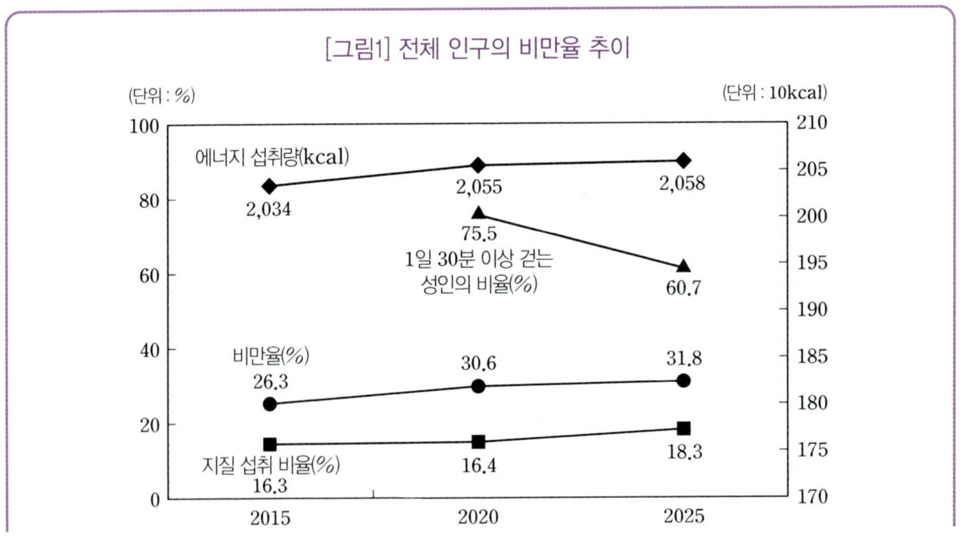

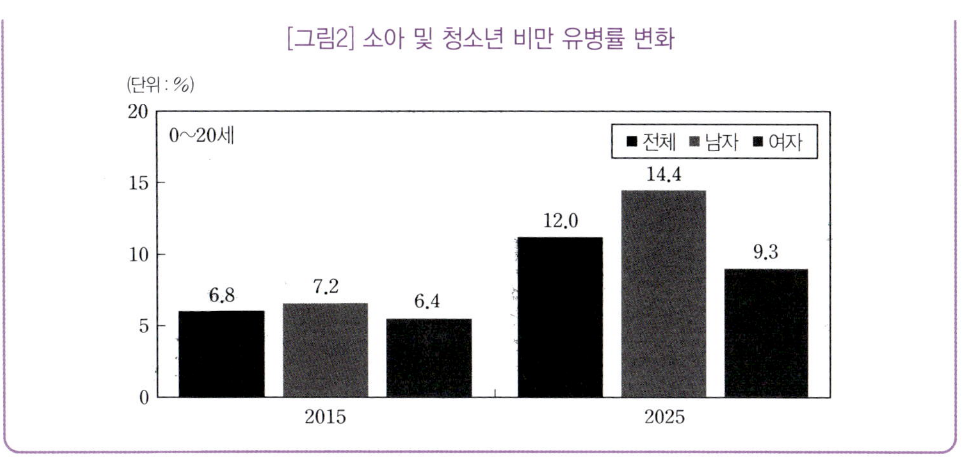

① 조사기간에 에너지 섭취량과 활동량은 모두 증가했다.

② 2025년의 지질 섭취 비율은 2020년보다 약 2% 증가했다.

③ 소아 및 청소년 비만은 10년 동안 약 2배 가까이 증가했다.

④ 2015년과 2025년 모두 남자 청소년의 비만 유병률이 여자 청소년에 비해 상대적으로 높다.

10 다음 표는 서울의 미세먼지 월별 대기오염도 측정도를 나타낸 것이다. 이에 대한 설명으로 옳지 않은 것은?

미세먼지 월별 대기오염도

(단위 : $\mu g/m^3$)

구분	2024년 5월	2024년 6월	2024년 7월	2024년 8월	2024년 9월
중구	54	33	31	20	31
강남구	62	43	35	22	33
영등포구	71	46	37	26	41
성동구	74	44	30	22	36
양천구	53	41	21	24	32

① 성동구는 6월 미세먼지의 대기오염도가 8월의 2배이다.

② 모든 구에서 8월의 미세먼지의 대기오염도가 가장 낮다.

③ 7월에는 영등포구의 미세먼지의 대기오염도가 가장 높다.

④ 5월부터 7월까지는 미세먼지의 대기오염도가 감소하고 있다.

A시의 교육여건

교육여건 학교급	전체 학교 수	학교당 학급 수	학급당 주간 수업시수 (시간)	학급당 학생 수	학급당 교원 수	교원당 학생 수
초등학교	150	30	28	32	1.3	25
중학교	70	36	34	35	1.8	19
고등학교	60	33	35	32	2.1	15

11 중학교와 고등학교의 총 학생 수의 차이는?

① 24,810명   ② 24,820명   ③ 24,830명   ④ 24,840명

12 초등학교의 주간 수업시수의 합과 중학교의 주간 수업시수의 합은?

	초등학교	중학교
①	85,680	69,300
②	85,680	85,680
③	126,000	69,300
④	126,000	85,680

[13~14] 다음은 온라인쇼핑 동향에 관한 자료이다. 자료를 참고하여 물음에 답하시오.

온라인쇼핑 거래액 동향

(단위 : 억 원)

구분	2023년		2024년	
	4월	5월	4월	5월
총 거래액	71,000	73,821	87,355	90,544
모바일 거래액	42,790	42,055	53,556	56,285

13 위의 자료에 대한 설명으로 보기 중 옳은 것을 고르면? (단, 소수점 둘째 자리에서 반올림한다.)

> ㄱ. 2024년 4월 온라인쇼핑 거래액은 전년동월대비 약 20% 증가했다.
> ㄴ. 2023년 5월 온라인쇼핑 거래액은 전월대비 약 4% 증가했다.
> ㄷ. 2024년 5월 모바일 거래액은 전월대비 약 5.1% 증가했다.
> ㄹ. 2023년 5월 온라인쇼핑 거래액 중 모바일 거래액의 비율은 60%가 넘는다.

① ㄱ, ㄴ   ② ㄴ, ㄷ   ③ ㄷ, ㄹ   ④ ㄴ, ㄷ, ㄹ

14 2024년 4월에서 5월까지 모바일 거래액의 비율이 늘어난 만큼 6월에도 일정하게 증가한다고 했을 때, 6월 온라인쇼핑 거래액이 **100,000억 원**이라면 모바일 거래액을 얼마인가? (단, 소수점 둘째 자리에서 반올림한다.)

① 62,100억 원   ② 63,100억 원   ③ 64,100억 원   ④ 65,100억 원

[15~16] 다음은 국가의 주요 범죄 발생건수 및 검거건수에 대한 자료이다. 물음에 알맞은 답을 고르시오.

〈표1〉 2020~2024년 4대 범죄 발생건수 및 검거건수

(단위 : 건, 천 명)

연도 \ 구분	발생건수	검거건수	총인구	인구 10만 명당 발생건수
2020	15,693	14,492	49,194	31.9
2021	18,258	16,125	49,346	(㉠)
2022	19,498	16,404	49,740	39.2
2023	19,670	16,630	50,051	39.3
2024	22,310	19,774	50,248	44.4

〈표 2〉 2024년 4대 범죄 유형별 발생건수 및 검거건수

(단위 : 건)

범죄유형 \ 구분	발생건수	검거건수
강도	5,753	5,481

상해	132	122
절도	14,778	12,525
방화	1,647	1,646
계	22,310	19,774

15 다음 중 〈표1〉의 빈칸 ㉠에 들어갈 수치로 가장 알맞은 것은? (단, 소수점 아래 첫째 자리에서 반올림한다.)

① 35건   ② 36건   ③ 37건   ④ 38건

16 다음 〈보기〉의 설명 중 옳지 <u>않은</u> 것을 모두 고르면?

〈보기〉

㉠ 2021년 이후, 전년대비 4대 범죄 발생건수 증가율이 가장 낮은 연도와 전년대비 4대 범죄 검거건수 증가율이 가장 낮은 연도는 동일하다.

㉡ 2024년 발생건수 대비 검거건수 비율이 가장 낮은 범죄 유형은 '상해'이다.

㉢ 2021년 강도와 살인 발생건수의 합이 4대 범죄 발생건수에서 차지하는 비율은 2024년 강도와 상해 검거건수의 합이 4대 범죄 검거건수에서 차지하는 비율보다 높다.

㉣ 4대 범죄의 발생건수와 검거건수는 매년 증가하고 있다.

① ㉠, ㉡   ② ㉠, ㉣   ③ ㉡, ㉢   ④ ㉡, ㉣

[17~18] 다음은 각 지점 당 연결망 지도, 각 지점 간의 거리를 나타낸 자료이다. 주어진 자료를 보고 물음에 답하시오.

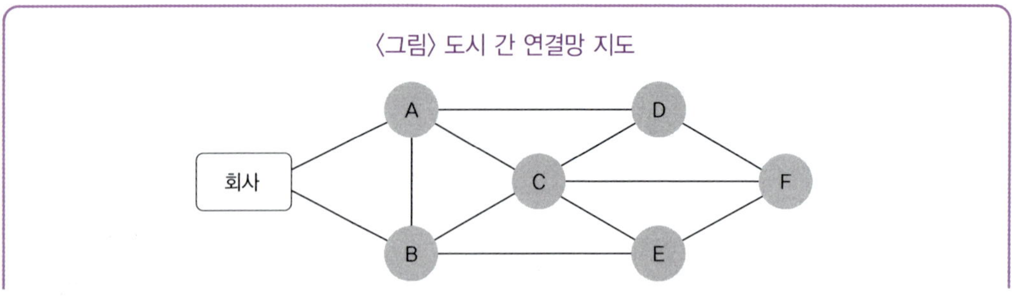

〈그림〉 도시 간 연결망 지도

<표> 각 지점 간 거리

(단위 : km)

구분	회사	A	B	C	D	E	F
A	8				8		
B	10	5					
C		11	9				12
D				15			
E			12	10			
F					7	8	

17 한국전력공사 박대리는 회사에서 출발하여 A~F를 거쳐 다시 회사로 돌아오려고 한다. 다음 중 박대리가 출장을 다녀올 수 있는 최단거리를 고르면? (단, A~F를 모두 가야하며, 같은 곳은 한 번만 지날 수 있다.)

① 58km ② 60km ③ 62km ④ 64km

18 한국전력공사 한과장은 회사에서 출발하여 B를 경유하여 F에 도착하려고 한다. 이때 한과장이 갈 수 있는 최단거리를 고르면? (단, A~F를 모두 가지 않아도 되며, 마지막 출장지에 도착한 뒤 회사로 돌아오지 않는다.)

① 33km ② 32km ③ 31km ④ 30km

[19~20] 아래의 표는 문화예술 관람률에 대한 자료이다. 이를 토대로 다음 물음에 알맞은 답을 고르시오.

<표1> 성별 · 연령별 문화예술 관람률

(단위 : %)

구분	2023년	2024년	2025년
전체	60.8	64.5	64.0
남자	58.5	62.0	61.6

여자	62.9	66.9	66.3
20세 미만	82.6	84.5	86.0
20~29세	83.4	83.7	83.8
30~39세	77.2	78.6	79.2
40~49세	67.4	73.2	73.7
50~59세	48.1	56.2	58.0
60세 이상	21.7	28.9	29.1

〈표2〉 문화예술 종류별 관람률

(단위 : %)

구분	2023년	2024년	2025년
음악 · 연주회	13.7	13.8	13.8
연극	15.3	14.9	15.0
무용	1.3	1.2	1.3
영화	54.4	58.8	59.8
박물관	16.4	17.8	16.7
미술관	12.3	12.8	13.5

19 위의 자료에 대한 설명으로 옳지 <u>않은</u> 것은?

① 문화예술 중 미술관의 관람률은 계속 감소하고 있다.

② 2025년 문화예술 관람률은 남자보다 여자가 더 높다.

③ 모든 연령층에서 문화예술 관람률이 점점 높아지고 있다.

④ 2024년 60세 이상 사람들의 문화예술 관람률이 가장 낮았다.

20 문화예술행사를 참석한 적이 있는 500명을 대상으로 관람률을 조사했다면, 2025년 연극과 박물관의 관람객 수는? (단, 소수점 첫째자리에서 반올림함)

	연극	박물관
①	72명	81명
②	73명	82명
③	74명	83명
④	75명	84명

공간능력

18문항 | 10분

[01~05] 다음 조건을 참고하여 제시된 입체도형의 전개도를 고르시오.

- 입체도형을 전개하여 전개도를 만들 때, 전개도에 표시된 그림(예 : ▌, ◣ 등)은 회전의 효과를 반영함. 즉, 본 문제의 풀이과정에서 보기의 전개도 상에 표시된 "▌"와 "▬"은 서로 다른 것으로 취급함.
- 단, 기호 및 문자(예 : ☎, ❖, ♨, K, H)의 회전에 의한 효과는 본 문제의 풀이과정에 반영하지 않음. 즉, 입체도형을 펼쳐 전개도를 만들었을 때에 "☎"의 방향으로 나타나는 기호 및 문자도 보기에서는 "☎"방향으로 표시하며 동일한 것으로 취급함.

01

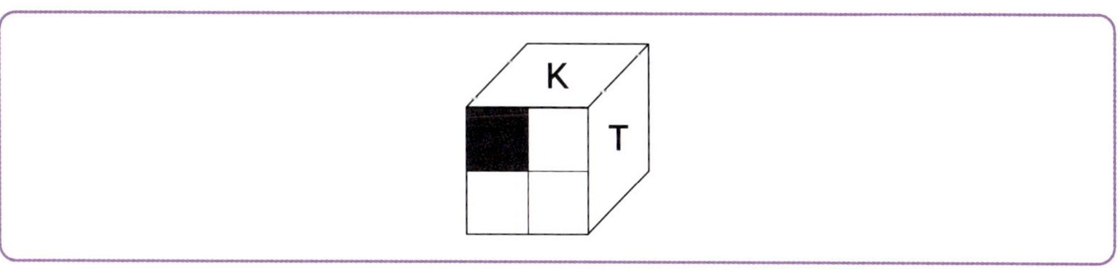

①    ② 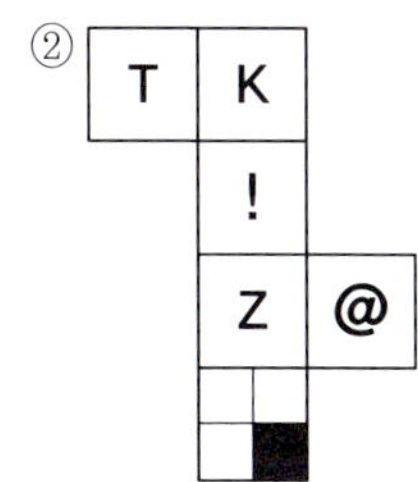   ③ 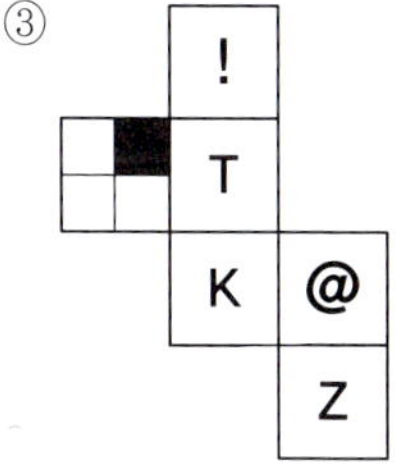   ④ 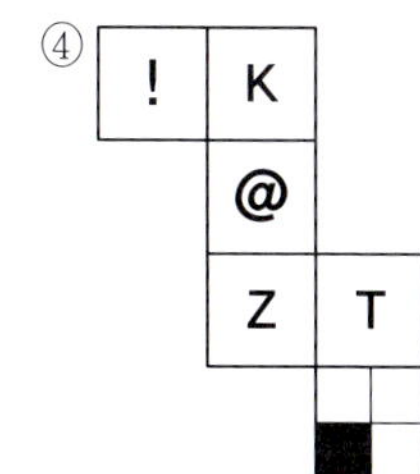

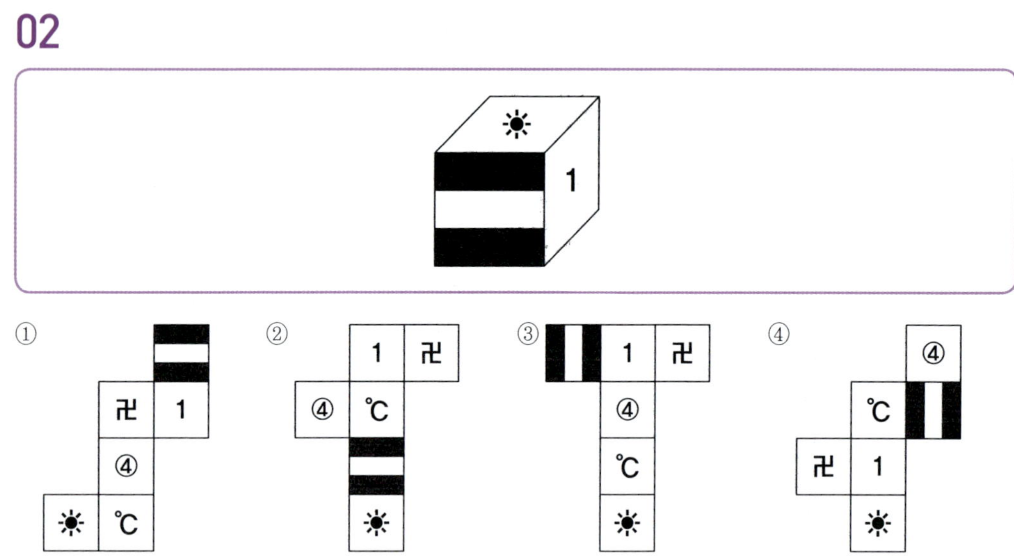

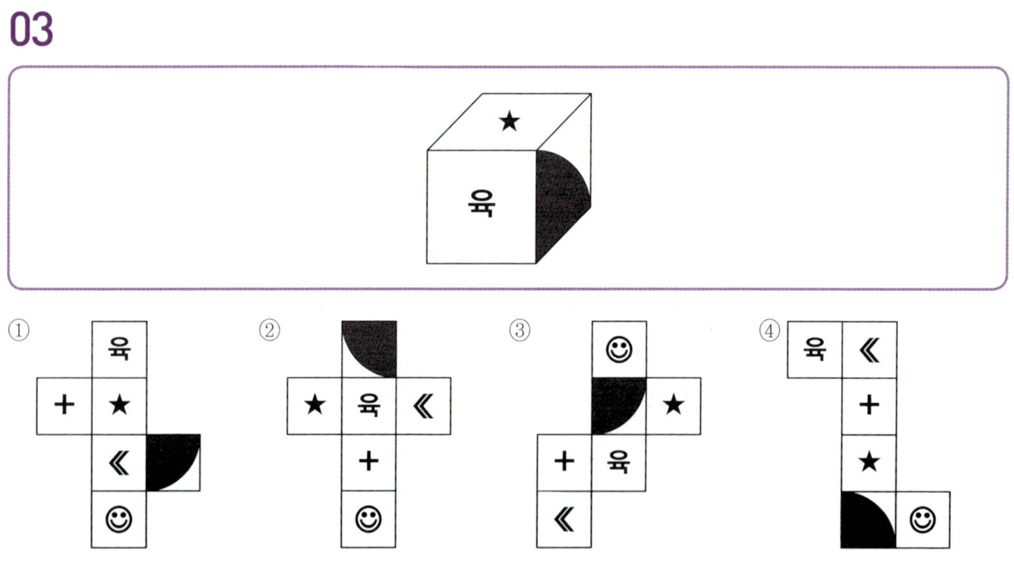

04

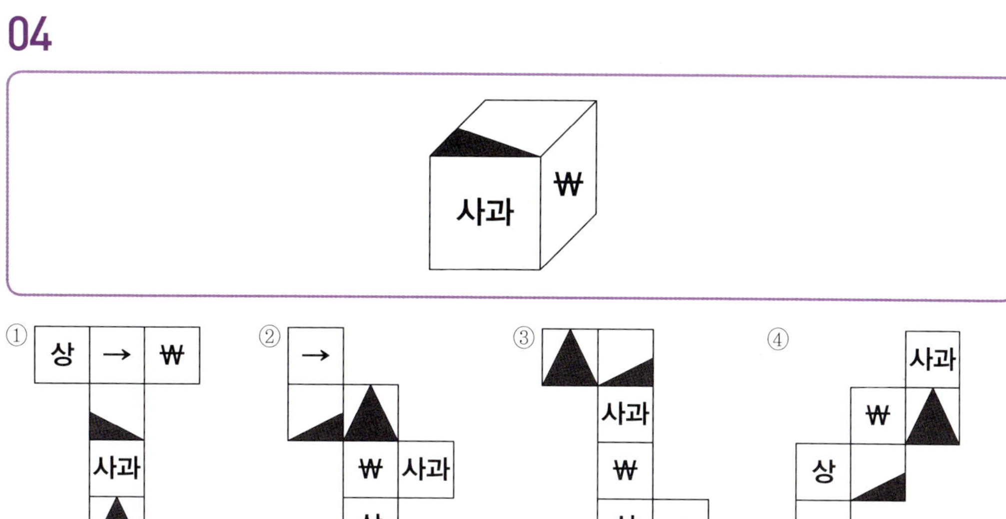

05

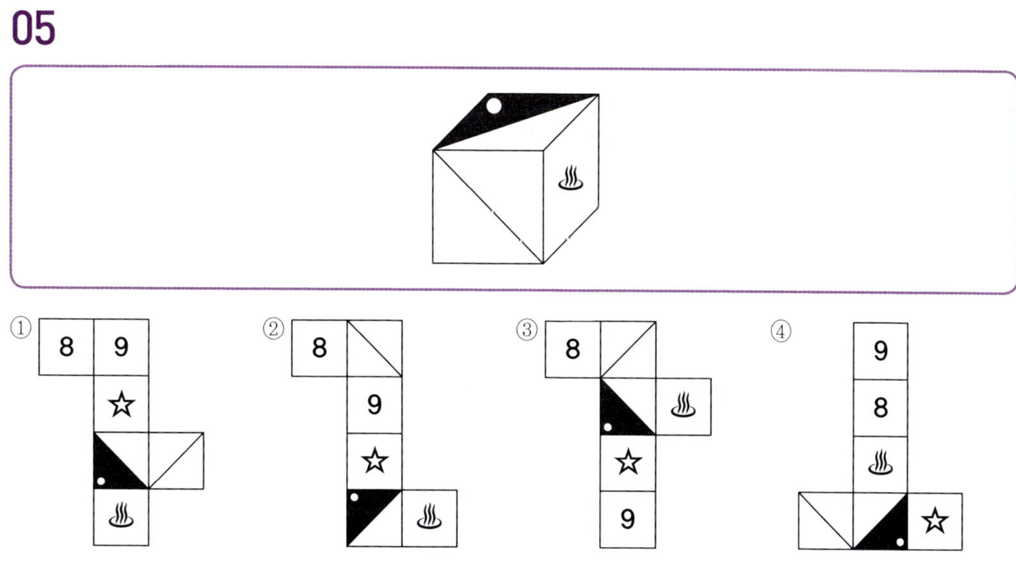

[06~10] 다음 조건을 참고하여 제시된 전개도의 입체도형을 고르시오.

- 입체도형을 전개하여 전개도를 만들 때, 전개도에 표시된 그림(예 : █, ◸ 등)은 회전의 효과를 반영함. 즉, 본 문제의 풀이과정에서 보기의 전개도 상에 표시된 "█"와 "▬"은 서로 다른 것으로 취급함.
- 단, 기호 및 문자(예 : ☎, ♨, ♨, K, H)의 회전에 의한 효과는 본 문제의 풀이과정에 반영하지 않음. 즉, 입체도형을 펼쳐 전개도를 만들었을 때에 "☎"의 방향으로 나타나는 기호 및 문자도 보기에서는 "☎"방향으로 표시하며 동일한 것으로 취급함.

06

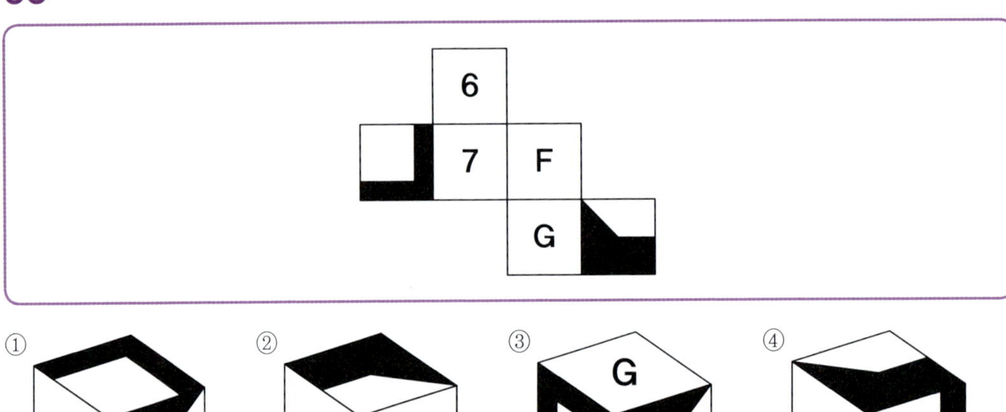

① 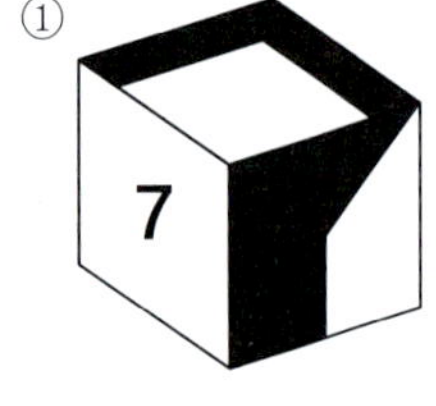 ② 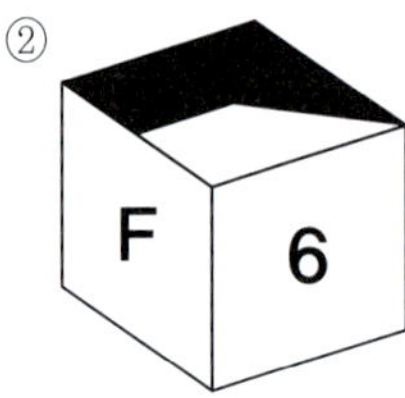 ③ 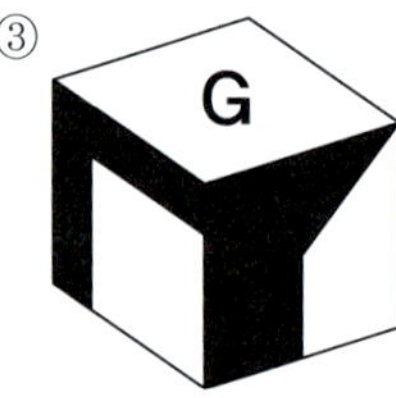 ④ 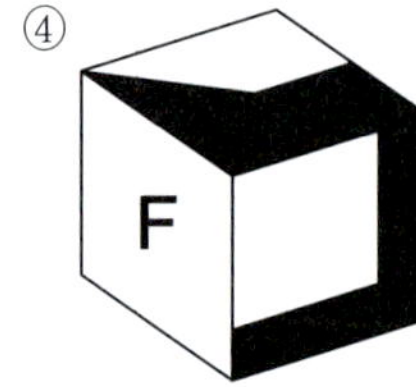

07

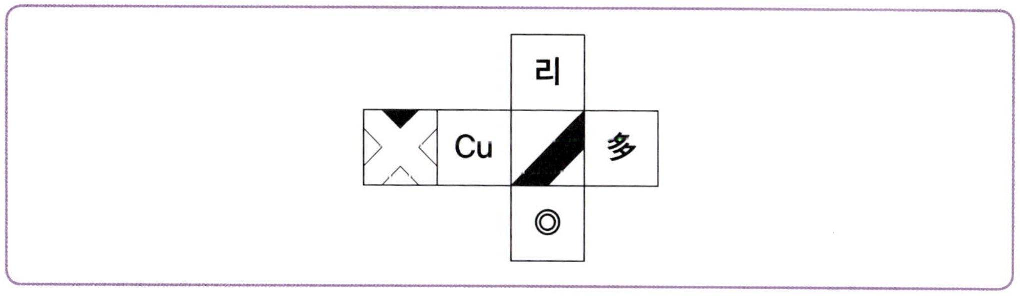

① 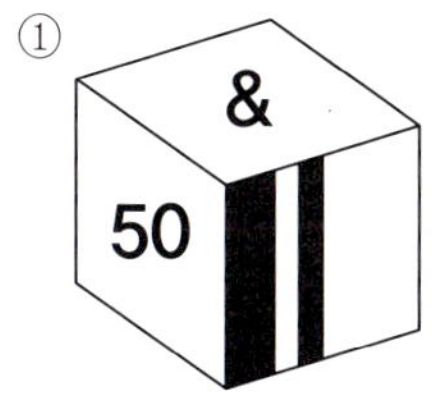　② 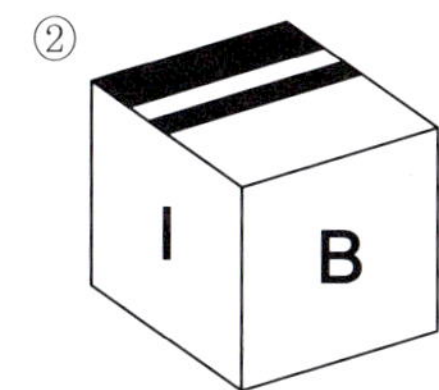　③ 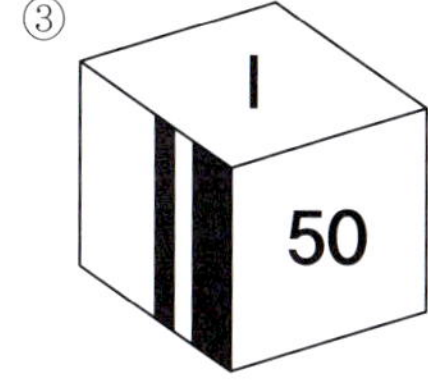　④ 

08

① 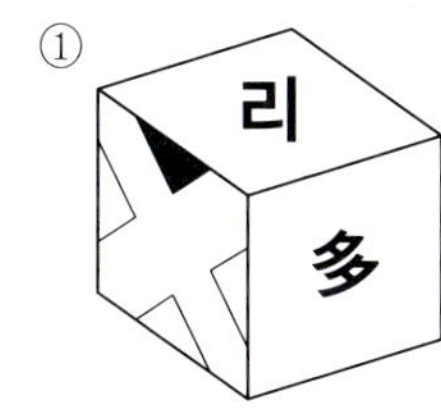　② 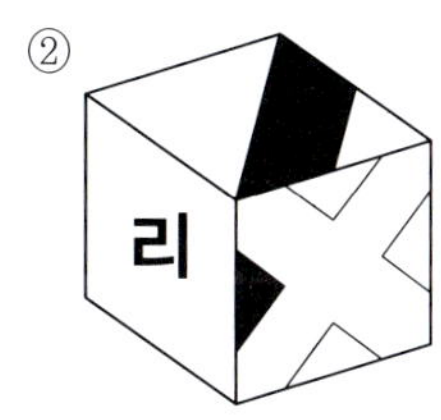　③ 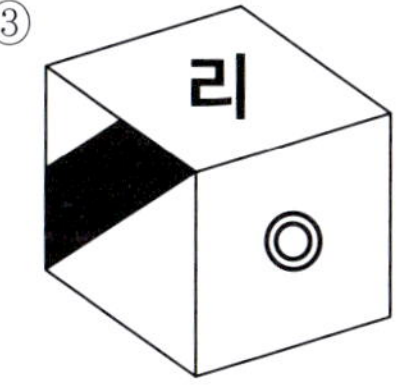　④ 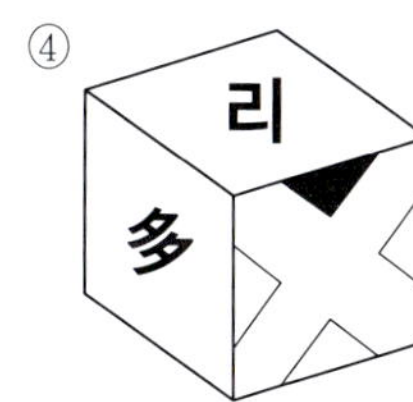

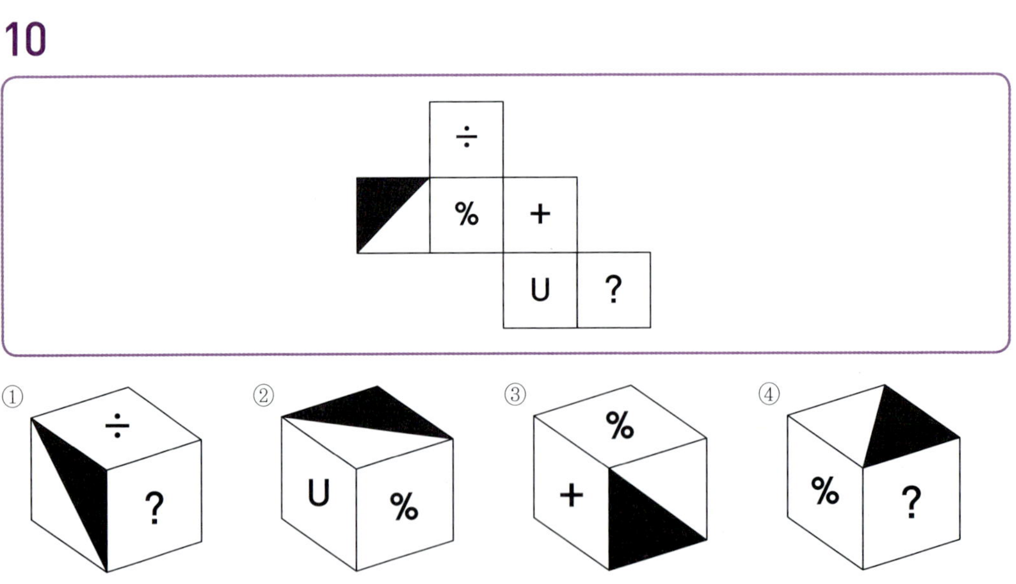

[11~14] 다음 제시된 블록의 개수를 고르시오.(단, 보이지 않는 뒤의 블록은 없다고 생각한다.)

11

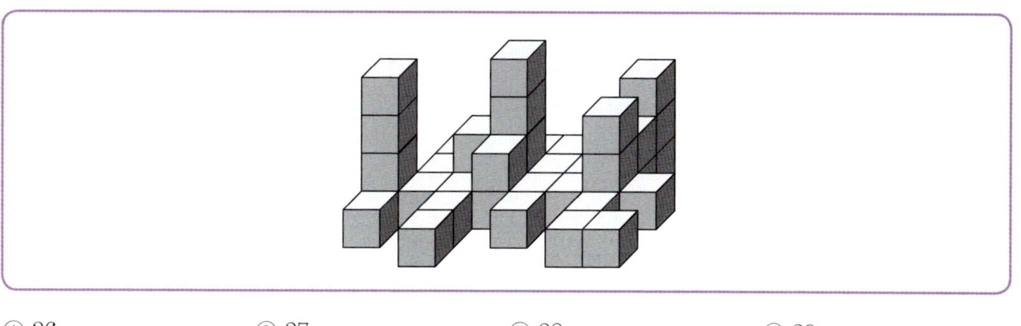

① 36　　　② 37　　　③ 38　　　④ 39

12

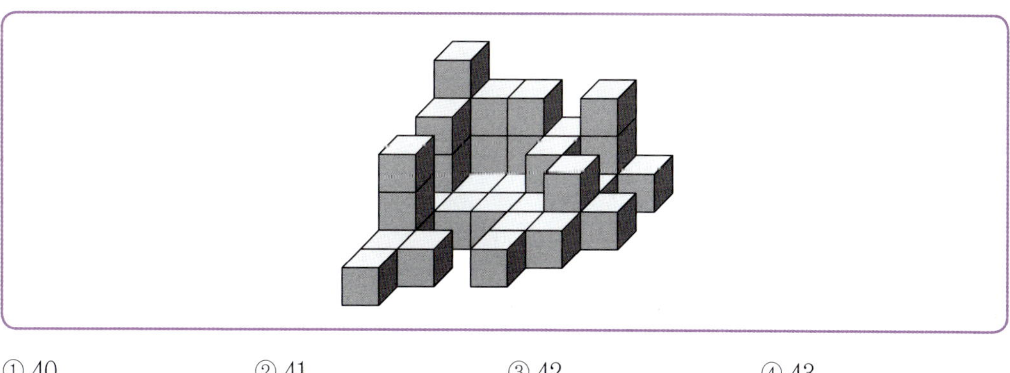

① 40　　　② 41　　　③ 42　　　④ 43

13

① 45　　　　② 46　　　　③ 47　　　　④ 48

14

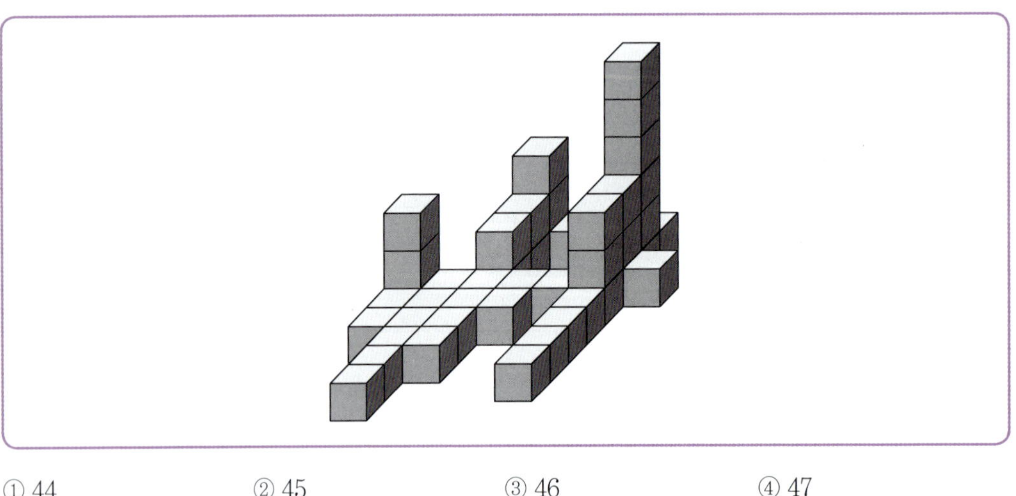

① 44　　　　② 45　　　　③ 46　　　　④ 47

[15~18] 다음 제시된 블록을 화살표 방향에서 바라봤을 때의 모양을 고르시오.

15

① 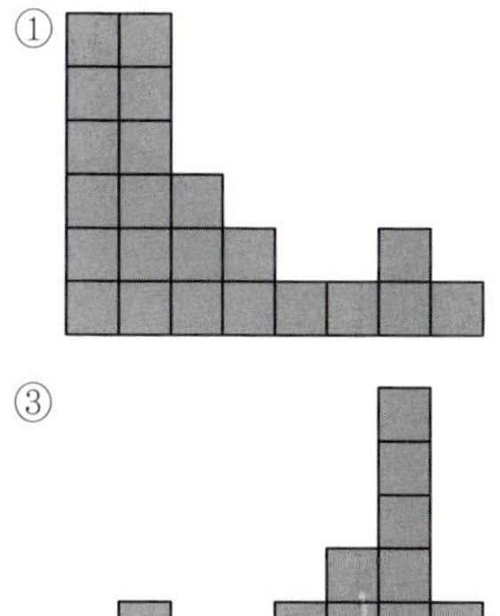

② 

③

④

16

① 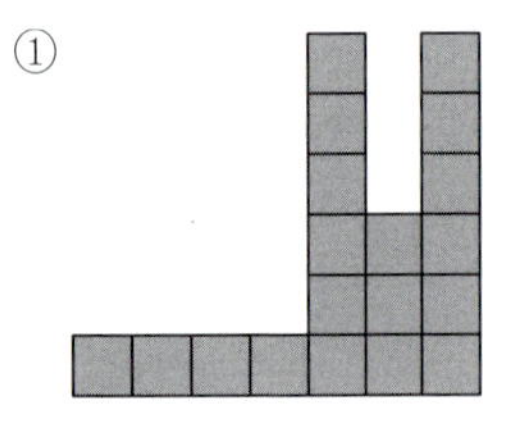

② 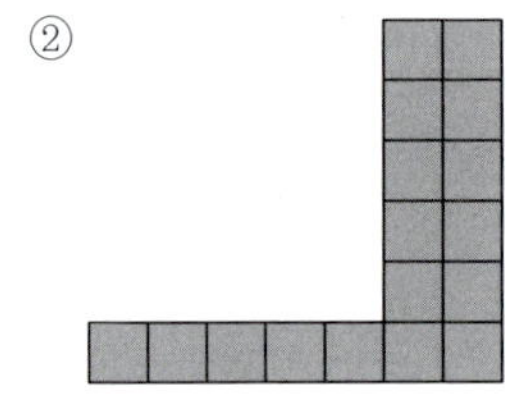

③ 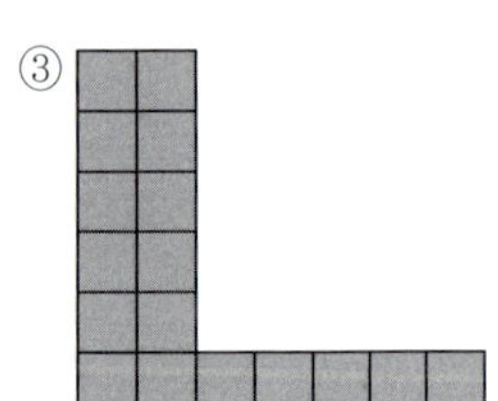

④ 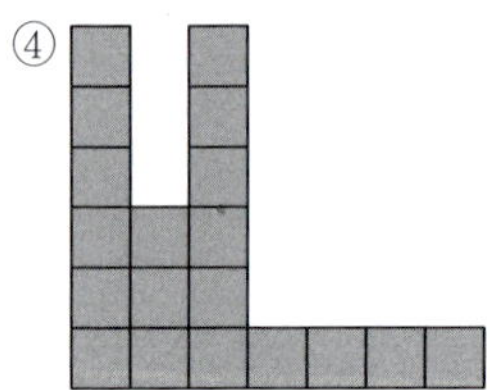

17

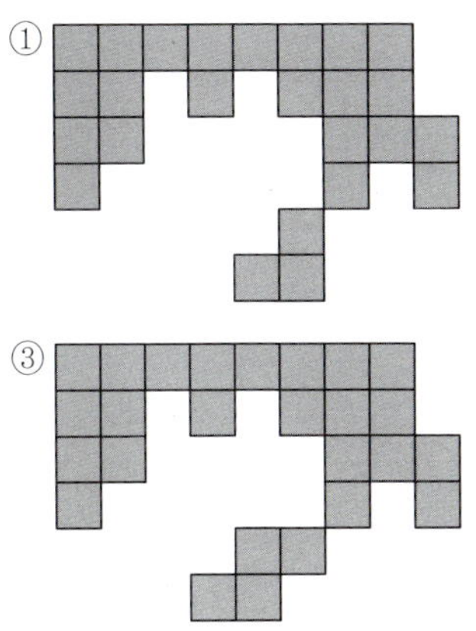 ①

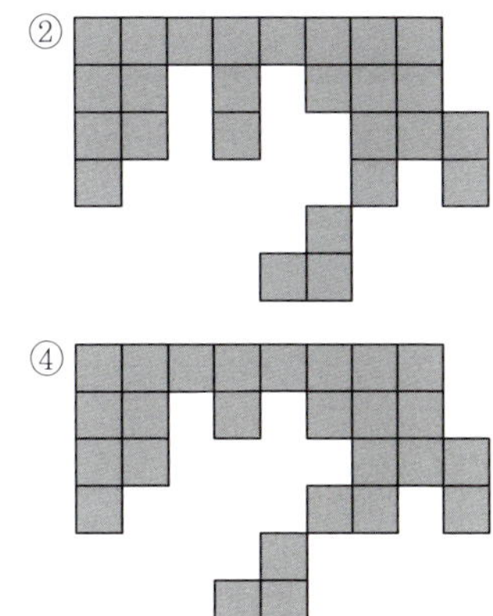 ②

③

④

18

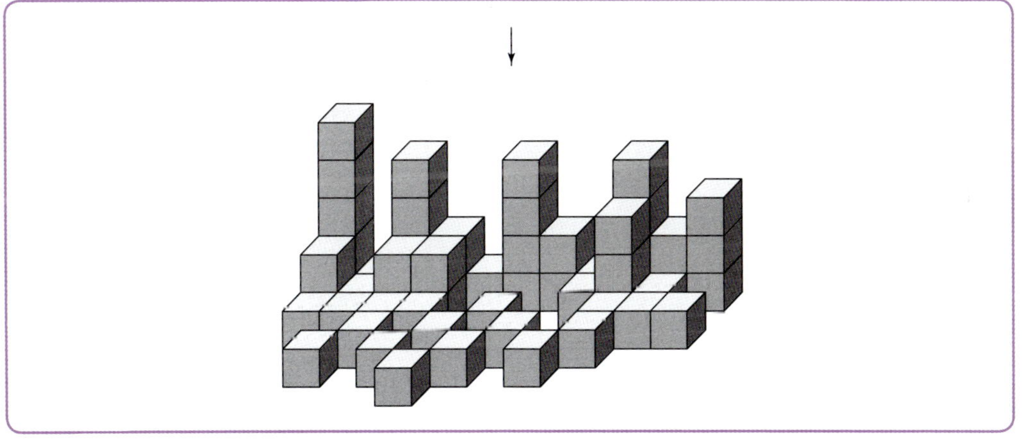

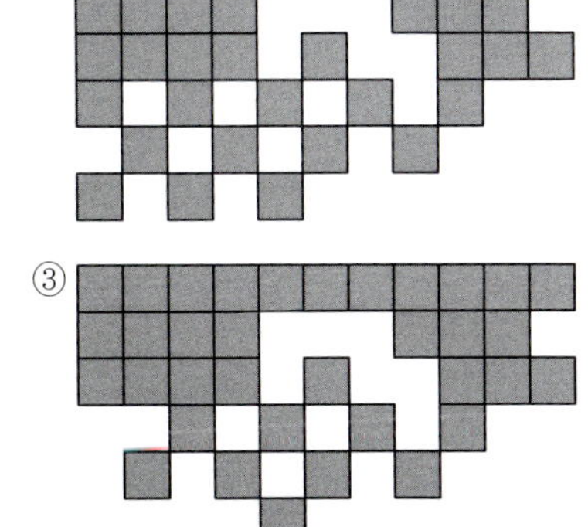 ① ③

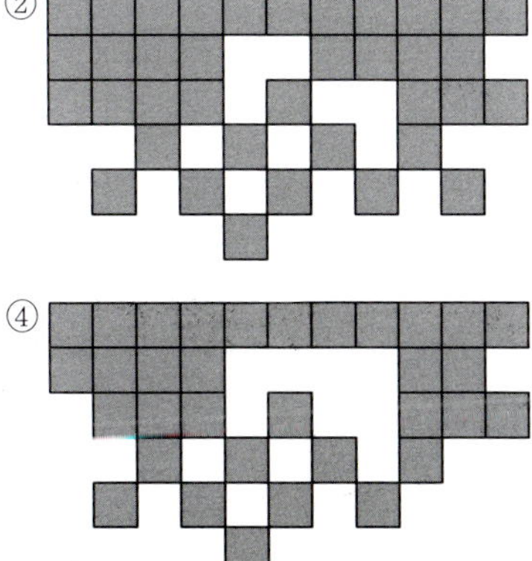 ② ④

[01~05] 다음 〈보기〉의 왼쪽과 오른쪽의 대응을 참고하여 각 문제의 대응이 같으면 답안지에 '① 맞음'을, 틀리면 '② 틀림'을 선택하시오.

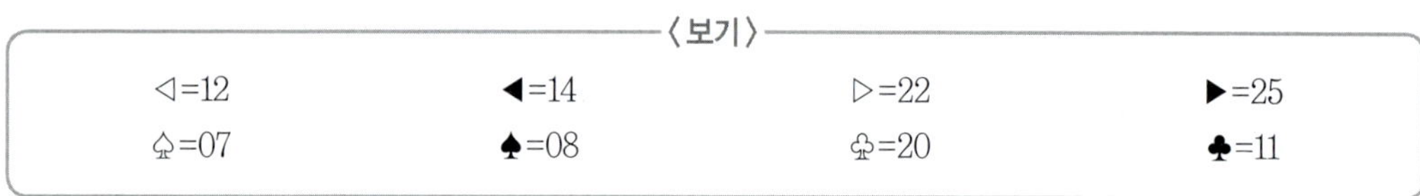

01

11 20 08 07 14 − ♣ ♧ ♠ ♤ ◁

① 맞음   ② 틀림

02

12 25 11 14 22 − ◁ ▶ ♣ ◀ ▷

① 맞음   ② 틀림

03

♧ ▷ ♤ ◁ ♠ − 20 22 07 12 08

① 맞음   ② 틀림

04

◀ ▶ ♧ ♣ ♤ − 14 12 20 11 07

① 맞음   ② 틀림

05

08 ▷ ◁ 12 25 − ♠ 22 12 ◁ ◀

① 맞음   ② 틀림

[06~10] 다음 〈보기〉의 왼쪽과 오른쪽의 대응을 참고하여 각 문제의 대응이 같으면 답안지에 '① 맞음'을, 틀리면 '② 틀림'을 선택하시오.

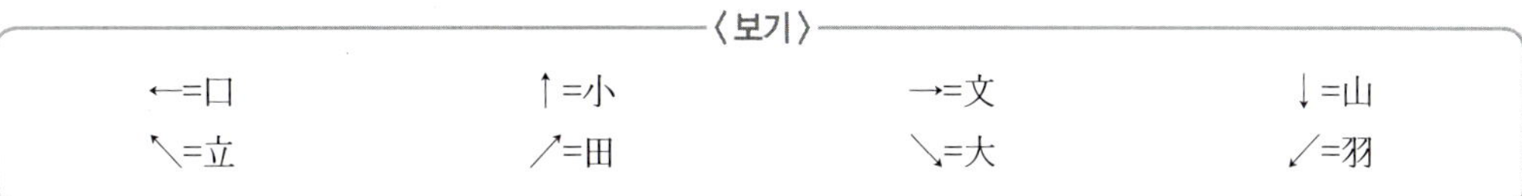

─〈보기〉─

←=口	↑=小	→=文	↓=山
↘=立	↗=田	↘=大	↗=羽

06

↑ ↓ ↘ ↗ → − 小 山 大 立 文

① 맞음   ② 틀림

07

← ↘ ↘ → ↓ − 口 立 大 文 羽

① 맞음   ② 틀림

08

山 文 羽 田 立 − ← → ↗ ↗ ↘

① 맞음   ② 틀림

09

小 羽 田 山 大 - ↑ ╱ ← ↓ ╲

① 맞음   ② 틀림

10

→ 口 大 ↑ ↓ - 文 ← ╱ 小 山

① 맞음   ② 틀림

[11~15] 다음 〈보기〉의 왼쪽과 오른쪽의 대응을 참고하여 각 문제의 대응이 같으면 답안지에 '① 맞음'을, 틀리면 '② 틀림'을 선택하시오.

〈보기〉

월요일=110	화요일=957	수요일=216	목요일=302	금요일=224
토요일=975	일요일=119	일주일=777	일주년=365	영원히=416

11

월요일 화요일 수요일 금요일 - 110 957 216 224

① 맞음   ② 틀림

12

목요일 일주일 일요일 영원히 - 302 777 119 416

① 맞음   ② 틀림

13

토요일 일주일 일주년 수요일 – 957 777 365 216

① 맞음   ② 틀림

14

수요일 영원히 목요일 월요일 – 216 416 302 110

① 맞음   ② 틀림

15

일요일 일주일 일주년 금요일 – 119 777 365 957

① 맞음   ② 틀림

[16~20] 다음 〈보기〉의 왼쪽과 오른쪽의 대응을 참고하여 각 문제의 대응이 같으면 답안지에 '① 맞음'을, 틀리면 '② 틀림'을 선택하시오.

─ 〈보기〉 ─

| 참새=휴지 | 마늘=커피 | 피리=장구 | 은행=호박 | 식물=숫자 |
| 돼지=상추 | 여름=겨울 | 안경=홍차 | 사탕=종이 | 생일=장미 |

16

참새 여름 사탕 생일 돼지 – 휴지 겨울 종이 장미 상추

① 맞음   ② 틀림

17

마늘 식물 은행 안경 피리 - 커피 숫자 장미 홍차 장구

① 맞음　　　　　　　　　　② 틀림

18

사탕 안경 참새 식물 여름 - 종이 홍차 휴지 장미 겨울

① 맞음　　　　　　　　　　② 틀림

19

생일 피리 마늘 돼지 은행 - 장미 장구 커피 상추 호박

① 맞음　　　　　　　　　　② 틀림

20

안경 여름 식물 참새 사탕 - 홍차 겨울 숫자 휴지 종이

① 맞음　　　　　　　　　　② 틀림

[21~25] 다음 〈보기〉의 왼쪽과 오른쪽의 대응을 참고하여 각 문제의 대응이 같으면 답안지에 '① 맞음'을, 틀리면 '② 틀림'을 선택하시오.

〈 보기 〉

경기 = @	제주 = #	강원 = $	광주 = %
전북 = &	부산 = *	서울 = +	충남 = ₩

21

    & @ $ + * − 전북 경기 강원 서울 제주

① 맞음   ② 틀림

22

    $ ₩ + % # − 강원 충남 서울 광주 제주

① 맞음   ② 틀림

23

    * % @ ₩ $ − 부산 광주 전북 충남 강원

① 맞음   ② 틀림

24

    + * % # & − 서울 부산 광주 제주 충남

① 맞음   ② 틀림

25

    ₩ * # % + − 충남 부산 제주 광주 서울

① 맞음   ② 틀림

26

⊈

⊇⊄⊇⊇⊅⊅⊇⊇⊅⊇⊇⊅⊅⊅⊅⊅⊅⊇⊅⊄⊄⊄⊂⊊⊇⊄⊂
⊅⊇⊇⊂⊅⊅⊅⊂⊇⊂⊂⊅⊅⊊⊄⊄⊅⊅⊅⊅⊅⊇⊇⊅⊅⊅⊄⊂⊂⊅⊂⊄
⊇⊊⊄⊄⊅⊂⊂⊅⊅⊅⊄⊇⊇⊅⊇⊅⊇⊂

① 2개 ② 3개 ③ 4개 ④ 5개

27

s

Drivers should keep a safe distance from the car in front

① 2개 ② 3개 ③ 4개 ④ 5개

28

ㅁ

버켄스탁의 열매는 대단히 매혹적인 향기를 갖고 있지만 식용이 아니며 그것을 먹을 경우 아주 심한 복통이 일어난다.

① 4개 ② 5개 ③ 6개 ④ 7개

29

손

슌숀순손산선숀산손솟손숀산솟숀손순솔솟숩손송손속손숩솜숱숀손솟선순샨숟손숱선삽손샅삭삼송슫슫

① 5개 ② 6개 ③ 7개 ④ 8개

30

4

kgksoekr3904jf8264995kakfo03o1969450392kj
dkf1o7q4o237dkw 5s8d9g6w5d5s56329814df48
56975w4sdf2

① 7개　　　② 8개　　　③ 9개　　　④ 10개

실전모의고사 2회

정답 및 해설 P. 259

• 영역을 구별하여 언어논리 25문항(20분), 자료해석 20문항(25분), 공간능력 18문항(10분), 지각속도 30문항(3분)으로 구성으로 구성되어 있습니다.

언어논리　　25문항 | 20분

01 다음 글의 괄호에 알맞은 한자성어는?

> 일을 하다 보면 조화와 절제가 필요하다는 것을 알게 된다. 일의 수행 과정에서 부분적 잘못을 바로 잡으려다 정작 일 전체를 그르치는 경우가 종종 발생하기 때문이다. 흔히 속담에 "빈대 잡으려다 초가삼간 태운다"는 말은 여기에 해당할 것이다. 따라서 부분적 결점을 바로잡으려다 본질을 해치는 (　　　　　)의 어리석음을 저질러서는 안 된다.

① 개과불린(改過不吝)　　　　② 경거망동(輕擧妄動)

③ 교각살우(矯角殺牛)　　　　④ 부화뇌동(附和雷同)

⑤ 권토중래(捲土重來)

02 다음의 상황에 어울리는 한자 성어로 가장 적절한 것은?

> 김만중의 '사씨남정기'에서 사씨는 교씨의 모함을 받아 집에서 쫓겨난다. 사악한 교씨는 문객인 동청과 작당하여 남편인 유한림마저 모함한다. 그러나 결국은 교씨의 사악함이 만천하에 드러나고 유한림이 유배지에서 돌아오자 교씨는 처형되고 사씨는 누명을 벗고 다시 집으로 돌아오게 된다.

① 교언영색(巧言令色)　　　　② 절치부심(切齒腐心)

③ 만시지탄(晩時之歎)　　　　④ 사필귀정(事必歸正)

⑤ 마이동풍(馬耳東風)

03 다음 문장과 같은 뜻을 가진 속담은?

> 어리석고 미련한 사람은 아무리 가르쳐도 보람이 없음

① 벼룩도 낯짝이 있다

② 개미 금탑 모으듯 한다

③ 소 궁둥이에다 꼴을 던진다

④ 온몸이 입이라도 말 못하겠다

⑤ 굴우물에 말똥 쓸어 넣듯 한다

04 다음에 제시된 문장의 밑줄 친 부분과 의미가 가장 비슷한 것은?

> 그 사람들은 모두 <u>호사가</u>라서 소문이 금방 퍼질 것이다.

① 흉보기를 잘하는 사람

② 몹시 수다스러운 사람

③ 여색을 몹시 좋아하는 사람

④ 트집이나 시비를 자주 일으키는 사람

⑤ 남의 일에 대해 말하기 좋아하는 사람

05 다음 중 밑줄 친 말들의 관계가 다른 하나는?

① 눈을 <u>감고</u> 추억에 잠긴다. – 머리를 깨끗이 <u>감아라</u>.

② <u>차</u>를 타고 그곳에 갔다. – 입가심으로 <u>차</u>를 마셨다.

③ 집 앞에 큰 <u>길</u>이 났다. – 이것이 바로 우리 민족이 걸어온 <u>길</u>이다.

④ 초고를 <u>교정</u>하여 책을 완성하였다. – 허리가 자주 아프니 자세 <u>교정</u>을 해야겠다.

⑤ 엄마, 저 <u>배</u> 좀 보세요! 참 먹음직스럽죠? – 푸른 바다에 흰 돛을 단 <u>배</u>가 떠다니는 풍경이구나.

06 다음 밑줄 친 부분이 맞춤법에 맞게 쓰인 것은?

① 가슴을 <u>에는</u> 것 같은 슬픔을 느꼈다.

② <u>설레이는</u> 마음에 잠을 이룰 수 없었다.

③ 이곳은 아이들이 다치기 <u>쉽상</u>인 곳이다.

④ 올해는 모두 건강하리라는 <u>바램</u>을 가져 본다.

⑤ 그 아이는 <u>눈꼬리</u>를 치켜뜨며 나를 노려봤다.

07 다음 중 밑줄 친 부분의 띄어쓰기가 옳은 것은?

① 듣고 보니 <u>좋아할만 한</u> 이야기이다.

② 그냥 모르는 척 <u>살만도</u> 한데 말이야.

③ 강아지가 집을 나간 지 <u>사흘만에</u> 돌아왔다.

④ 이런 곳에서 만나다니, 도대체 이게 얼마 <u>만인가</u>.

⑤ 마을사람들은 어느 말을 믿어야 <u>옳은 지</u> 몰라서 두 사람의 입만 쳐다보고 있었다.

08 다음 중 밑줄 친 부분이 표준 발음이 <u>아닌</u> 것은?

① 예전에 학교에 가려면 못해도 <u>십리[심리]</u>는 걸어야 했다.

② 그녀는 그에게 받은 편지를 <u>옷 안[오단]</u>에 넣고 돌아왔다.

③ 한국 사회에서 계층 간의 <u>갈등[갈뜽]</u>이 점차 심화되고 있다.

④ 일본의 <u>침략[침냑]</u> 행위는 국제적으로 규탄을 받아 마땅하다.

⑤ 학창시절에는 <u>국민윤리[궁민늄리]</u>가 가장 어려운 과목이었다.

09 다음 〈보기〉의 대화 상황에서 높임 표현이 적절하지 <u>않은</u> 것은?

〈보기〉

나는 오늘 어머니와 병원을 방문했다. 혹시 몰라 진료실에 들어가기 전 어머니께 당부의 말을 꺼냈다.

나 : ㉠ 어머니! 의사 선생님께 편찮으신 곳을 상세하게 말씀드리세요.

어머니 : ㉡ 알았네. 내 걱정 말고 자네나 잘하게.

간호사 : ㉢ 손님! 1번 진료실로 들어가실게요.

의사 : ㉣ 어머님은 전체적으로 볼 때 어디가 가장 불편하신가요?

나 : ㉤ 어머니께서는 어제 종일 구토를 하시고 잠을 잘 못 주무셨습니다. 배탈이 심한 것 같습니다.

① ㉠　　　　　　　　　　② ㉡

③ ㉢　　　　　　　　　　④ ㉣

⑤ ㉤

10 다음을 참고할 때, 객체높임법이 사용된 문장은?

> 우리말의 높임법에는 상대높임법, 주체높임법, 객체높임법이 있다. 상대높임법은 화자가 청자를 높이거나 낮추는 표현이다. 상대높임법에는 합쇼체, 하오체, 하게체, 해라체 등의 격식체와 해요체, 해체 등의 비격식체가 있다. 주체높임법은 서술상의 주체가 화자보다 나이가 많거나 사회적 지위가 높을 때 서술의 주체를 높이는 표현이다. 객체높임법은 목적어나 부사어가 지시하는 대상, 즉 서술의 객체를 높이는 표현이다.

① 할아버지, 어머니가 왔습니다.

② 우리 할머니 피부는 참, 고우시다.

③ 어서 오십시오! 회장님께서 기다리고 계십니다.

④ 아버님 뵌 지도 오래되었는데, 안부 전화나 드려야겠어요.

⑤ 재활용이 가능한 쓰레기는 꼭 분리수거해 주시기 바랍니다.

11 다음 글을 읽고 중심내용으로 가장 옳은 것?

> 옛날에는 외국 오랑캐로서 중국에 자제를 보내어 입학시킨 자가 매우 많았다. 근세에도 유구(琉球) 사람들은 중국의 태학(太學)에 들어가서 10년 동안 전문적으로 새로운 문물과 기예를 배웠으며, 일본은 강소성(江蘇省)과 절강성(浙江省)을 왕래하면서 온갖 공장이들의 섬세하고 교묘한 기술을 배워 가기를 힘썼다.
>
> 이 때문에 유구와 일본은 바다의 한복판인 먼 지역에 위치해 있으면서도 그 기능이 중국과 대등하게 되었다. 그리하여 백성은 부유하고 군대는 강하여 이웃 나라가 감히 침범하지 못하게 되었으니, 나티니는 효과가 이처럼 뚜렷하다.
>
> 마침 지금은 중국의 규칙이 탁 트여서 좁지 않은데, 이런 기회를 놓쳐 버리고 도모하지 않았다가 만일 하루아침에 소식과 같은 자가 나와서 중화(中華)와 이적(夷狄)의 한계를 엄격히 하여 금지하는 명령을 내리도록 건의한다면, 비록 예물을 가지고 폐백을 받들어 그 기술의 찌꺼기나마 배우려 하더라도 어찌 뜻을 이룰 수 있겠는가.
>
> 정약용 –『기예론(技藝論)』

① 유구와 일본을 배우자.

② 중국 문화를 적극적으로 수용하자.

③ 문물과 기예를 숭상하는 문화를 세우자.

④ 중국 문화를 수용하기 위해 예를 갖추자.

⑤ 유구와 일본을 통해 중국 문화를 수용하자.

12 다음 글을 발표할 때 발표자가 주의를 기울여야 할 사항으로 옳지 <u>않은</u> 것은?

> 지금부터 지난 수 년 동안 진행된 '21세기 세종 계획'에 대한 연구 결과에 대해서 말씀드리도록 하겠습니다. 이번 프로젝트는 정부의 대규모 지원 아래 국어학과 국문학 연구와 관련된 학회, 대학의 연구소, 연구원 및 대학원생에 이르기까지 엄청난 인원이 참여한 대규모 사업이었습니다. 참여 인원이 대규모인 만큼 연구 분야 또한 대단히 포괄적인데 그 중에서 저는 말뭉치, 즉 코퍼스 관련 사업에 대해서 설명을 드리도록 하겠습니다. 일반적으로 말뭉치라고 하면 다양한 언어 자료를 전산화하여 축적한 것을 말합니다. 이러한 말뭉치는 유형에 따라 텍스트 말뭉치, 음성 말뭉치, 영상 말뭉치로 크게 분류할 수 있습니다.

① 정보를 청중에게 충분히 이해시킬 수 있는가?

② 발표시간을 잘 분배하여 이야기를 전달하는가?

③ 쾌활한 인상으로 성의를 가지고 말하고 있는가?

④ 청중에게 도움이 되는 새로운 정보를 제공하고 있는가?

⑤ 청중의 반응에 따라서 자신의 생각을 바꿀 준비가 되어 있는가?

[13~14] 다음 글을 읽고 물음에 답하시오.

(가) 자연은 인간 사이의 갈등을 이용하여 인간의 모든 소질을 계발하도록 한다. 사회의 질서는 이 갈등을 통해 이루어진다. 이 갈등은 인간의 반사회적 사회성 때문에 초래된다. 반사회적 사회성이란 한편으로는 사회를 분열시키려고 끊임없이 위협하고 반항하면서도, 다른 한편으로는 사회를 이루어 살려는 인간의 성향을 말한다. 이러한 성향은 분명 인간의 본성 가운데 하나다.

(나) 인간은 사회 속에서만 자신을 더 나은 존재로 느낄 수 있기 때문에 자신을 사회화하고자 한다. 인간은 사회 속에서만 자신의 자연적 소질을 실현할 수 있는 것이다. 그러나 인간은 자신을 개별화하거나 고립시키려는 강한 성향도 있다. 이는 자신의 의도에 따라서만 행위 하려는 반사회적인 특성을 의미한다. 그리고 저항하려는 성향이 자신뿐만 아니라 다른 사람에게도 있다는 사실을 알기 때문에, 그 자신도 곳곳에서 저항에 부딪히게 되리라 예상한다.

(다) 이러한 저항을 통하여 인간은 모든 능력을 일깨우고, 나태해지려는 성향을 극복하며, 명예욕이나 지배욕, 소유욕 등에 따라 행동하게 된다. 그리하여 동시대인들 가운데에서 자신의 위치를 확보하게 된다. 이렇게 하여 인간은 야만의 상태에서 벗어나 문화를 이룩하기 위한 진정한 진보의 첫걸음을 내딛게 된다. 이때부터 모든 능력이 점차 계발되고 아름다움을 판정하는 능력도 형성된다. 나아가 자연적 소질에 의해 도덕성을 어렴풋하게 느끼기만 하던 상태에서 벗어나, 지속적인 계몽을 통하여 구체적인 실천 원리를 명료하게 인식할 수 있는 성숙한 단계로 접어든다. 그 결과 자연적인 감정을 기반으로 결합된 사회를 도덕적인 전체로 바꿀 수 있는 사유 방식이 확립된다.

(라) 인간에게 이러한 반사회성이 없다면, 인간의 모든 재능은 꽃피지 못한 채 만족감과 사랑으로 가득
찬 목가적인 삶 속에 영원히 묻혀버리고 말 것이다. 그리고 양처럼 선량한 기질의 사람들은 가축 이
상의 가치를 자신의 삶에 부여하지 못할 것이다. 자연상태에 머물지 않고 스스로의 목적을 성취하
기 위해 자연적 소질을 계발하여 창조의 공백을 메울 때, 인간의 가치는 상승되기 때문이다.

(마) 불화와 시기와 경쟁을 일삼는 허영심, 막힐 줄 모르는 소유욕과 지배욕을 있게 한 자연에 감사하라!
인간은 조화를 원한다. 그러나 자연은 불화를 원한다. 자연은 무엇이 인간을 위해 좋은 것인지 더
잘알고 있기 때문이다. 인간은 안락하고 만족스럽게 살고자 한다. 그러나 자연은 인간이 나태와 수
동적인 만족감으로부터 벗어나 노동과 고난 속으로 돌진하기를 원한다. 그렇게 함으로써 자연은 인
간이 노동과 고난으로부터 현명하게 벗어날 수 있는 방법을 발견하게 한다.

13 (가)~(마)에 관한 설명으로 적절하지 <u>않은</u> 것은?

① (가) : 논지와 주요 개념을 제시한다.

② (나) : 제시된 개념을 부연하여 설명한다.

③ (다) : 논지를 확대하고 심화한다.

④ (라) : 다른 각도에서 논지를 강화한다.

⑤ (마) : 새로운 문제를 제기하면서 논의를 마무리한다.

14 윗글에 제시된 '진보'의 과정을 아래와 같이 정리할 때, [A]에 들어갈 내용으로 적절한 것은?

> 반사회성은 개인들 사이의 갈등을 낳는다.
> ↓
> [A]
> ↓
> 지속적인 계몽을 거친다.
> ↓
> 도덕적 사회로 나아갈 수 있는 성숙한 사유 방식이 확립된다.

① 갈등을 극복하여 사회를 이룬다.

② 갈등을 극복할 도덕적 실천 원리를 인식한다.

③ 갈등의 과정 속에서 자연적 소질이 계발된다.

④ 갈등을 계기로 조화롭고 목가적인 삶에 이른다.

⑤ 갈등을 악화시킬 수 있도록 사회성을 계발한다.

15 다음 글의 내용상 밑줄 친 부분에 올 문장으로 가장 적절한 것은?

> __________________________ 이런 차이는 서로 다른 기후에 오랫동안 노출됨으로써 형성되었다고 설명할 수 있다. 유인원이 몸에서 털을 잃어버려 자외선에 무방비로 노출되자, 직접 내리쬐는 햇빛에 견디기 위해 그들의 흰 속살은 멜라닌으로 보호되는 검은 피부로 변하게 되었다. 아프리카를 떠난 인류의 조상들 중 일부가 열사량이 적은 유럽으로 이동하면서 그들의 피부가 다시 희게 변했다. 뼈를 만드는 데 관여하는 중요 물질인 비타민 D를 생성하려면 자외선이 필요하므로 이를 더 받아들이기 위해 피부색이 밝게 바뀌었던 것이다.

① 인간은 빠른 변화에 적응하는 것이 경쟁력이다.

② 인종 간의 차이에 대한 연구는 17세기에 시작되었다.

③ 인간의 지적능력, 외모 등은 유전자에 의해 결정된다.

④ 인종의 여러 차이점 가운데 가장 두드러진 것은 피부색이다.

⑤ 생물 개개 형질의 유용성은 생존 또는 번식의 문제와 관련된다.

16 다음 글을 읽고 중심내용으로 옳은 것은?

> 원형 감옥은 원래 영국의 철학자이자 사회 개혁가인 제레미 벤담(Jeremy Bentham)의 유토피아적인 열망에 의해 구상된 것으로 알려져 있다. 벤담은 지금의 인식과는 달리 원형 감옥이 사회 개혁을 가능케 해주는 가장 효율적인 수단이 될 수 있다고 생각했지만, 결국 받아들여지지 않았다. 사회 문화적으로 원형 감옥은 그 당시 유행했던 '사회 물리학'의 한 예로 간주될 수 있다.
>
> 원형 감옥은 중앙에 감시하는 방이 있고, 그 주위에 개별 감방들이 있는 원형 건물이다. 각 방에 있는 죄수들은 간수 또는 감시자의 관찰에 노출되지만, 죄수는 감시하는 사람들을 볼 수가 없다. 이는 정교하게 고안된 조명과 목재 블라인드에 의해 가능하다. 보이지 않는 사람들에 의해 감시되고 있다는 생각 자체가 지속적인 통제를 가능케 해준다. 즉 감시하는지 안 하는지 모르기 때문에 항상 감시당하고 있다고 생각해야 하는 것이다. 따라서 죄수들은 모든 규칙을 스스로 지키지 않을 수 없게 된다.

① 원형 감옥은 시선의 불균형을 확인시켜 주는 장치이다.

② 원형 감옥은 타자와 자신, 양자에 의한 이중 통제 장치이다.

③ 원형 감옥의 원리는 감옥 이외에 다른 사회 부문에 적용될 수 있다.

④ 원형 감옥은 관찰자를 전지전능한 신의 위치로 격상시키는 세속적 힘을 부여한다.

⑤ 원형 감옥은 피관찰자가 느끼는 불확실성을 수단으로 활용해 피관찰자를 복종하도록 한다.

17 다음 글에서 추론할 수 있는 내용으로 옳은 것은?

> 서로 공유하고 있는 이익의 영역이 확대되면 적국을 뚜렷이 가려내기가 어려워진다. 고도로 상호 작용하는 세계에서 한 국가의 적국은 동시에 그 국가의 협력국이 되기도 한다. 한 예로 소련 정부는 미국을 적국으로 다루는 데 있어서 양면성을 보였다. 그 이유는 소련이 미국을 무역 협력국이자 첨단 기술의 원천으로 필요로 했기 때문이다.
>
> 만일 중복되는 국가 이익의 영역이 계속 증가하게 되면 결국에 한 국가의 이익과 다른 국가의 이익이 같아질까? 그건 아니다. 고도로 상호 작용하는 세계에서 이익과 이익의 충돌은 사라지는 것이 아니라, 단지 수정되고 변형될 뿐이다. 이익이 자연스럽게 조화되는 일은 상호 의존과 진보된 기술로부터 나오지는 않을 것이다. 상호 작용 또는 기술 연속체를 한없이 따라가는 것만으로는 유토피아를 발견할 수 없다. 공유된 이익의 영역이 확장될 수는 있겠지만, 가치와 우선순위의 차이와 중요한 상황적 차이 때문에 이익 갈등은 계속 존재하게 될 것이다.

① 주요 국가들 간의 상호 의존적 국가 이익은 미래에 빠른 속도로 증가할 것이다.

② 국가 간에 공유된 이익의 확장은 이익 갈등을 변화시키기는 하지만 완전히 소멸시키지는 못한다.

③ 국가 이익은 기술적 진보의 차이와 상호 작용의 한계를 고려할 때 궁극적으로는 실현 불가능할 것이다.

④ 세계 경제가 발전해 가면서 더 많은 상호 작용이 이루어지고 기술이 발전함에 따라 국가 이익들은 자연스럽게 조화된다.

⑤ 국가 이익이 보다 광범위하게 정의됨에 따라, 한 국가의 이익은 점차 다른 국가들이 넓혀 놓았던 이익과 충돌하게 될 것이다.

18 다음 글의 빈칸에 들어갈 접속사로 가장 적절한 것은?

> 음악에서 연주라는 개념이 본격적으로 의미를 갖게 된 것은 18세기부터이다. 이 시기의 연주는 작곡자가 음악을 통해 전달하고자 의도했던 감정을 청중에게 정확히 전달하는 것으로 이해되었다. (㉠) 연주자는 자신의 생각이나 주관을 드러내기 보다는 음악 작품이 지닌 감정을 청중에게 정확히 전달하는 역할을 했다. (㉡) 연주란 연주자가 소리를 통해 악보를 객관적으로 표현하는 작업을 의미했으며, 청중들은 연주를 통해 작곡자가 제시한 감정을 감상하였던 것이다. (㉢) 이러한 연주의 개념은 19세기에 들어 바뀌게 된다.

	㉠	㉡	㉢
①	따라서	다시 말해	하지만
②	또한	그래서	요컨대
③	그리고	하지만	그렇지만

④ 그래서   요컨대   그리고
⑤ 그런데   또한   그러나

19 이 글에서 ㉠, ㉡에 대한 설명으로 적절하지 <u>않은</u> 것은?

일반적으로 기억은 인간의 도덕적 판단이나 행동, 자아의 정체성을 확립하는 데 필수적이라는 점에서 긍정적으로 인식되지만 반복은 부정적인 의미를 지니기 마련이다. 다시 말해 인간은 기억을 통해 자신의 잘못된 행동을 반성하고 이를 반복하지 않도록 노력함으로써 도덕적인 행동을 할 수 있으며 이를 통해 도덕적으로 진보할 수 있는 가능성을 지니게 된 것이다.

그러나 기억과 반복에 관련된 이와 같은 통념은 최근 들어 변화하기 시작했다. 과거를 재구성하는 기억에 대한 불신이 커지는 반면 반복의 긍정적 측면이 계속 부각되고 있기 때문이다. 인간의 기억은 컴퓨터처럼 과거 경험을 그대로 불러내어 재현하는 것이 아니라 오히려 과거의 경험을 의도적으로 재구성하고 왜곡하여 허구적으로 구성해 내는 것이라는 생각이 점차 설득력을 얻고 있는 것이다. 즉, 우리의 기억이란 우리가 기억해야 할 것만을 기억하는 것이며 잊고 싶은 ㉠ 경험들은 기억의 저편으로 몰아내 버림으로써 자신의 소망과 기대, 선입견을 중심으로 가공된 ㉡ 기억이 현재의 기억이 된다는 것이다.

이처럼 과거의 경험을 재구성해 내는 기억의 기능은 있는 그대로 재현하는 것이 아니라는 점에서 그 중요성에 대한 회의가 강화되고 있는 반면 반복의 의미는 새롭게 평가되고 있다. 이전까지 반복이 동일한 것의 되풀이를 의미했다면 오늘날의 반복은 재현이나 되풀이를 의미하는 것이 아니다. 복고의 경우 그것은 단지 과거의 모습을 복원하는 것이 아니라 이를 패러디하거나 유희적으로 다루는 방식을 취하고 있는데 이는 복고라 하더라도 과거의 모습이 단순히 있는 그대로 재현되는 것은 아니기 때문이다. 이러한 의미에서 반복은 이전과는 전혀 다른 의미로 다가올 수밖에 없다.

① ㉠은 과거에 분명히 존재하였던 객관적 사실이다.
② ㉡은 ㉠을 바탕으로 한다.
③ ㉠만 있다고 해서 ㉡이 구성되는 것은 아니다.
④ ㉡은 진리를 판단하는 규범이 된다.
⑤ ㉡은 경우에 따라 왜곡되기도 한다.

20 다음 글에 나타난 석가탑에 대한 설명으로 옳은 것은?

> 경주 불국사 석가탑은 석조 예술품이면서도 기둥과 지붕 모양을 갖추어 목탑의 외관을 보여 준다. 또한 수십 개의 석재들이 정교하게 하나의 구조물로 짜 맞추어져 있어 정치(精緻)한 아름다움을 보인다. 그리하여 석가탑은 구조적인 면에서 우리나라 석탑 양식의 정형으로 인정받고 있으며, 그 완성도가 높아 이후 세워진 석탑들의 표본이 되고 있다.
>
> 석가탑은 기단부, 탑신부, 상륜부의 세 부분으로 구성되어 있다. 기단부의 하층은 낮지만 넓게, 상층은 다소 좁지만 높게 구성되어서 안정감을 준다. 한편 상층 기단 괴임의 하단 모서리는 둥글게, 상단 모서리는 각지게 변화를 주어 율동감을 느끼게 한다.
>
> 탑신부는 3층으로, 각 층은 탑신과 옥개로 구성되어 있다. 탑신과 옥개는 상층으로 올라가면서 폭과 높이가 줄어들도록 만들어져 있어 전체적으로 균제미(均齊美)가 드러난다. 특히 1층과 2층 탑신 높이의 비례는 3 : 1로 시각적인 안정감을 준다. 또 살며시 추켜올려진 옥개의 전각은 직선 중심의 강한 외관을 반전시키고, 전체 이미지에 유려함과 경쾌함을 더한다.
>
> 상륜부는 원래의 것이 남아 있지 않다. 현재의 상륜부는 신라 시대에 제작된 다른 석탑의 것을 본떠 근래에 새롭게 만든 것인데, 연꽃 모양으로 장식된 석재들이 쌓아올려진 형태는 상승감을 자아낸다.
>
> 석가탑은 화려함을 절제하여 전체적인 조형미가 더 잘 드러나도록 만들어진 걸작이다. 석가탑이 가지는 이러한 아름다움을 통해 옛사람들의 뛰어난 안목과 미감, 그리고 세련된 기교와 견실한 힘을 느낄 수 있다.

① 기단부는 하층보다 상층에서 폭과 높이를 줄여 균형이 잘 맞는다.

② 탑신부 옥개 전각의 직선적 조형은 유려함과 경쾌함이 돋보인다.

③ 상륜부는 근래에 제작된 것으로, 현대적인 상승감이 잘 드러난다.

④ 석재들을 목조의 형식으로 정교하게 짜맞추어 구조물의 완성도가 높다.

⑤ 균제미와 함께 직선적 미감에 곡선미를 가미하는 등 세련된 아름다움을 보여순다.

21 다음 글을 읽고 내용과 일치하지 <u>않는</u> 것은?

> 관리자의 역할 중에 가장 중요한 덕목은 공과 사를 구분하는 것이다. 일반 직원과 개인적으로 어울릴 때는 격의 없이 친하게 지내야 하지만, 직원이 실수를 한 경우에는 나무라거나 충고를 할 줄도 알아야 한다. 직원에게 주의를 줄 때에는 진심을 담아 말하는 것과 사실을 중심으로 얘기하는 것이 중요하다. 사실을 얘기할 때 자료를 제시하는 것도 좋은 방법이다. 야단을 치게 된 경위를 알기 쉽게 설명하면서 '왜' 그렇게 되었는지를 생각하게 한다. 그러나 그 직원의 성격을 개입시킨다면 굉장히 난감해할 뿐만 아니라 반발이 생길수도 있다. 또한 일방적인 얘기보다 상대방에게 질문을 하면서 당사자에게 설명할 기회를 주는 것도 좋다. 질문할 때 과도하게 몰아세우거나 다른 직원과 비교하는 것은 옳은 방법이 아니다. 이 모든 것을 가능한 짧은 시간에 끝내고 마지막에 직원에게 용기가 될 수 있는 한마디를 하는 것도 잊지 말아야 한다.

① 직원을 나무랄 때 끝에 가서는 용기를 북돋워주는 말을 해주는 것이 좋다.

② 관리자는 사적인 인간관계와 공적인 업무를 구분하여 처리할 수 있어야한다.

③ 관리자로서 잘못을 지적할 때는 사실에 입각해서 정확한 의사를 전달해야한다.

④ 직원을 나무랄 때 그가 변명이나 앞으로의 계획을 말할 수 있는 기회를 주는 것이 좋다.

⑤ 직원을 꾸짖을 때 그의 성격 때문에 일이 그릇될 수 있음을 반드시 알려주는 것이 좋다.

[22~23] 다음 글을 읽고 물음에 답하시오.

'본질'이 존재론적 개념이라면 거기에 언어적으로 상관하는 것은 '정의'이다. 그런데 어떤 대상에 대해서 완벽하고 정확한 정의를 내리기 어렵다는 사실은 반(反)본질주의의 주장에 힘을 실어 준다. 사람을 예로 들어 보자. 이성적 동물은 사람에 대한 정의로 널리 알려져 있다. 그러면 이성적이지 않은 갓난아이나, 이성제어의 어려움을 겪는 사람을 사람의 본질에 반례로 제시할 수 있다.

본질주의는 사람뿐만 아니라 자유나 지식 등의 본질을 찾는 시도를 계속해왔지만, 대부분의 경우 아직까지 본질적인 것을 명확히 찾는 데 성공하지 못했다. 그래서 숨겨진 본질을 밝히려는 철학적 탐구는 실제로는 부질없는 일이라고 반본질주의로부터 비판을 받는다. 우리가 본질을 명확히 찾지 못하는 까닭은 우리의 무지 때문이 아니라 그런 본질이 있다는 잘못된 가정에서 출발했기 때문이라는 것이다. 사물의 본질이라는 것은 단지 인간의 가치가 투영된 것에 지나지 않는다는 것이 반본질주의의 주장이다.

22 위 글에 포함된 진술 방식으로 적절하지 <u>않은</u> 것은?

① 예시 　　　　　　　② 묘사

③ 대조 　　　　　　　④ 정의

⑤ 열거

23 다음 중 '반본질주의'에 해당하는 것은?

① 인간이 밝히지 못한 숨겨진 본질이 있다.

② 사람의 본질이 무엇인지를 규명할 수 있다.

③ 어떤 대상이든 정확한 정의를 내릴 수 있다.

④ 자유나 지식은 인간의 가치가 투영된 산물이다.

⑤ 어떤 대상이든지 다름 대상과 구분되는 불변의 고유성이 있다.

24 다음을 논리적 순서로 배열한 것은?

> (가) 그 덕분에 인류의 문명은 발달될 수 있었다.
> (나) 그 대신 사람들은 잠을 빼앗겼고 생물들은 생체 리듬을 잃었다.
> (다) 인간은 오랜 세월 태양의 움직임에 따라 신체 조건을 맞추어 왔다.
> (라) 그러나 밤에도 빛을 이용해 보겠다는 욕구가 관솔불, 등잔불, 전등을 만들어 냈고, 이에 따라 밤에 이루어지는 인간의 활동이 점점 많아졌다.

① (가) − (나) − (다) − (라) 　② (나) − (가) − (라) − (다)
③ (다) − (라) − (가) − (나) 　④ (다) − (나) − (라) − (가)
⑤ (라) − (다) − (나) − (가)

25 다음에 제시된 문장을 글의 논리적 순서에 따라 바르게 배열한 것은?

> (가) 적응의 과정은 북쪽의 문헌이나 신문을 본다든지 텔레비전, 라디오를 시청함으로써 이루어질 수 있는 극복의 원초적인 단계이다. 선택은 전문 학자들의 손을 거쳐 이루어질 수도 있지만, 장기적으로는 대중의 손에 맡기는 것이 최상의 길이다.
> (나) 이질성의 극복을 위해서는 이질화의 원인을 밝히고 이를 바탕으로 해서 그것을 극복하는 단계로 나아가야 한다. 극복의 문제도 단계를 밟아야 한다. 일차적으로는 적응의 과정이 필요하고, 다음으로는 선택의 절차를 밟아야 한다.
> (다) 남북의 언어가 이질화되었다고 하지만 사실은 그 분화의 연대가 아직 반세기에도 미치지 않았고 맞춤법과 같은 표기법은 원래 하나의 뿌리에서 갈라진 만큼 우리의 노력 여하에 따라서는 동질성의 회복이 생각 밖으로 쉬워질 수 있다.
> (라) 문제는 어휘의 이질화를 어떻게 극복할 것인가에 귀착된다. 우리가 먼저 밟아야 할 절차는 이질성과 동질성을 확인하는 일이다. 이러한 작업은 언어·문자뿐만 아니라 모든 분야에 해당한다. 동질성이 많이 확인되면 통합이 그만큼 쉽고 이질성이 많으면 통합이 어렵다.

① (가) − (다) − (라) − (나) 　② (나) − (가) − (다) − (라)
③ (다) − (라) − (나) − (가) 　④ (라) − (나) − (다) − (가)
⑤ (라) − (다) − (나) − (가)

01 현재 어머니와 딸의 나이를 합하면 64세이다. 8년 전에 어머니의 나이가 딸 나이의 3배였다고 하면, 현재 딸의 나이는 몇 세인가?

① 14세　　　　② 16세　　　　③ 20세　　　　④ 24세

02 평균은 69, 중앙값은 83, 최빈값은 85인 자연수 5개가 있다. 가장 큰 수와 가장 작은 수의 차가 70일 때, 두 번째로 작은 수는?

① 77　　　　② 78　　　　③ 79　　　　④ 80

03 어느 직장인은 매일 출근 1시간 15분 전에 일어나 10분간 신문을 보고, 15분간 세수를 하며, 20분간 식사를 한 후 출근을 위해 집에서 나선다. 회사의 출근 시간이 오전 10시라면 집에서 출발한 시간의 시침과 분침의 각도는 얼마인가?

① 105°　　　　② 115°　　　　③ 125°　　　　④ 135°

04 갑, 을, 병, 정, 무는 흰색, 분홍색, 노란색, 파란색, 검정색의 옷을 입고 있다. 다섯 명의 상의 색과 하의 색은 겹치지 않는다. 또한 각자가 입고 있는 상의와 하의의 색도 겹치지 않는다면 정이 입고 있는 하의 색은 무엇인가?

- 병은 분홍색 상의와 흰색 하의를 입고 있다.
- 갑의 상의 색과 병의 하의 색은 같다.
- 정은 파란색 상의를 입고 있으며, 병의 옷 색과 겹치지 않는다.
- 무는 검정색 하의를 입고 있으며, 갑의 옷 색과 겹치지 않는다.
- 을은 검정색 상의를 입고 있으며, 정의 옷 색과 겹치지 않는다.

① 흰색　　　　② 분홍색　　　　③ 파란색　　　　④ 노란색

05 5%의 식염수 200g에 10%의 식염수 200g을 넣으면 몇 %의 식염수가 만들어지는가?

① 7%　　　　② 7.5%　　　　③ 8%　　　　④ 8.5%

06 어느 가게에서는 항상 상품들을 정상가격에서 20% 할인해서 판매하고, 세일 기간에는 할인가격에서 다시 30% 추가 할인을 해준다. 세일 기간에 이 가게에서는 물품을 정상가격에서 몇 $\%$ 할인하여 판매하는가?

① 28%　　　　② 30%　　　　③ 42%　　　　④ 44%

07 책을 한 권 복사하는 데 A 복사기는 12분, B 복사기는 8분이 걸린다. 처음 2분간은 A 복사기를 사용하고, 이후에 A와 B를 같이 사용한다면 총 복사 시간은 몇 분인가?

① 5분　　　　② 6분　　　　③ 7분　　　　④ 8분

08 A제품의 구매 후 보증기간 내에 A/S가 신청된 제품의 경우, 제품의 불량으로 인한 수리 신청은 30%이고 나머지는 사용주의 의무의 위반이나 관리상의 문제 등으로 인한 신청이라고 한다. 보증기간 내에 A/S가 신청된 10개의 제품에서 임의로 3개의 제품을 선택할 때, 적어도 1개가 제품의 불량일 확률을 구하면? (단, 선택한 제품은 다시 넣지 않는다고 가정한다.)

① $\dfrac{7}{24}$　　　　② $\dfrac{3}{10}$　　　　③ $\dfrac{3}{8}$　　　　④ $\dfrac{17}{24}$

09 다음은 주요 국가들의 연구개발 활동을 정리한 자료이다. 이를 바탕으로 할 때, 일본의 노동인구 500명당 연구원 수는?

주요 국가들이 연구개발 활동 현황

국가명	절대적 투입규모		상대적 투입규모		산출규모	
	총 R&D 비용 (백만 달러)	연구원 수 (명)	GDP대비 총 R&D 비용(%)	노동인구 천 명당 연구원 수(명)	특허 등록 수(건)	논문 수(편)
독일	46,405	516,331	2.43	13.0	51,685	63,847
미국	165,898	962,700	2.64	7.4	147,520	252,623
스웨덴	4,984	56,627	3.27	13.1	18,482	14,446
아이슬란드	663	1,363	1.33	9.5	35	312
아일랜드	609	7,837	1.77	5.6	7,088	2,549
영국	20,307	270,000	2.15	9.5	43,181	67,774

일본	123,283	832,873	2.68	8.0	141,448	67,004
프랑스	30,675	314,170	2.45	12.5	46,213	46,279
한국	7,666	98,764	2.22	7.3	52,900	9,555

① 2명　　　　② 4명　　　　③ 6명　　　　④ 8명

10 다음 표는 영농형태별 가구원 1인당 경지면적을 나타낸 것이다. 2025년 가구원 1인당 경지면적이 가장 큰 영농형태는?

영농형태별 가구원 1인당 경지면적

(단위 : m^2)

영농형태 \ 연도	2023년	2024년	2025년
논벼	8,562.104	8,708.261	8,697.995
과수	6,627.331	6,534.766	6,072.403
채소	5,098.830	5,934.209	5,445.083
특용작물	8,280.670	7,849.730	10,528.868
화훼	3,061.984	3,674.943	3,428.802
일반밭작물	8,808.634	8,982.871	8,805.360
축산	4,536.157	4,519.100	5,008.592
기타	6,314.491	6,093.295	6,596.595

① 논벼　　　　② 채소　　　　③ 축산　　　　④ 특용작물

11 다음은 공인중개사 A의 중개수수료 요율표이다. 을이 병에게 주택을 임대해주며 9,500만 원의 전세금을 받았다면 A가 을로부터 받을 수 있는 수수료는 최대 얼마인가?

종별	거래가액	수수료율	한도액
매매·교환	5,000만 원 미만	거래가액의 0.6% 이내	250,000원
	5,000만 원 이상 2억 원 미만	거래가액의 0.5% 이내	800,000원
	2억 원 이상 6억 원 미만	거래가액의 0.4% 이내	–
매매·교환 이외의 임대차 등	5,000만 원 미만	거래가액의 0.5% 이내	200,000원
	5,000만 원 이상 1억 원 미만	거래가액의 0.4% 이내	300,000원
	1억 원 이상 3억 원 미만	거래가액의 0.3% 이내	–

① 12만 원 ② 18만 원 ③ 22만 원 ④ 30만 원

12 다음은 중국, 인도, 파키스탄, 인도네시아에서 2010년과 2024년의 농촌 인구, 도시 인구를 나타낸 표이다. 이에 대한 해석으로 옳지 <u>않은</u> 것은?

(단위 : 백만 명)

나라 \ 인구	2010년		2024년	
	도시	농촌	도시	농촌
중국	410	868	752	744
인도	288	725	633	749
파키스탄	58	99	157	124
인도네시아	87	125	180	104

① 2010년에 중국 인구는 인도와 파키스탄 인구를 합한 것보다 많다.

② 2010년과 2024년 모두 파키스탄의 인구보다 인도네시아 인구가 많다.

③ 2010년과 2024년 모두 중국의 농촌 인구가 인도의 농촌 인구보다 많다.

④ 2010년 인도의 도시 인구는 2024년 파키스탄 혹은 인도네시아의 전체 인구보다 많다.

13 다음 자료는 도로 교통 현안에 대한 글을 쓰기 위해 수집한 자료이다. 이를 활용하여 이끌어 낸 내용으로 적절하지 <u>않은</u> 것은?

(가) 보도자료의 일부

　　도로 교통량의 증가와 자동차 과속으로 인해 야생동물이 교통사고로 죽는 일이 지속적으로 발생하고 있다. 이를 막기 위해 생태 통로를 건설하였으나, 동물의 행동 특성에 대한 고려가 부족해 기대만큼의 성과는 거두지 못하고 있다.

(나) 도로 교통 지표 추이

구분	2023년	2024년	2025년
도로 연장(km)	2,599	2,659	2,850
차량 대수(천 대)	12,914	14,586	15,396
교통 혼잡비용*(십억 원)	21,108	22,769	23,698

*교통 혼잡비용 : 교통 혼잡으로 인하여 추가로 발행하는 사회적 비용

(다) 자동차 배출 가스의 오염 물질 농도

〈1km 주행 시 일산화탄소(CO)의 농도〉

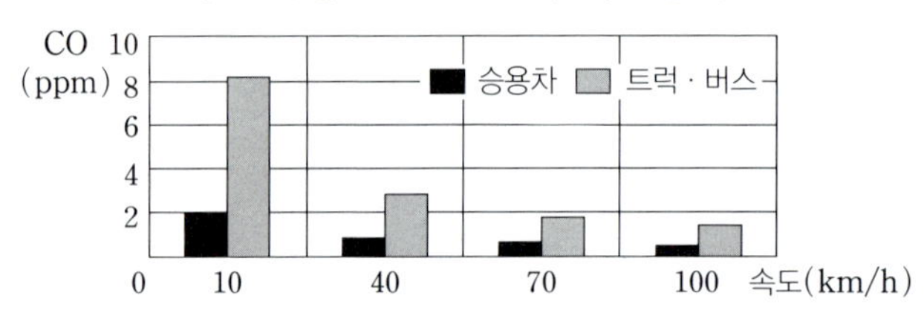

① (가)＋(나) : 교통 혼잡을 개선하기 위해 도로를 신설할 때에는 동물의 행동 특성을 고려한 생태 통로를 만들 필요가 있다.

② (가)＋(다) : 자동차 속도를 줄일수록 야생동물의 교통사고와 배출 가스의 오염물질 농도가 줄어든다.

③ (나)＋(다) : 교통 혼잡은 사회적 비용을 증가시킬 뿐 아니라 자동차 배출 가스의 오염 물질 농도를 증가시킨다.

④ (다) : 자동차의 배출 가스에 함유된 오염 물질의 양은 차량 종류 및 속도와 밀접하게 관련된다.

14 다음은 사원 여행지 결정을 위해 **60명**에게 설문을 한 결과이다. 이에 따라 2024년 자원 봉사를 선택한 사람의 수는 2023년에 비해 몇 % 증가했는가?

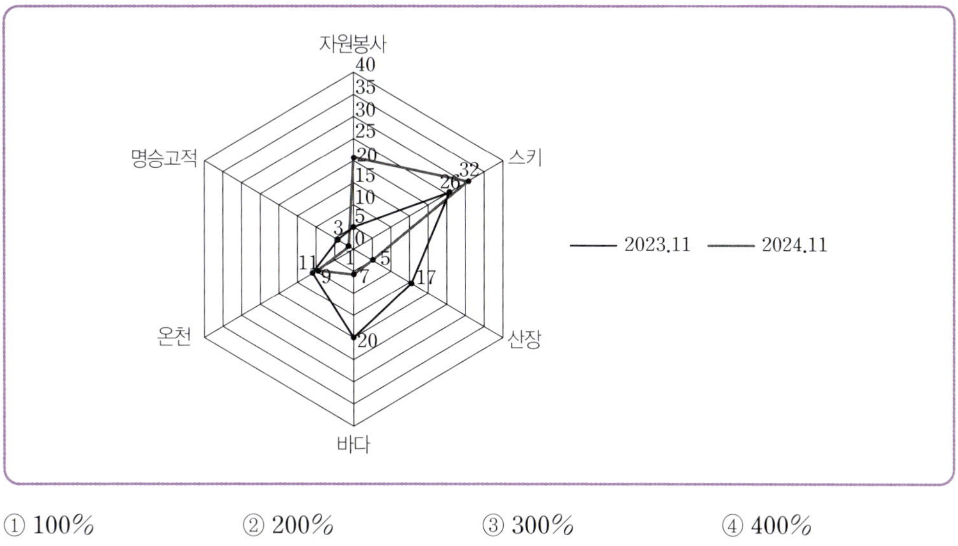

① 100%　　　② 200%　　　③ 300%　　　④ 400%

15 다음 〈표〉와 그림은 신·재생에너지 발전량과 비율을 나타낸 것이다. 2024년 신·재생에너지발전량비율은 전년대비 얼마나 증가했는가? (단, 소수점 셋째자리에서 반올림함)

〈표〉 신·재생에너지 발전량

(단위 : GWh, %)

구분	2018년	2019년	2020년	2021년	2022년	2023년	2024년
총발전량	474,660	501,527	532,191	543,098	546,249	560,974	561,586
신·재생에너지 발전량	5,890	17,346	19,346	21,438	26,882	37,079	40,656

※ 신·재생에너지발전량비율＝(신·재생에너지발전량÷총발전량)×100

신·재생에너지발전량비율

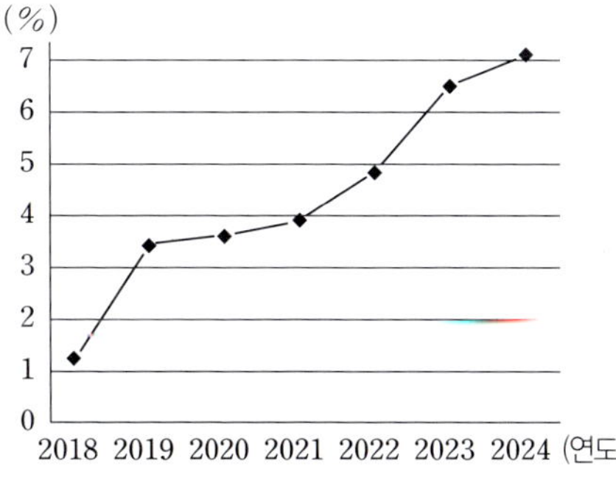

① 약 0.36% ② 약 0.45% ③ 약 0.54% ④ 약 0.63%

16 다음은 사건 A, B, C, D, E가 어떤 순서로 일어났는지 알아보기 위해 다음의 갑, 을, 병, 정 네 사람에게 조언을 구했다. 이 조언이 참이라면, 네 번째로 일어난 사건으로 가장 알맞은 것은?

> 갑 : "A는 B와 E(또는 E와 B) 사이에 일어났다."
> 을 : "C는 A와 D(또는 D와 A) 사이에 일어났다."
> 병 : "D가 가장 먼저 일어났다."
> 정 : "A와 C는 연이어 일어나지 않았다."

① A ② B ③ D ④ E

17 다음 표는 연령집단별 대통령 선거투표율을 나타낸 것이다. 이에 대한 설명으로 옳지 <u>않은</u> 것은?

대통령 선거투표율

(단위 : %)

구분	2002년	2007년	2012년	2017년
19세	—	54.2	74.0	77.7
20대	51.1	57.9	71.1	77.1
30대	64.3	51.3	67.7	74.3
40대	76.3	66.3	75.6	74.9
50대	83.7	76.6	82.0	78.6
60대 이상	78.7	76.3	80.9	84.1

※ 투표율＝(투표자수÷선거인수)×100
※ 2002년 당시에는 만 20세 이상이 선거권을 가지고 있었음

① 19세, 20대만 투표율이 계속해서 증가하고 있다.

② 선거투표율은 모든 연령층에서 과반수를 넘기고 있다.

③ 50대 2017년 투표율은 지난 선거 대비 3.4% 감소하였다.

④ 60대 이상 2012년 투표자는 지난 선거 대비 4.6천명 늘었다.

18 다음은 어느 대학의 금년도 응시자와 합격자 수를 나타낸 표이다. 가장 경쟁률이 높은 학과와 대략적인 경쟁률은?(단, 소수점 둘째자리에서 반올림함)

(단위 : 명)

구분	응시자 수	합격자 수
인문과학부	2,400	1,000
사회과학부	3,600	1,450
자연과학부	1,950	850
법학부	1,650	700

① 인문과학부, 1 : 2.4 ② 사회과학부, 1 : 2.5

③ 자연과학부, 1 : 2.6 ④ 법학부, 1 : 2.7

[19~20] 다음은 어떤 공장에서 생산되는 제품의 2025년 1분기 생산량을 나타낸 것이다. 이를 토대로 하여 다음 물음에 답하시오.

(단위 : 개)

구분	A제품 생산량	B제품 생산량
1월	4,200	2,600
2월	4,500	2,500
3월	5,000	2,800

19 A제품의 단가는 3,000원, B제품의 단가는 5,500원이라 할 때 이 공장의 2025년 1분기 총 생산액은 얼마인가?

① 8,325만 원 ② 8,455만 원 ③ 8,650만 원 ④ 8,750만 원

20 A제품과 B제품의 월별 생산액의 차가 가장 큰 달과 가장 작은 달을 바르게 짝지은 것은?(단, A제품의 단가는 3,000원, B제품의 단가는 5,500원이다.)

① 1월, 2월　　　　② 1월, 3월　　　　③ 3월, 1월　　　　④ 3월, 2월

공간능력 18문항 | 10분

[01~05] 다음 조건을 참고하여 제시된 입체도형의 전개도를 고르시오.

- 입체도형을 전개하여 전개도를 만들 때, 전개도에 표시된 그림(예 : ▮, ◣ 등)은 회전의 효과를 반영함. 즉, 본 문제의 풀이과정에서 보기의 전개도 상에 표시된 "▮"와 "▬"은 서로 다른 것으로 취급함.
- 단, 기호 및 문자(예 : ☎, ♧, ♨, K, H)의 회전에 의한 효과는 본 문제의 풀이과정에 반영하지 않음. 즉, 입체도형을 펼쳐 전개도를 만들었을 때에 "ꝺ"의 방향으로 나타나는 기호 및 문자도 보기에서는 "☎"방향으로 표시하며 동일한 것으로 취급함.

01

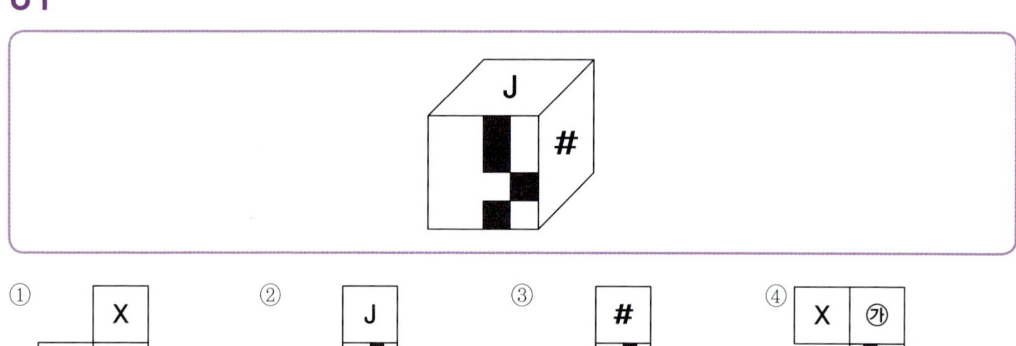

① 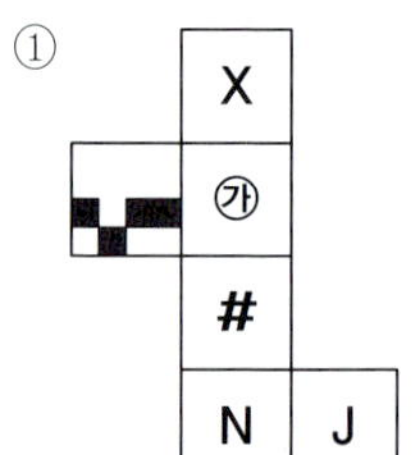　② 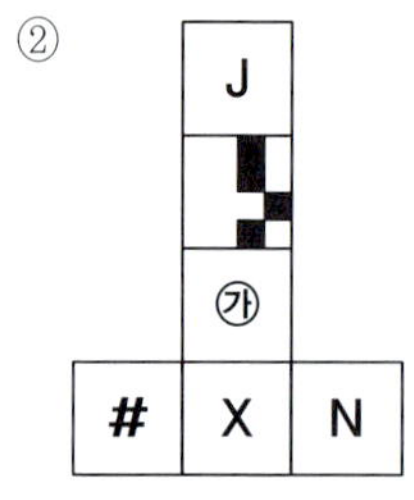　③ 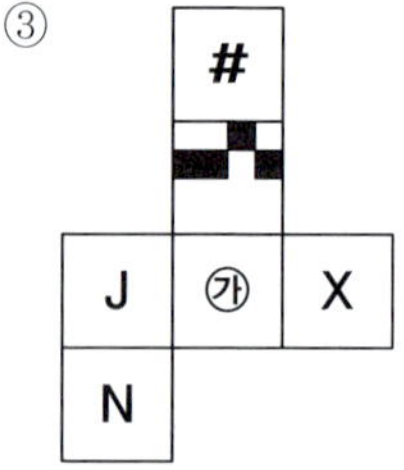　④ 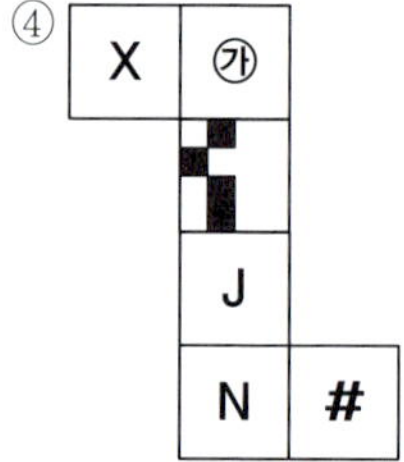

02

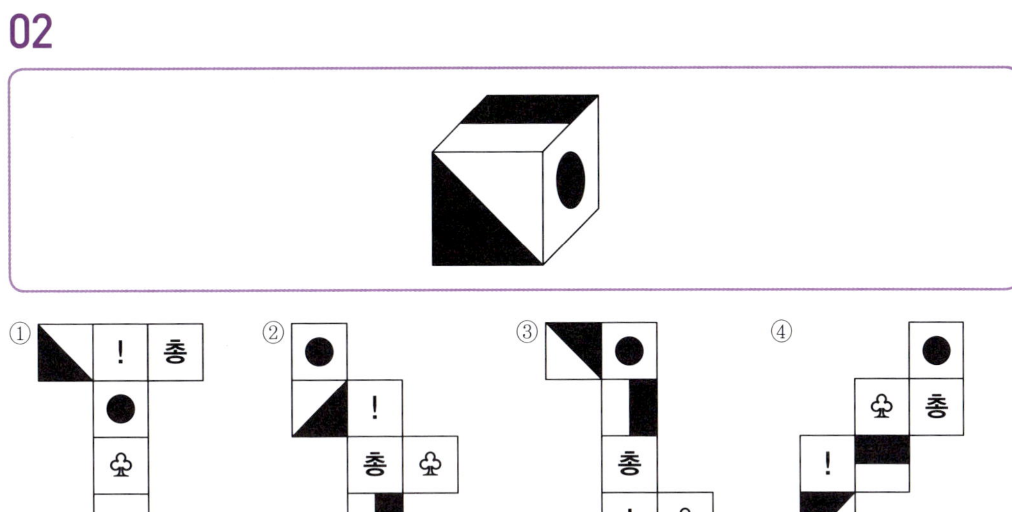

03

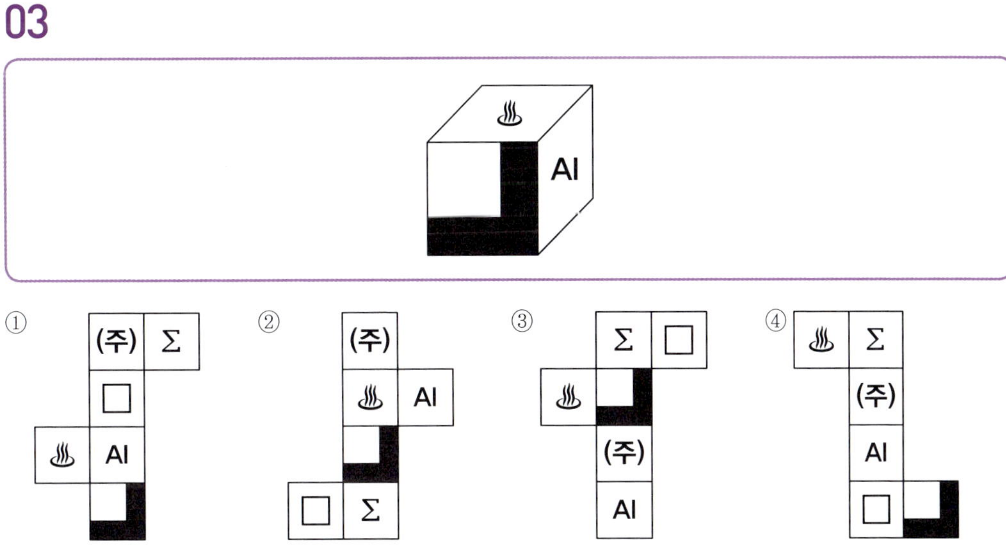

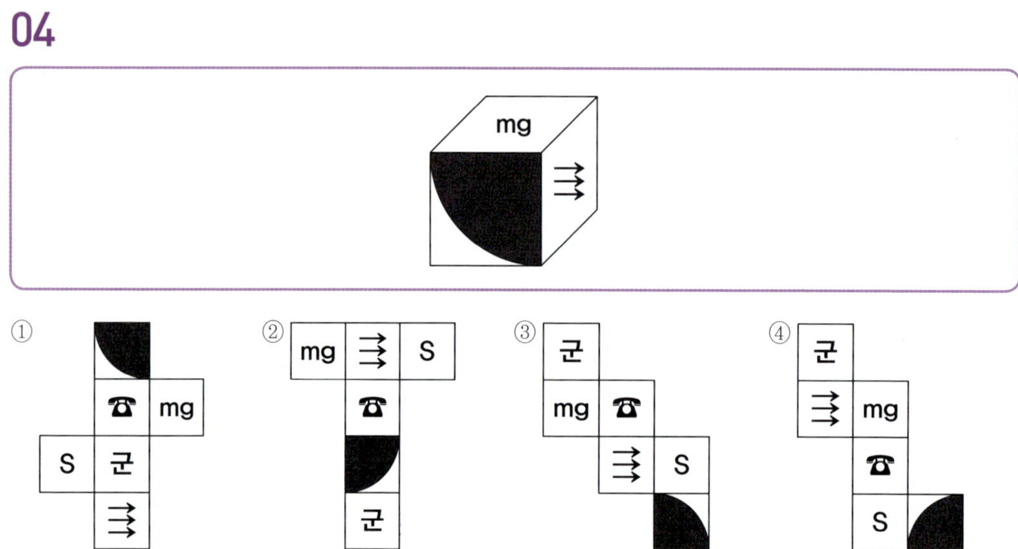

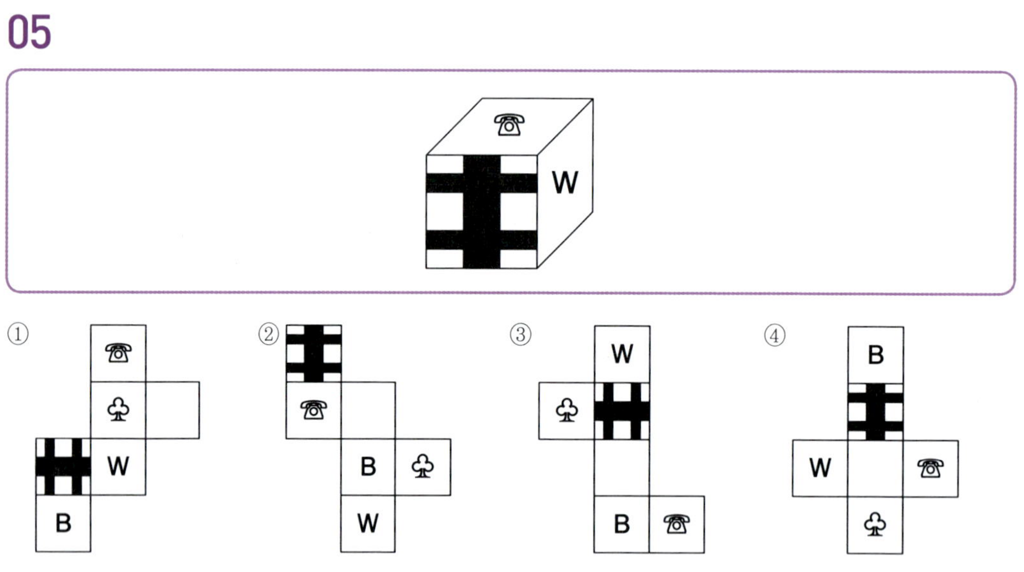

[06~10] 다음 조건을 참고하여 제시된 전개도의 입체도형을 고르시오.

- 입체도형을 전개하여 전개도를 만들 때, 전개도에 표시된 그림(예 : ▮, ◣ 등)은 회전의 효과를 반영함. 즉, 본 문제의 풀이과정에서 보기의 전개도 상에 표시된 "▮"와 "➖"은 서로 다른 것으로 취급함.
- 단, 기호 및 문자(예 : ☎, ♨, ♨, K, H)의 회전에 의한 효과는 본 문제의 풀이과정에 반영하지 않음. 즉, 입체도형을 펼쳐 전개도를 만들었을 때에 "☎"의 방향으로 나타나는 기호 및 문자도 보기에서는 "☎"방향으로 표시하며 동일한 것으로 취급함.

06

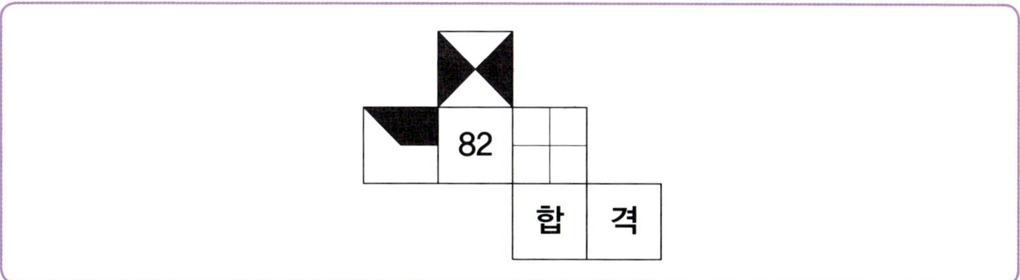

① 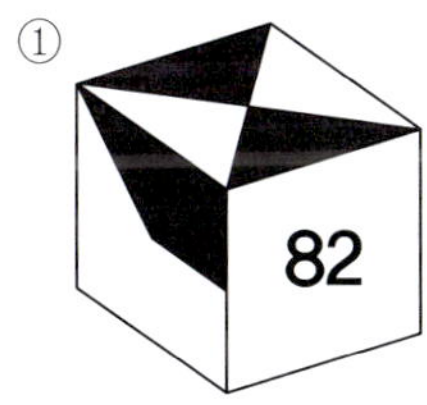　② 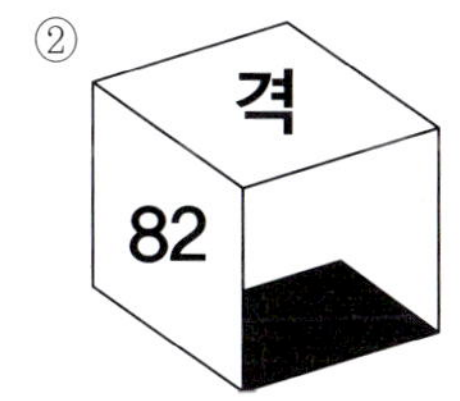　③ 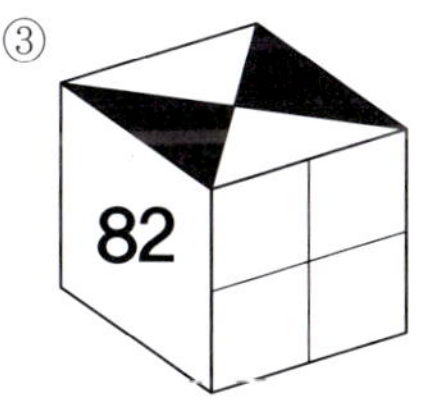　④ 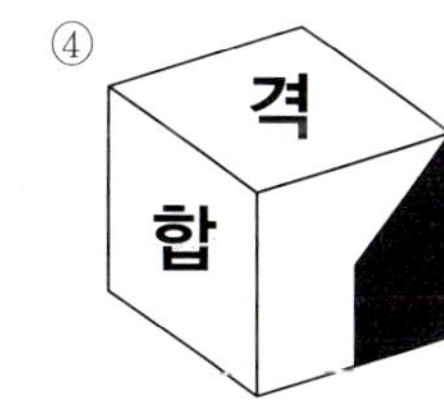

07

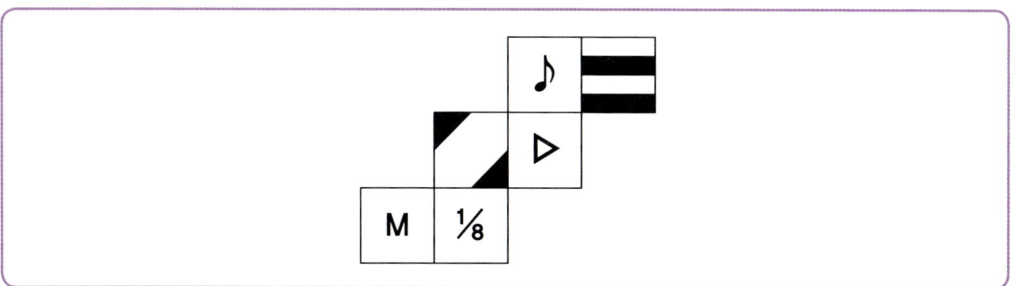

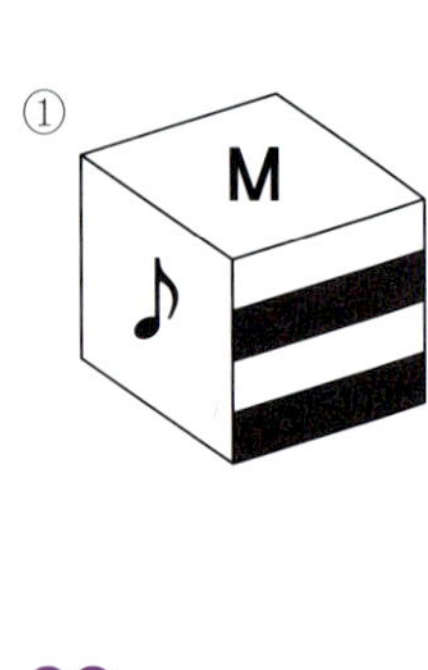 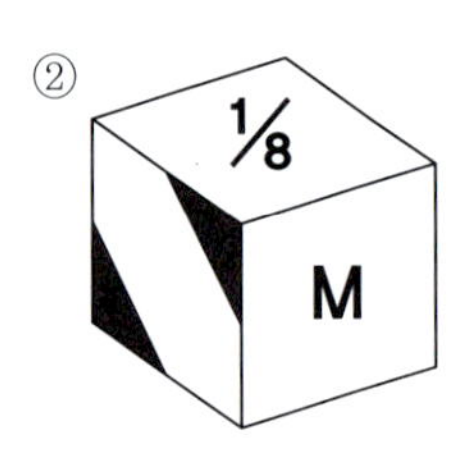 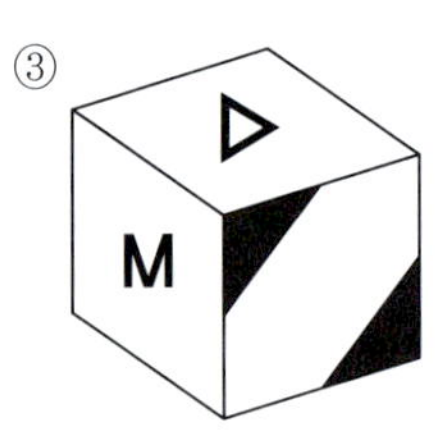 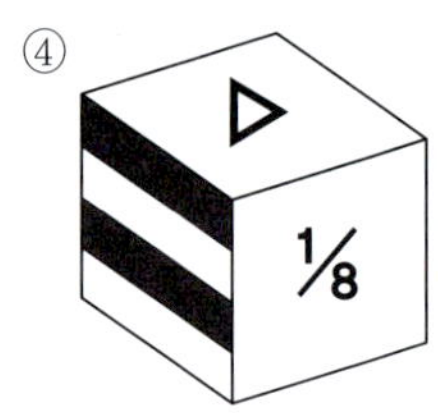

08

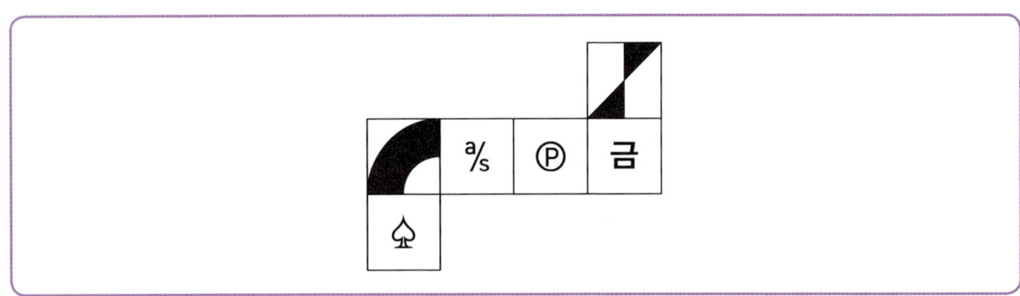

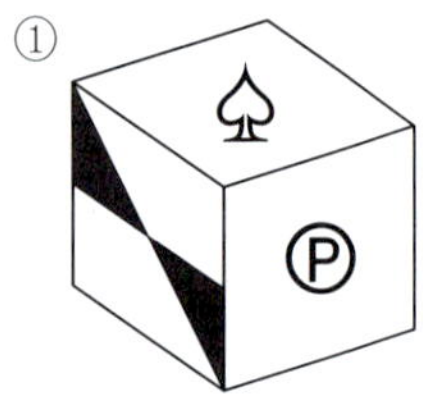 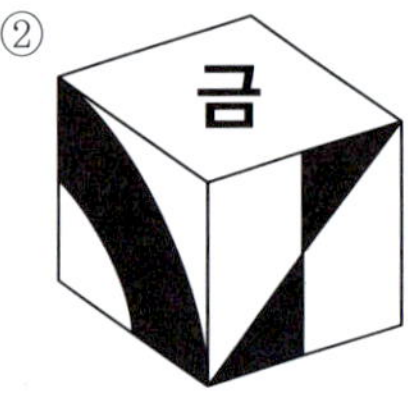 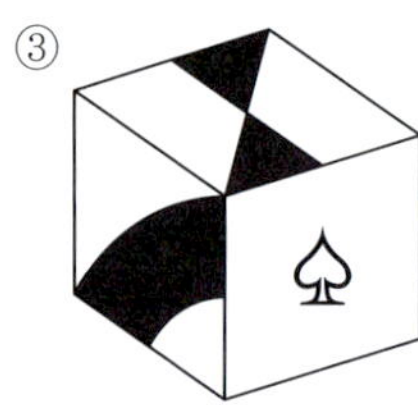 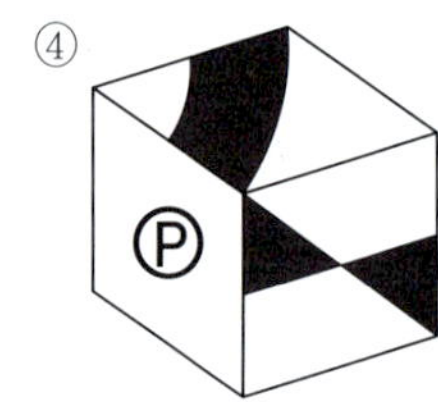

09

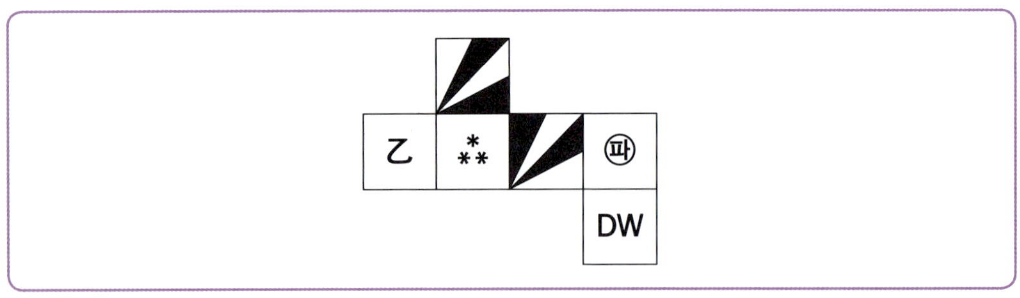

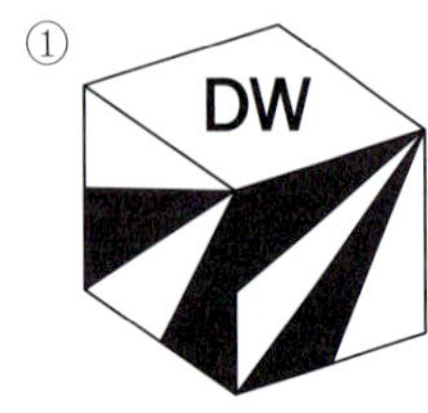 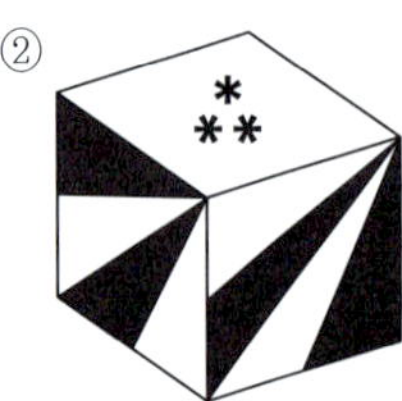 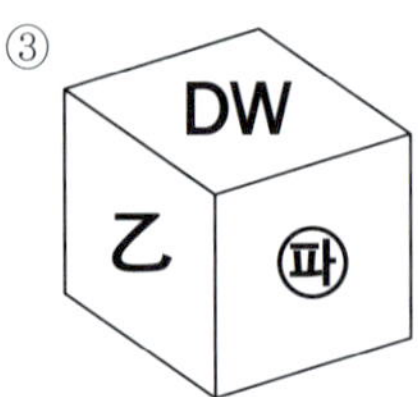 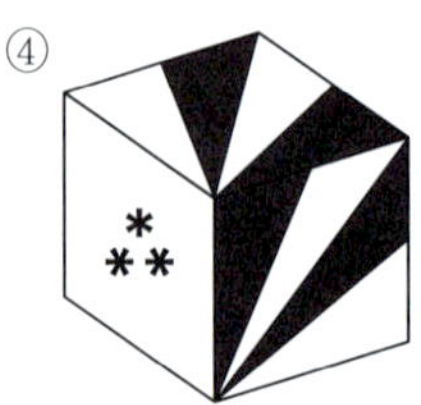

10

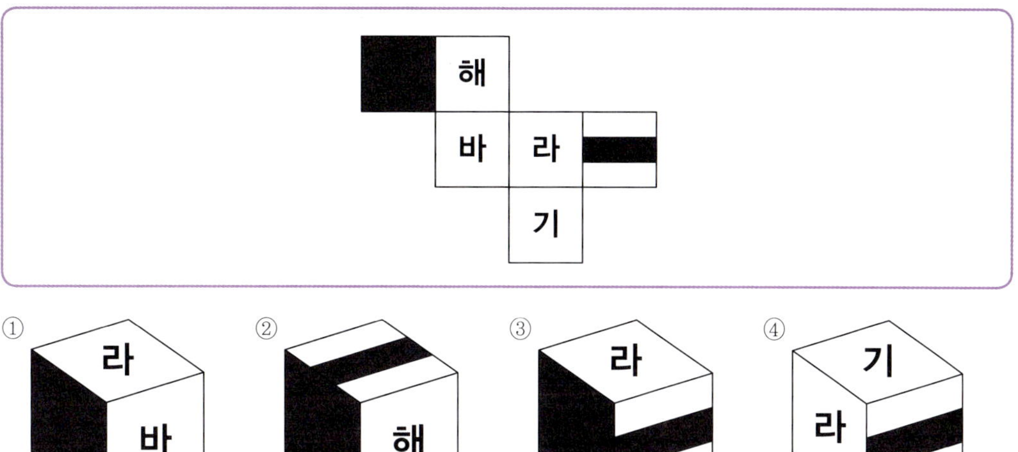

[11~14] 다음 제시된 블록의 개수를 고르시오.(단, 보이지 않는 뒤의 블록은 없다고 생각한다.)

11

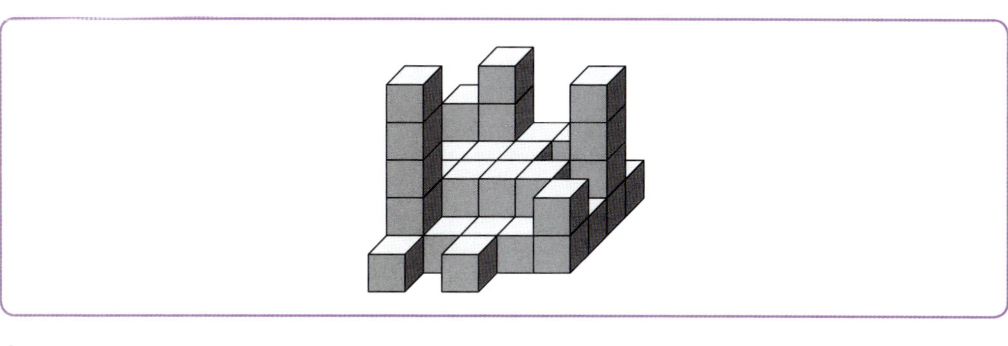

① 40　　　　② 41　　　　③ 42　　　　④ 43

12

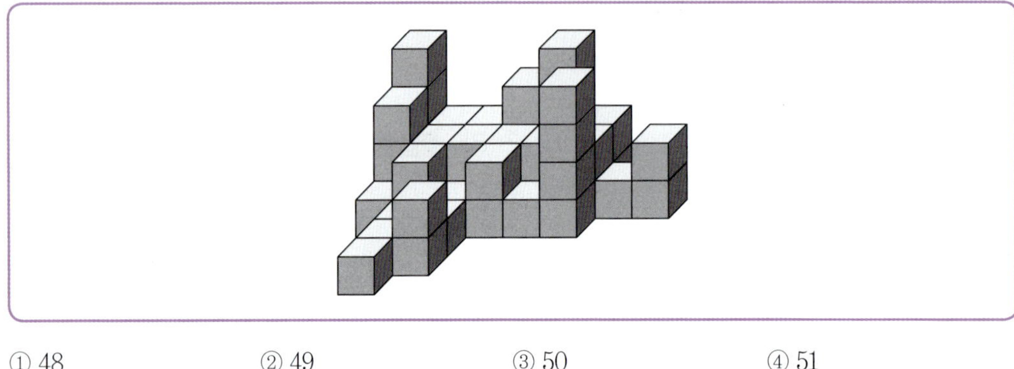

① 48   ② 49   ③ 50   ④ 51

13

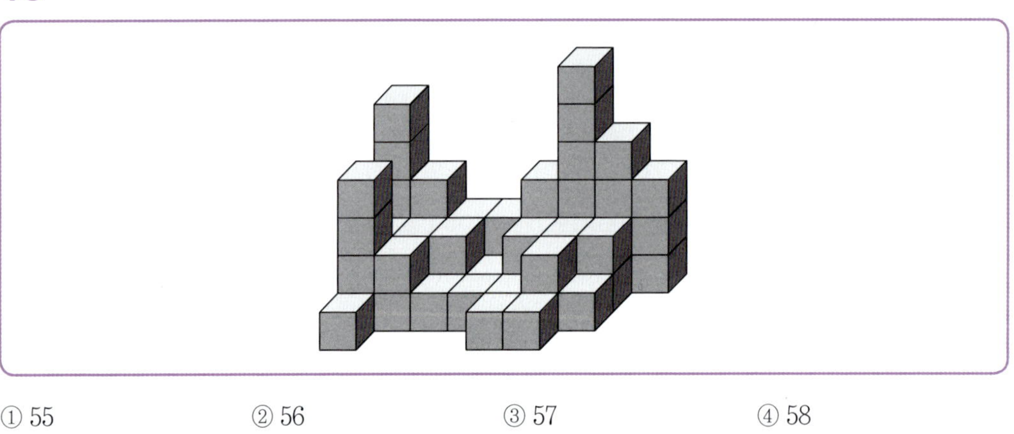

① 55   ② 56   ③ 57   ④ 58

14

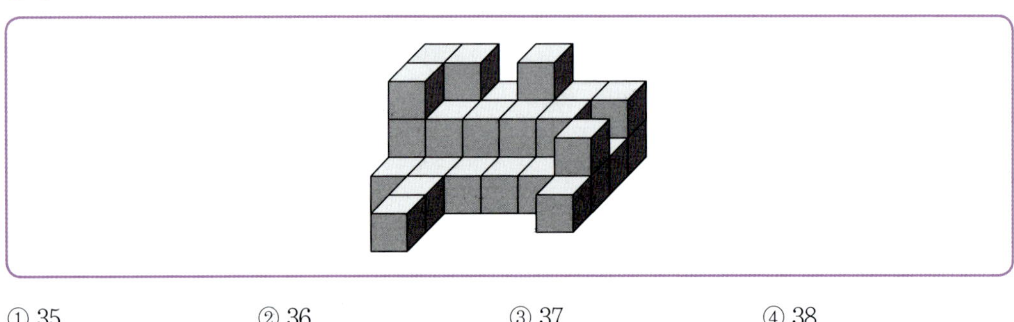

① 35   ② 36   ③ 37   ④ 38

[15~18] 다음 제시된 블록을 화살표 방향에서 바라봤을 때의 모양을 고르시오.

15

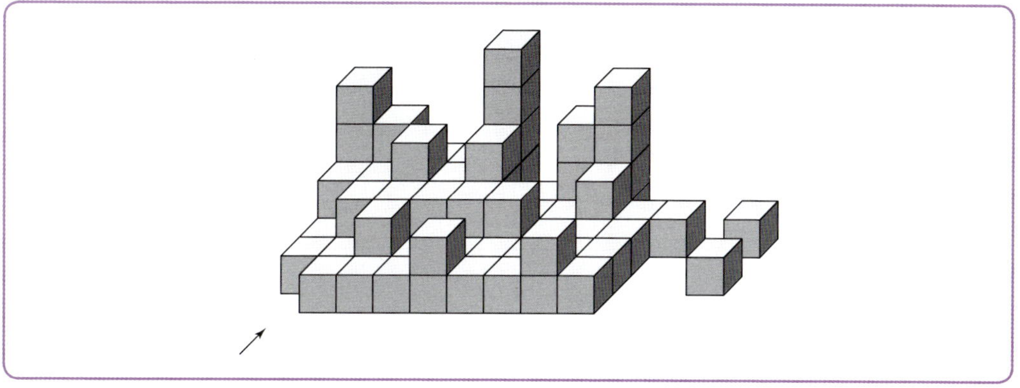

① 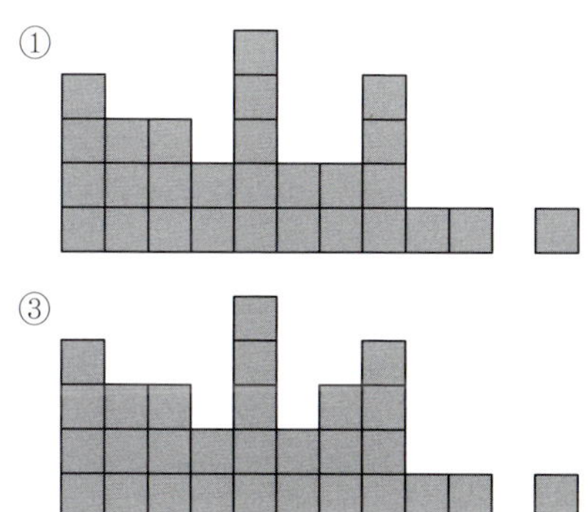 ② 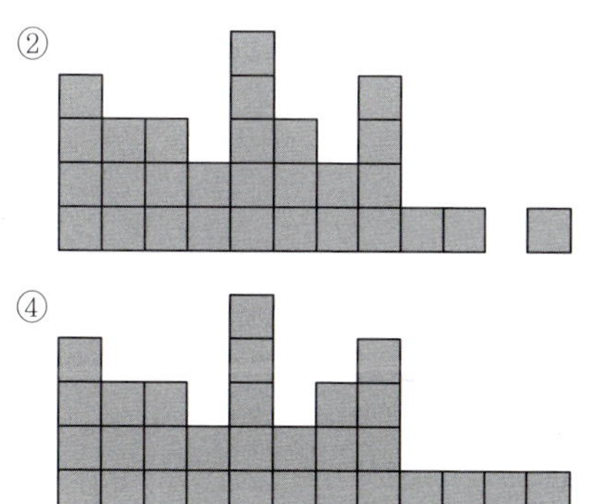

③ ④

16

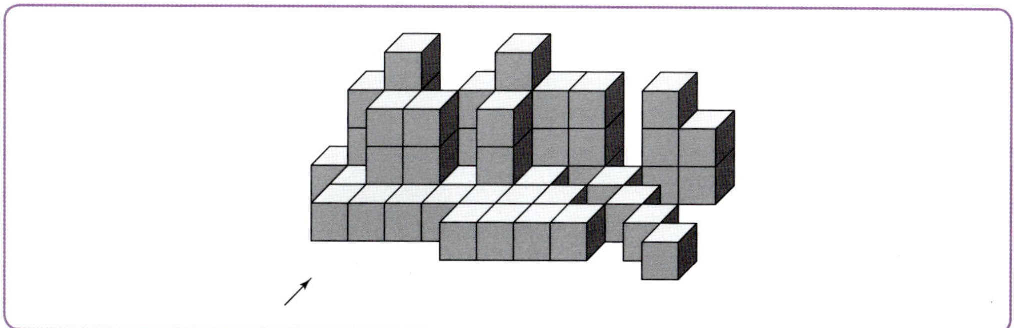

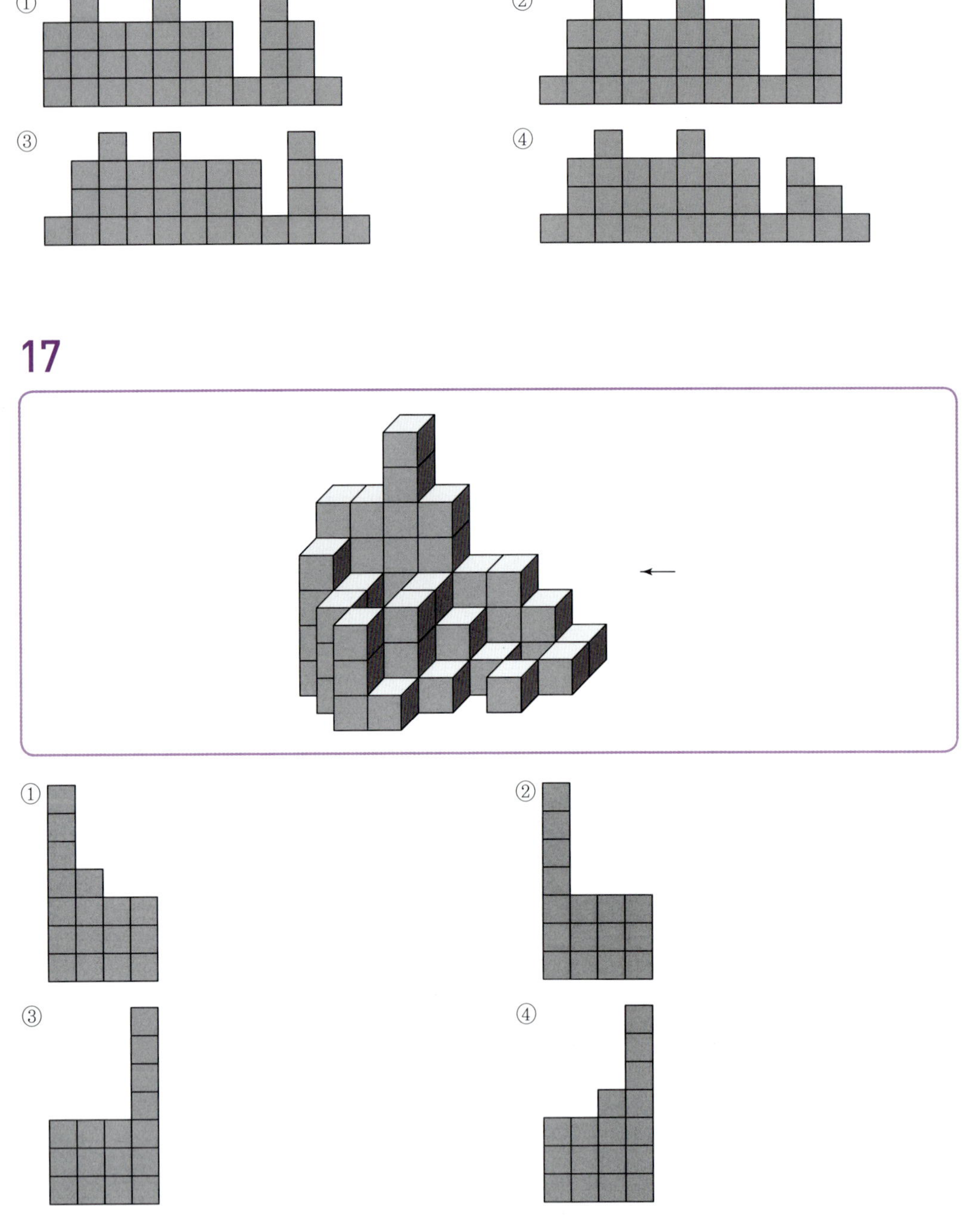

17

18

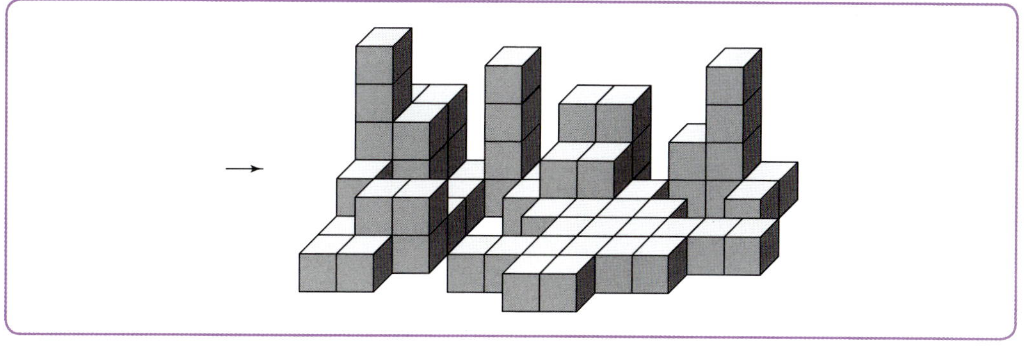

① 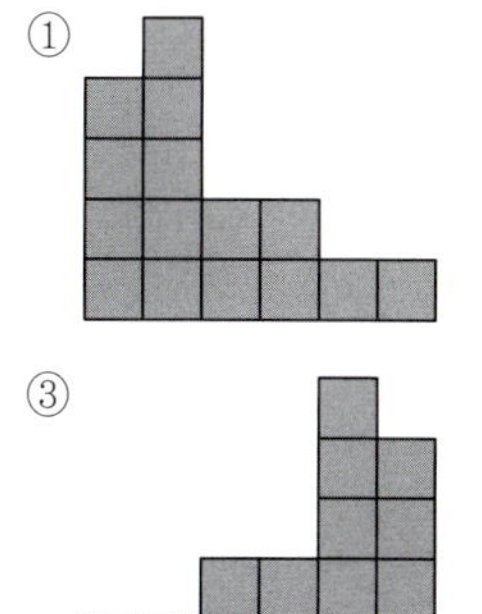

②

③ 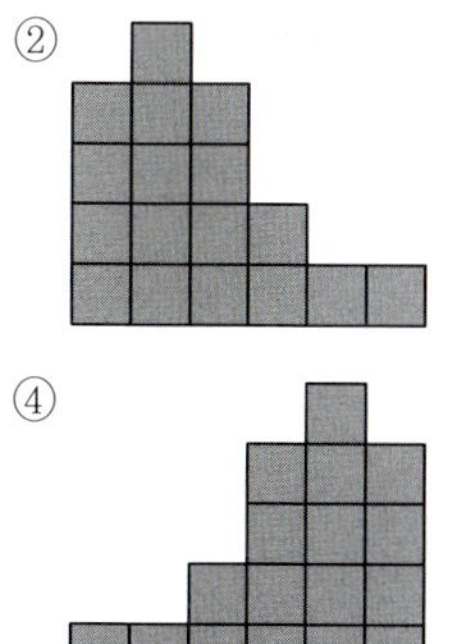

④

[01~05] 다음 〈보기〉의 왼쪽과 오른쪽의 대응을 참고하여 각 문제의 대응이 같으면 답안지에 '① 맞음'을, 틀리면 '② 틀림'을 선택하시오.

〈보기〉

a=경	b=사	c=육	d=군
e=성	f=관	g=부	h=공

01

h d g b f - 공 군 부 사 관

① 맞음　　　　　　　　　　② 틀림

02

h g c e d – 공 사 육 성 군

① 맞음   ② 틀림

03

관 성 경 부 군 – f e a g d

① 맞음   ② 틀림

04

관 사 부 군 육 – f b g h c

① 맞음   ② 틀림

05

공 d g 육 a – h 군 부 c 경

① 맞음   ② 틀림

[06~10] 다음 〈보기〉의 왼쪽과 오른쪽의 대응을 참고하여 각 문제의 대응이 같으면 답안지에 '① 맞음'을, 틀리면 '② 틀림'을 선택하시오.

─────── 〈보기〉 ───────

@=강릉	#=인천	$=서울	%=수원
&=부산	*=대전	~=제주	!=독도

06

@ ＊ ％ ＆ ～ － 강릉 대전 서울 부산 제주

① 맞음 ② 틀림

07

! $ ＊ ％ # － 독도 서울 대전 수원 인천

① 맞음 ② 틀림

08

제주 서울 부산 강릉 독도 － ～ $ ＆ @ !

① 맞음 ② 틀림

09

대전 인천 수원 독도 서울 － ＊ # ％ ! $

① 맞음 ② 틀림

10

! 수원 @ # 제주 － 독도 ％ 강릉 인천 ＆

① 맞음 ② 틀림

[11~15] 다음 〈보기〉의 왼쪽과 오른쪽의 대응을 참고하여 각 문제의 대응이 같으면 답안지에 '① 맞음'을, 틀리면 '② 틀림'을 선택하시오.

〈보기〉

| sugar=거지 | paper=기지 | candy=놀부 | mouth=농부 | tiger=단어 |
| eagle=단언 | water=맹자 | daddy=맹장 | woman=부장 | money=부자 |

11

candy　eagle　daddy　money　–　놀부　단언　맹장　부자

① 맞음　　　　　　　　　　　　　② 틀림

12

water　mouth　sugar　woman　–　맹자　농부　기지　부장

① 맞음　　　　　　　　　　　　　② 틀림

13

daddy　money　tiger　eagle　–　맹장　부자　단어　단언

① 맞음　　　　　　　　　　　　　② 틀림

14

paper　money　water　candy　–　기지　부자　맹자　농부

① 맞음　　　　　　　　　　　　　② 틀림

15

tiger mouth woman eagle – 단어 농부 부장 단언

① 맞음　　　　　　　　　　　② 틀림

[16~20] 다음 〈보기〉의 왼쪽과 오른쪽의 대응을 참고하여 각 문제의 대응이 같으면 답안지에 '①
맞음'을, 틀리면 '② 틀림'을 선택하시오.

〈보기〉

⑪=Æ	⑰=Đ	㉖=Ħ	㉜=IJ	㊺=Ŀ
㊿=Ø	㊳=Œ	㉓=Ŧ	㉗=←	⑧=↑

16

⑪ ㊳ ㉓ ㉜ – Æ Œ Ŧ IJ

① 맞음　　　　　　　　　　　② 틀림

17

㊿ ㊺ ⑰ ㉖ – Ø Ŀ Đ Æ

① 맞음　　　　　　　　　　　② 틀림

18

⑧ ㉓ ㉗ ⑪ – ↑ Ŧ ← Æ

① 맞음　　　　　　　　　　　② 틀림

19

㉜ ㉖ ㊳ ㊿ – ＩＪ Ħ Æ Ø

① 맞음   ② 틀림

20

⑰ ㉗ ㉜ ㊺ – Đ ← ＩＪ Ｌ

① 맞음   ② 틀림

[21~25] 다음 〈보기〉의 왼쪽과 오른쪽의 대응을 참고하여 각 문제의 대응이 같으면 답안지에 '① 맞음'을, 틀리면 '② 틀림'을 선택하시오.

───〈보기〉───

cherish=장곡	foolish=남궁	devoted=동방	superb=독고	honest=황보
blossom=황목	patient=선우	positive=제갈	charming=어금	courage=사공

21

honest patient foolish superb – 황보 제갈 남궁 독고

① 맞음   ② 틀림

22

courage devoted charming cherish – 사공 동방 어금 장곡

① 맞음   ② 틀림

23

foolish   blossom   devoted   patient   –   남궁   황목   동방   선우

① 맞음   ② 틀림

24

cherish   superb   courage   honest   –   장곡   독고   사공   황보

① 맞음   ② 틀림

25

positive   blossom   charming   foolish   –   제갈   황목   사공   남궁

① 맞음   ② 틀림

[26~30] 문제의 왼쪽에 제시된 굵은 글씨체의 기호, 문자, 숫자의 개수를 모두 세어 개수를 고르시오.

26

| ㅇ | 전쟁억제에 기여한다. 지상전에서 승리한다. 국민 편익을 지원한다. 정예강군을 육성한다. |

① 13   ② 14   ③ 15   ④ 16

27

| ㅏ | 부사관이란 병사와 장교 사이의 중간 간부로서 각급 제대의 지휘관을 보좌하고, 사병의 업무를 감독, 지시, 통제한다. |

① 11   ② 12   ③ 13   ④ 14

28

| 강 | 강강걍강겅겅강강강겅강강겅걍강걍강겅강겅강강
겅강겅강강강걍강강강겅강강강강강강강강강
강겅강강강강강 |

① 35   ② 36   ③ 37   ④ 38

29

| e | There are difficulties that we cannot deal with right away, or perhaps ever. |

① 9   ② 10   ③ 11   ④ 12

30

| r | People unconsciously signal that they are lying through inconsistencies in their nonverbal behavior. |

① 3   ② 4   ③ 5   ④ 6

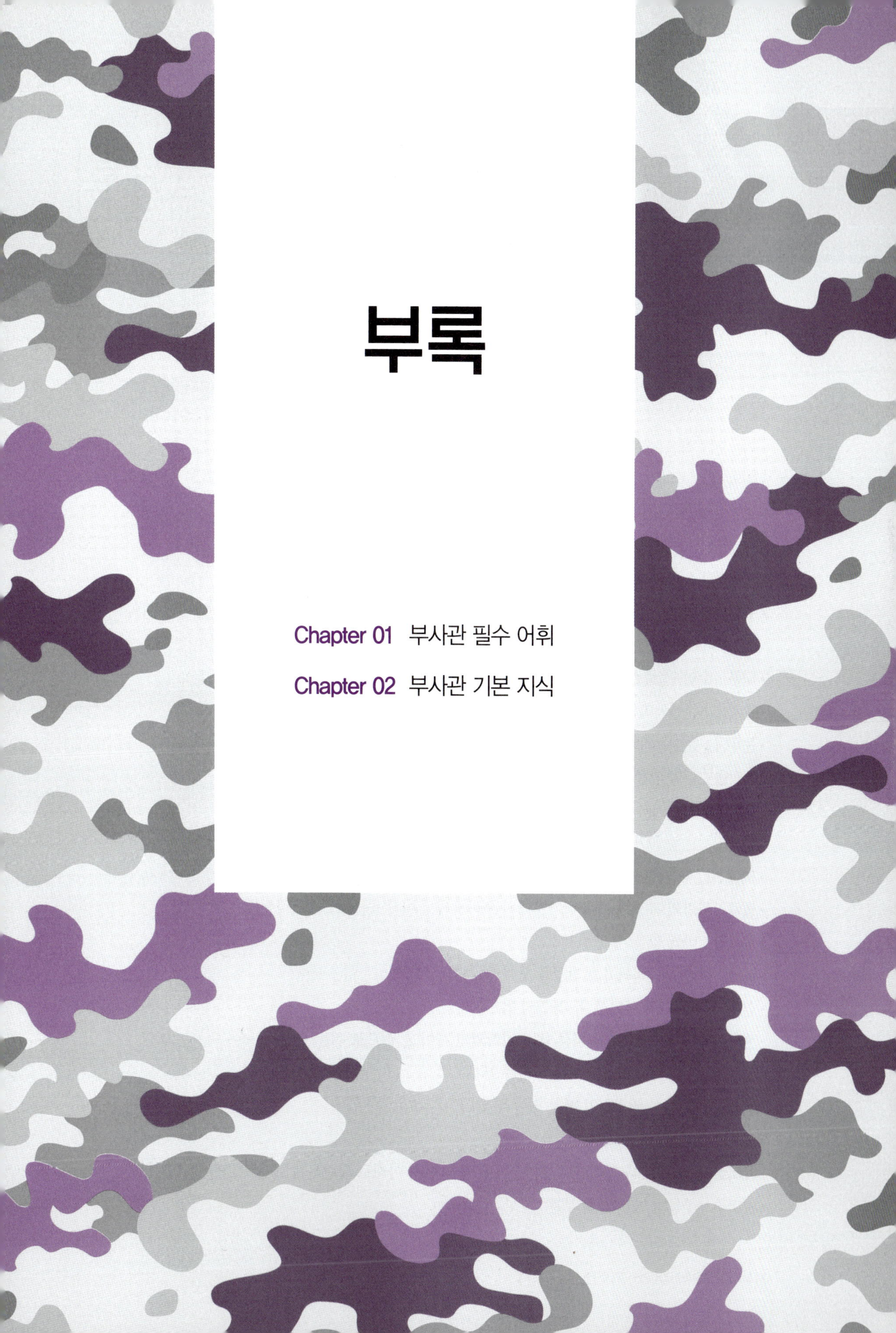

부록

사람의 신체와 관련된 어휘

- **가는 귀** : 작은 소리까지 듣는 귀 또는 그런 귀의 능력
- **거위영장** : 여위고 키가 크며 목이 긴 사람을 놀림조로 이르는 말
- **곡두** : 눈앞에 없는 것이 있는 것처럼 보이는 것 = 환영(幻影)
- **광대등걸** : 1. 거칠고 보기 흉하게 생긴 나뭇등걸 2. 살이 빠져 뼈만 남은 앙상한 얼굴
- **굴때장군** : 키가 크고 몸이 굵으며 살갗이 검은 사람을 놀림조로 이르는 말
- **귀밑머리** : 1. 이마 한가운데를 중심으로 좌우로 갈라 귀 뒤로 넘겨 땋은 머리 2. 뺨에서 귀의 가까이
  에 난 머리털
- **나룻** : 수염. 성숙한 남자의 입 주변이나 턱 또는 뺨에 나는 털
- **눈시울** : 눈언저리의 속눈썹이 난 곳
- **눈두덩** : 눈언저리의 두두룩한 곳
- **눈망울** : 눈알 앞쪽의 도톰한 곳. 또는 눈동자가 있는 곳
- **더벅머리** : 1. 더부룩하게 난 머리털 2. 터부룩한 머리털을 가진 사람
- **덩저리** : 1. 좀 크게 뭉쳐서 쌓인 물건의 부피 2. '몸집'을 낮잡아 이르는 말
- **멱살** : 1. 사람의 멱 부분의 살 또는 그 부분 2. 사람의 멱이 닿는 부분의 옷깃
- **명치** : 사람의 복장뼈 아래 한가운데의 오목하게 들어간 곳. 급소의 하나이다.
- **몽구리** : 바싹 깎은 머리
- **배코** : 상투를 앉히려고 머리털을 깎아 낸 자리
- **샅** : 1. 두 다리의 사이 2. 두 물건의 틈
- **손아귀** : 1. 엄지손가락과 다른 네 손가락과의 사이 2. 손으로 쥐는 힘 3. 세력이 미치는 범위
- **오금** : 무릎의 구부러지는 오목한 안쪽 부분
- **정강이** : 무릎 아래에서 앞 뼈가 있는 부분
- **정수리** : 머리 위의 숫구멍이 있는 자리
- **제비초리** : 뒤통수나 앞이마의 한가운데에 골을 따라 아래로 뾰족하게 내민 머리털
- **콧마루** : 콧등의 마루가 진 부분

- **콧방울** : 코끝 양쪽으로 둥글게 방울처럼 내민 부분
- **허우대** : 겉으로 드러난 체격. 주로 크거나 보기 좋은 체격을 이른다.
- **허구리** : 허리 좌우의 갈비뼈 아래 잘쏙한 부분
- **허울** : 실속이 없는 겉모양

사람의 행위와 관련된 어휘

- **가탈** : 1. 일이 순조롭게 나아가는 것을 방해하는 조건 2. 이러저리 트집을 잡아 까다롭게 구는 일
- **각다귀판** : 서로 남의 것을 뜯어먹으려고 덤비는 판을 비유적으로 이르는 말
- **갈무리** : 1. 물건 따위를 잘 정리하거나 간수함 2. 일을 처리하여 마무리함
- **구나방** : 말이나 행동이 모질고 거칠고 사나운 사람을 이르는 말
- **내친걸음** : 1. 이왕 나선 걸음 2. 이왕에 시작한 일
- **너스레** : 수다스럽게 떠벌려 늘어놓는 말이나 짓
- **넉장거리** : 네 활개를 벌리고 뒤로 벌렁 나자빠짐
- **뒷갈망** : 일의 뒤끝을 맡아서 처리함 = 뒷감당, 뒷담당
- **뒷말** : 1. 계속되는 이야기의 뒤를 이음. 또는 그런 말 2. 일이 끝난 뒤에 뒷공론으로 하는 말. ≒ 뒷소리
- **뒷배** : 겉으로 나서지 않고 뒤에서 보살펴 주는 일
- **뒷손** : 1. 일을 마친 뒤에 다시 하는 손질 2. 몰래 또는 뒤에서 손을 써서 하는 일
- **드난살이** : 남의 집에서 드난으로 지내는 생활
- **마수걸이** : 1. 맨 처음으로 물건을 파는 일 또는 거기서 얻은 소득 2. 맨 처음으로 부딪는 일
- **모꼬지** : 놀이나 잔치 또는 그 밖의 일로 여러 사람이 모이는 일
- **선걸음** : 이미 내디뎌 걷고 있는 그대로의 걸음
- **아귀다툼** : 각자 자기의 욕심을 채우고자 서로 헐뜯고 기를 쓰며 다투는 일
- **아람치** : 개인이 사사로이 차지하는 몫
- **어둑서니** : 어두운 밤에 아무것도 없는데, 있는 것처럼 잘못 보이는 것
- **엉너리** : 남의 환심을 사기 위하여 어벌쩍하게 서두르는 짓
- **옴니암니** : 1. 다 같은 이인데 자질구레하게 어금니 앞니 따진다는 뜻으로, 아주 자질구레한 것을 이르는 말 2. 자질구레한 일에 대하여까지 좀스럽게 셈하거나 따지는 모양 ≒ 암니옴니
- **용고뚜리** : 지나치게 담배를 많이 피우는 사람을 놀림조로 이르는 말
- **잰걸음** : 보폭이 짧고 빠른 걸음
- **죽살이** : 죽고 사는 것을 다투는 정도의 고생
- **한동자** : 끼니를 마친 후 새로 밥을 짓는 일
- **허드렛일** : 중요하지 아니하고 허름한 일

- 가납사니 : 1. 쓸데없는 말을 지껄이기 좋아하는 수다스러운 사람 2. 말다툼을 잘하는 사람
- 가시버시 : '부부'를 낮잡아 이르는 말
- 갈가위 : 인색하여 제 욕심만을 채우려는 사람
- 갖바치 : 예전에, 가죽신을 만드는 일을 직업으로 하던 사람 ≒ 주피장, 혜장
- 골비단지 : 몹시 허약하여 늘 병으로 골골거리는 사람을 속되게 이르는 말
- 깜냥 : 스스로 일을 헤아림 또는 헤아릴 수 있는 능력
- 꽁무니바람 : 뒤쪽에서 불어오는 바람
- 꼼꼼쟁이 : 성질이 잘고 서두르는 사람을 낮잡아 이르는 말
- 대갈마치 : 온갖 어려운 일을 겪어서 아주 야무진 사람을 비유적으로 이르는 말
- 데퉁바리 : 말과 행동이 거칠고 미련한 사람
- 도섭쟁이 : 주책없이 능청맞고 수선스럽게 변덕을 아주 잘 부리는 사람을 낮잡아 이르는 말
- 따라지 : 보잘것없거나 하찮은 처지에 놓인 사람이나 물건을 속되게 이르는 말
- 뜨내기 : 1. 일정한 거처가 없이 떠돌아다니는 사람 2. 어쩌다가 간혹 하는 일
- 마당발 : 인간관계가 넓어서 폭넓게 활동하는 사람
- 마파람 : 뱃사람들의 은어로, '남풍'을 이르는 말
- 만무방 : 1. 염치가 없이 막된 사람 2. 아무렇게나 생긴 사람
- 망석중 : 1. 나무로 다듬어 만든 인형의 하나. 팔다리에 줄을 매어 그 줄을 움직여 춤을 추게 한다. 2. 남이 부추기는 대로 따라 움직이는 사람을 비유적으로 이르는 말
- 모도리 : 빈틈없이 아주 여무진 사람
- 몽니 : 정당한 대우를 받지 못할 때 권리를 주장하기 위하여 심술을 부리는 성질
- 무룡태 : 능력은 없고 그저 착하기만 한 사람
- 안다니 : 무엇이든지 잘 아는 체하는 사람
- 어정잡이 : 1. 겉모양만 꾸미고 실속이 없는 사람 2. 됨됨이가 조금 모자라 자기가 맡은 일을 제대로 처리하지 못하는 사람
- 자린고비 : 다라울 정도로 인색한 사람을 낮잡아 이르는 말
- 지체 : 어떤 집안이나 개인이 사회에서 차지하고 있는 신분이나 지위
- 트레바리 : 이유 없이 남의 말에 반대하기를 좋아함. 또는 그런 성격을 지닌 사람
- 하늬바람 : 서쪽에서 부는 바람. 주로 농촌이나 어촌에서 이르는 말
- 하리쟁이 : 하리노는 것을 일삼는 사람

자연현상이나 자연물과 관련된 어휘

- **가랑비** : 가늘게 내리는 비. 이슬비보다는 좀 굵다
- **간자미** : 가오리의 새끼
- **개부심** : 장마로 큰물이 난 뒤, 한동안 쉬었다가 다시 퍼붓는 비가 명개를 부시어 냄 또는 그 비
- **개호주** : 범의 새끼
- **고도리** : 1. 고등어의 새끼 2. '고등어'의 옛말
- **굼벵이** : 매미, 풍뎅이, 하늘소와 같은 딱정벌레목의 애벌레로 누에와 비슷하게 생겼으나 몸의 길이가 짧고 뚱뚱함
- **까막까치** : 까마귀와 까치를 아울러 이르는 말
- **너럭바위** : 넓고 평평한 큰 돌 = 반석(盤石)
- **너울** : 바다의 크고 사나운 물결
- **노가리** : 명태의 새끼
- **는개** : 안개비보다는 조금 굵고 이슬비보다는 가는 비
- **능소니** : 곰의 새끼
- **늦사리** : 제철보다 늦게 농작물을 수확하는 일 또는 그런 작물
- **도래샘** : 빙 돌아서 흐르는 샘물
- **동부레기** : 뿔이 날 만한 나이의 송아지
- **무녀리** : 한 태에 낳은 여러 마리 새끼 가운데 가장 먼저 나온 새끼
- **무서리** : 늦가을에 처음 내리는 묽은 서리
- **엇부루기** : 아직 큰 소가 되지 못한 수송아지
- **여우비** : 볕이 나 있는 날 잠깐 오다가 그치는 비
- **푸성귀** : 사람이 가꾼 채소나 저절로 난 나물 따위를 통틀어 이르는 말
- **하릅강아지** : 나이가 한 살 된 강아지
- **해거름** : 해가 서쪽으로 넘어가는 일 또는 그런 때
- **해넘이** : 해가 막 넘어가는 때 또는 그런 현상
- **해미** : 바다 위에 낀 아주 짙은 안개

사람의 성품과 관련된 어휘

- **감때사납다** : 1. 사람이 억세고 사납다. 2. 사물이 험하고 거칠다.
- **곰살맞다** : 몹시 부드럽고 친절하다.
- **공변되다** : 행동이나 일 처리가 사사롭거나 한쪽으로 치우치지 않고 공평하다.

- **괄괄스럽다** : 보기에 성질이 세고 급한 데가 있다.
- **굼슬겁다** : 성질이 보기보다 너그럽고 부드럽다.
- **끌밋하다** : 1. 모양이나 차림새 따위가 매우 깨끗하고 헌칠하다. 2. 손끝이 여물다.
- **뒤웅스럽다** : 생긴 꼴이 뒤웅박처럼 미련한 데가 있다.
- **맵짜다** : 1. 음식의 맛이 맵고 짜다. 2. 바람 따위가 매섭게 사납다. 3. 성미가 사납고 독하다. 4. 성질 따위가 야무지고 옹골차다.
- **맵차다** : 1. 맵고 차다. 2. 옹골차고 야무지다.
- **무람없다** : 예의를 지키지 않으며 삼가고 조심하는 것이 없다.
- **물색없다** : 말이나 행동이 형편에 맞거나 조리에 닿지 아니하다.
- **새살스럽다** : 성질이 차분하지 못하고 가벼워 말이나 행동이 실없고 부산한 데가 있다.
- **실팍지다** : 사람이나 물건 따위가 보기에 매우 실한 데가 있다.
- **야금받다** : 1. 야무지고 다부지다. 2. 무슨 기회든지 재빠르게 붙잡아 이용하는 소질이 있다.
- **암상스럽다** : 보기에 남을 시기하고 샘을 잘 내는 데가 있다.
- **어험스럽다** : 1. 짐짓 위엄이 있어 보이는 듯하다. 2. 굴이나 구멍 따위가 텅 비고 우중충한 데가 있다.
- **옹글다** : 1. 물건 따위가 조각나거나 손상되지 아니하고 본디대로 있다. 2. 조금도 축가거나 모자라지 아니하다. 3. 매우 실속 있고 다부지다.
- **의뭉하다** : 겉으로는 어리석은 것처럼 보이면서 속으로는 엉큼하다.
- **찬찬스럽다** : 보기에 성질, 솜씨, 행동 따위가 꼼꼼하고 자상한 데가 있다.
- **츱츱스럽다** : 보기에 너절하고 염치없는 데가 있다.

상황 또는 상태, 외양과 관련된 어휘

- **가년스럽다** : 보기에 가난하고 어려운 데가 있다.
- **가멸다** : 재산이나 자원 따위가 넉넉하고 많다.
- **가뭇없다** : 1. 보이던 것이 전혀 보이지 않아 찾을 곳이 감감하다. 2. 눈에 띄지 않게 감쪽같다.
- **거방지다** : 1. 몸집이 크다. 2. 하는 짓이 점잖고 무게가 있다. 3. 매우 푸지다.
- **깔밋하다** : 1. 모양새나 차림새 따위가 아담하고 깔끔하다. 2. 손끝이 야물다.
- **남우세스럽다** : 남에게 놀림과 비웃음을 받을 듯하다.
- **녹녹하다** : 1. 촉촉한 기운이 약간 있다. 2. 물기나 기름기가 있어 딱딱하지 않고 좀 무르며 보드랍다.
- **대근하다** : 견디기가 어지간히 힘들고 만만치 않다.
- **매캐하다** : 연기나 곰팡이 따위의 냄새가 맵고 싸하다.
- **몽실하다** : 통통하게 살이 쪄서 보드랍고 야들야들한 느낌이 있다.
- **스산스럽다** : 어수선하고 쓸쓸한 분위기가 있다.

- **시금떨떨하다** : 맛이나 냄새 따위가 조금 시면서도 떫다.
- **실팍하다** : 사람이나 물건 따위가 보기에 매우 실하다.
- **싱겁다** : 사람의 말이나 행동이 상황에 어울리지 않고 다소 엉뚱한 느낌을 주다.
- **어금지금하다** : 서로 엇비슷하여 정도나 수준에 큰 차이가 없다. = 어금버금하다.
- **영절스럽다** : 아주 그럴듯하다.
- **옴팡지다** : 1. 보기에 가운데가 좀 오목하게 쏙 들어가 있다. 2. 아주 심하거나 지독한 데가 있다.
- **잗다랗다** : 1. 꽤 잘다. 2. 아주 자질구레하다. 3. 볼만한 가치가 없을 정도로 하찮다.
- **좀스럽다** : 1. 사물의 규모가 보잘것없이 작다. 2. 도량이 좁고 옹졸한 데가 있다.
- **찹찹하다** : 1. 포개어 쌓은 물건이 엉성하지 아니하고 차곡차곡 가지런하게 가라앉아 있다. 2. 마음이 들뜨지 아니하고 차분하다.
- **푼푼하다** : 1. 모자람이 없이 넉넉하다. 2. 옹졸하지 아니하고 시원스러우며 너그럽다.
- **헌칠하다** : 키나 몸집 따위가 보기 좋게 어울리도록 크다.
- **헤식다** : 1. 바탕이 단단하지 못하여 헤지기 쉽다. 또는 차진 기운이 없이 푸슬푸슬하다. 2. 맺고 끊는 데가 없이 싱겁다. 3. 일판이나 술판 따위에서 흥이 깨어져 서먹서먹하다.
- **훗훗하다** : 1. 약간 갑갑할 정도로 훈훈하게 덥다. 2. 마음을 부드럽게 녹여 주는 듯한 훈훈한 기운이 있다.

음성 상징어

- **가붓가붓** : 여럿이 다 조금 가벼운 듯한 느낌
- **갈근갈근** : 목구멍에 가래 따위가 걸려 간지럽게 자꾸 가치작거리는 모양
- **감실감실** : 사람이나 물체, 빛 따위가 먼 곳에서 자꾸 아렴풋이 움직이는 모양
- **곰실곰실** : 작은 벌레 따위가 한데 어우러져 조금씩 자꾸 굼뜨게 움직이는 모양
- **깨죽깨죽** : 1. 자꾸 불평스럽게 종알거리는 모양 2. 자꾸 음식을 먹기 싫은 듯이 되씹는 모양
- **남상남상** : 1. 자꾸 좀 얄밉게 넘어다보는 모양 2. 남의 것을 탐내어 가지려고 좀스럽게 자꾸 기회를 엿보는 모양 3. 액체가 그릇에 가득 차서 넘칠 듯한 모양
- **녹신녹신** : 질기거나 차진 물체가 여럿이 다 또는 매우 무르고 보드라운 모양
- **다문다문** : 1. 시간적으로 잦지 아니하고 좀 드문 모양 2. 공간적으로 배지 아니하고 사이가 좀 드문 모양
- **데면데면** : 1. 사람을 대하는 태도가 친밀감이 없이 예사로운 모양 2. 성질이 꼼꼼하지 않아 행동이 신중하거나 조심스럽지 않은 모양
- **몬닥몬닥** : 작은 덩이로 자꾸 똑똑 끊어지거나 잘라지는 모양
- **미적미적** : 1. 무거운 것을 조금씩 앞으로 자꾸 내미는 모양 2. 해야 할 일이나 날짜 따위를 미루어 자

꾸 시간을 끄는 모양 = 미루적미루적 3. 자꾸 꾸물대거나 망설이는 모양

- **배죽배죽** : 언짢거나 비웃거나 울려고 할 때 소리 없이 입을 내밀고 샐룩거리는 모양
- **뿌득뿌득** : 억지를 부려 제 생각대로만 하려고 자꾸 우기거나 조르는 모양
- **스멀스멀** : 살갗에 벌레가 자꾸 기어가는 것처럼 근질근질한 느낌
- **슴벅슴벅** : 1. 눈꺼풀을 움직이며 눈을 자꾸 감았다 떴다 하는 모양 2. 눈이나 살 속이 찌르듯이 자꾸 시근시근한 모양
- **씨엉씨엉** : 걸음걸이나 행동 따위가 기운차고 활기 있는 모양
- **아등바등** : 무엇을 이루려고 애를 쓰거나 우겨 대는 모양
- **올강올강** : 단단하고 오돌오돌한 물건이 잘 씹히지 아니하고 입 안에서 요리조리 자꾸 미끄러지는 모양
- **워석버석** : 얇고 뻣뻣한 물건이나 풀기가 센 옷 따위가 부스러지거나 서로 크게 스치는 소리. 또는 그 모양
- **자밤자밤** : 나물이나 양념 따위를 손가락 끝으로 집을 만한 정도의 분량만큼 잇따라 집는 모양

숫자를 나타내는 어휘

- **강다리** : 쪼갠 장작을 묶어 세는 단위. 한 강다리는 쪼갠 장작 백 개비를 이른다.
- **거리** : 오이나 가지 따위를 묶어 세는 단위(한 거리는 오이나 가지 오십 개)
- **꾸러미** : 꾸리어 싼 물건을 세는 단위, 달걀 열 개를 묶어 세는 단위
- **담불** : 벼를 백 섬씩 묶어 세는 단위
- **매** : 젓가락 한 쌍을 세는 단위
- **모숨** : 길고 가느다란 물건의, 한 줌 안에 들어올 만한 분량을 세는 단위
- **뭇** : 1. 짚, 장작, 채소 따위의 작은 묶음을 세는 단위 2. 볏단을 세는 단위 3. 생선을 묶어 세는 단위 (한 뭇은 생선 열 마리) 4. 미역을 묶어 세는 단위(한 뭇은 미역 열 장)
- **벌** : 옷, 그릇 따위가 두 개 또는 여러 개 모여 갖추는 덩어리를 세는 단위
- **섬** : 부피의 단위. 곡식, 가루, 액체 따위의 부피를 잴 때 쓴다(한 섬은 한 말의 열 배)
- **손** : 한 손에 잡을 만한 분량을 세는 단위. 조기, 고등어, 배추 따위 한 손은 큰 것 하나와 작은 것 하나를 합한 것을 이르고, 미나리나 파 따위 한 손은 한 줌 분량을 이른다.
- **쌈** : 1. 바늘을 묶어 세는 단위(한 쌈은 바늘 스물네 개) 2. 옷감, 피혁 따위를 알맞은 분량으로 싸 놓은 덩이를 세는 단위. 3. 금의 무게를 나타내는 단위(한 쌈은 금 백 냥쭝)
- **접** : 채소나 과일 따위를 묶어 세는 단위(한 접은 채소나 과일 백 개)
- **제** : 한약의 분량을 세는 단위. 한 제는 탕약 스무 첩. 또는 그만한 분량으로 지은 환약 따위를 이른다.
- **죽** : 옷, 그릇 따위의 열 벌을 묶어 이르는 말

- **줌** : 주먹으로 쥘 만한 분량
- **첩** : 반상기 한 벌에 갖추어진 쟁첩을 세는 단위
- **켤레** : 신, 양말, 버선, 방망이 따위의 짝이 되는 두 개를 한 벌로 세는 단위
- **쾌** : 1. 북어를 묶어 세는 단위(한 쾌는 북어 스무 마리) 2. 엽전을 묶어 세던 단위(한 쾌는 엽전 열 냥)
- **타래** : 사리어 뭉쳐 놓은 실이나 노끈 따위의 뭉치를 세는 단위
- **토리** : 실몽당이를 세는 단위
- **톳** : 김을 묶어 세는 단위. 한 톳은 김 100장을 이른다.

신체와 관련 있는 관용구

- **가슴을 저미다** : 생각이나 느낌이 매우 심각하고 간절하여 가슴을 칼로 베는 듯한 아픔을 느끼게 하다.
- **가슴에 칼을 품다** : 상대편에게 모진 마음을 먹거나 흉악한 생각을 하다.
- **가슴이 콩알만 하다(해지다)** : 불안하고 초조하여 마음을 펴지 못하고 있다.
- **간도 쓸개도 없다** : 용기나 줏대 없이 남에게 굽히다.
- **간에 기별도 안 가다** : 먹은 것이 너무 적어 먹으나 마나 하다.
- **간장을 녹이다** : 감언이설, 아양 따위로 상대편의 환심을 사다.
- **귀를 씻다** : 세속의 더러운 이야기를 들은 귀를 씻는다는 뜻으로, 세상의 명리를 떠나 깨끗하게 삶을 비유적으로 이르는 말
- **눈에 어리다** : 어떤 모습이 잊혀지지 않고 머릿속에 뚜렷하게 떠오르다.
- **눈에 불을 켜다** : 1. 몹시 욕심을 내거나 관심을 기울이다. 2. 화가 나서 눈을 부릅뜨다.
- **다리가 길다** : 음식 먹는 자리에 우연히 가게 되어 먹을 복이 있다.
- **다리품을 팔다** : 1. 길을 많이 걷다. 2. 남에게 품삯을 받고 먼 길을 걸어서 다녀오다.
- **머리가 굳다** : 1. 사고방식이나 사상 따위가 완고하다. 2. 기억력 따위가 무디다.
- **머리에 서리가 앉다** : 머리가 희끗희끗하게 세다. 또는 늙다.
- **목에 힘을 주다** : 거드름을 피우거나 남을 깔보는 듯한 태도를 취하다.
- **발을 구르다** : 매우 안타까워하거나 다급해하다.
- **배를 두드리다** : 생활이 풍족하거나 살림살이가 윤택하여 안락하게 지내다.
- **배알이 꼴리다(뒤틀리다)** : 비위에 거슬려 아니꼽게 생각된다.
- **손에 장을 지지다** : 어떤 사실이나 사건 따위를 전혀 믿을 수가 없다.
- **손톱도 안 들어가다** : 사람됨이 몹시 야무지고 인색하다.
- **어깨를 겨누다(겨루다)** : 서로 비슷한 지위나 힘을 가지다.

- 얼굴이 넓다 : 사귀어 아는 사람이 많다.
- 엉덩이가 가볍다 : 어느 한자리에 오래 머물지 못하고 바로 자리를 뜨다.
- 입을 씻다(닦다) : 이익 따위를 혼자 차지하거나 가로채고서는 시치미를 떼다.
- 코가 빠지다 : 근심에 싸여 기가 죽고 맥이 빠지다.
- 코빼기도 내밀지(나타나지) 않다 : 도무지 모습을 나타내지 아니함을 낮잡아 이르는 말
- 피가 거꾸로 솟다(돌다) : 피가 머리로 모인다는 뜻으로, 매우 흥분한 상태를 비유적으로 이르는 말
- 허리가 휘다(휘어지다) : 감당하기 어려운 일을 하느라 힘이 부치다.
- 허리띠를 졸라매다 : 1. 검소한 생활을 하다. 2. 마음먹은 일을 이루려고 새로운 결의와 단단한 각오로 일에 임하다.
- 허파에 바람 들다 : 실없이 행동하거나 지나치게 웃어 대다.

- 강 건너 불구경 : 자기에게 관계없는 일이라고 하여 무관심하게 방관하는 모양 = 강건너 불 보듯
- 경종을 울리다 : 잘못이나 위험을 미리 경계하여 주의를 환기시키다.
- 나발을 불다 : (속되게) 1. 당치 않은 말을 함부로 하다. 2. 터무니없이 과장하여 말을 하다. 3. 술이나 음료를 병째로 마시다. 4. 어떤 사실을 자백하다. 5. 어린아이가 소리 내어 시끄럽게 울다.
- 달밤에 체조하다 : 격에 맞지 않은 짓을 함을 핀잔하는 말
- 돌개바람에 먼지 날리듯 : 갑자기 모두 없어지는 것을 비유적으로 이르는 말
- 돌을 던지다 : 1. 남의 잘못을 비난하다. 2. 바둑을 두는 도중에 자기가 졌음을 인정하고 그만두다.
- 땅이 꺼지도록(꺼지게) : 한숨을 쉴 때 몹시 깊고도 크게.
- 땅에 떨어지다 : 명예나 권위 따위가 회복하기 어려울 정도로 손상되다.
- 물 건너가다 : 일의 상황이 끝나 어떠한 조치를 할 수 없다.
- 물결을 타다 : 시대의 풍조나 형세에 맞게 처신하다.
- 물로 보다 : 사람을 하찮게 보거나 쉽게 생각한다.
- 물 위의 기름 : 서로 어울리지 못하여 겉도는 사이
- 물불을 가리지(헤아리지) 않다 : 위험이나 곤란을 고려하지 않고 막무가내로 행동하다.
- 바가지를 쓰다 : 1. 요금이나 물건값을 실제 가격보다 비싸게 지불하여 억울한 손해를 보다. 2. 어떤 일에 대한 부당한 책임을 억울하게 지게 되다.
- 바람을 일으키다 : 1. 사회적으로 많은 사람에게 영향을 미치다. 2. 사회적 문제를 만들거나 소란을 일으키다.
- 방아를 찧다 : 방아를 찧듯이 고개나 몸을 끄덕이다.
- 불을 받다 : 남에게 큰 모욕을 당하거나 재해를 입다.

· 불을 끄다 : 급한 일을 처리하다.

· 불을 보듯 뻔하다(훤하다) : 앞으로 일어날 일이 의심할 여지가 없이 아주 명백하다.

· 불꽃이 튀다 : 1. 겨루는 모양이 치열하다. 2. 격한 감정이 눈에 내비치다.

· 붓을 꺾다(던지다) : 1. 문필 활동을 그만두다. 2. 글을 쓰는 문필 활동에 관한 희망을 버리고 다른 일을 하다.

· 산통을 깨다 : 다 잘되어 가던 일을 이루지 못하게 뒤틀다.

· 하늘과 땅 : 둘 사이에 큰 차이나 거리가 있음을 비유적으로 이르는 말

· 하늘이 노래지다 : 갑자기 기력이 다하거나 큰 충격을 받아 정신이 아찔하게 되다.

· 해가 서쪽에서 뜨다 : 전혀 예상 밖의 일이나 절대로 있을 수 없는 희한한 일을 하려고 하거나 하였을 경우를 비유적으로 이르는 말

주요 속담

· 가난 구제는 나라님(임금)도 못한다 : 남의 가난한 살림을 도와주기란 끝이 없는 일이어서, 개인은 물론 나라의 힘으로도 구제하지 못한다는 말

· 가는 말에 채찍질 : 1. 열심히 하는데도 더 빨리 하라고 독촉함을 비유적으로 이르는 말 2. 형편이나 힘이 한창 좋을 때라도 더욱 힘써야 함을 비유적으로 이르는 말

· 가루는 칠수록 고와지고 말은 할수록 거칠어진다 : 가루는 체에 칠수록 고와지지만 말은 길어질수록 시비가 붙을 수 있고 마침내는 말다툼까지 가게 되니 말을 삼가라는 말

· 감나무 밑에 홍시 떨어지기를 기다린다(바란다) : 아무런 노력도 아니하면서 좋은 결과가 이루어지기만 바람을 비유적으로 이르는 말

· 경주 돌이면 다 옥석인가 : 1. 좋은 일 가운데 궂은일도 섞여 있다는 말 2. 사물을 평가할 때, 그것이 나는 곳이나 그 이름만을 가지고서 판단할 수 없다는 말

· 곶감 꼬치에서 곶감 빼(뽑아) 먹듯 : 애써 알뜰히 모아 둔 재산을 조금씩 조금씩 헐어 써 없앰을 비유적으로 이르는 말

· 굿이나 보고 떡이나 먹지(먹으면 된다) : 남의 일에 쓸데없는 간섭을 하지 말고 되어 가는 형편을 보고 있다가 이익이나 얻도록 하라는 말

· 꿈에 나타난 돈도 찾아 먹는다 : 매우 깐깐하고 인색하여 제 몫은 어떻게 해서든지 찾아가고야 마는 경우를 비유적으로 이르는 말

· 나무라도 고목이 되면 오던 새도 아니 온다 : 사람이 세도가 좋을 때는 늘 찾아오다가 그 처지가 보잘것없게 되면 찾아오지 아니함을 비유적으로 이르는 말 = 꽃이라도 십일홍이 되면 오던 봉접도 아니 온다.

· 낙숫물이 댓돌을 뚫는다 : 작은 힘이라도 꾸준히 계속하면 큰일을 이룰 수 있음을 비유적으로 이르는 말

· 남의 염병이 내 고뿔만 못하다 : 남의 괴로움이 아무리 크다고 해도 자기의 작은 괴로움보다는 마음이

쓰이지 아니함을 비유적으로 이르는 말

- **누울 자리 봐 가며 발을 뻗어라** : 1. 어떤 일을 할 때 그 결과가 어떻게 되리라는 것을 생각하여 미리 살 피고 일을 시작하라는 말 2. 시간과 장소를 가려 행동하라는 말
- **다 된 죽에 코 풀기** : 1. 거의 다 된 일을 망쳐버리는 주책없는 행동을 비유적으로 이르는 말 2. 남의 다 된 일을 악랄한 방법으로 방해하는 것을 비유적으로 이르는 말
- **당장 먹기엔 곶감이 달다** : 1. 당장 먹기 좋고 편한 것은 그때 잠시뿐이지 정작 좋고 이로운 것은 못 된 다는 말 2. 나중에 가서야 어떻게 되든지 당장 하기 쉽고 마음에 드는 일을 잡고 시작함을 비유적으로 이르는 말
- **도끼가 제 자루 못 찍는다** : 자기의 허물을 자기가 알아서 고치기 어려움을 비유적으로 이르는 말
- **뚝배기보다 장맛이 좋다** : 겉모양은 보잘것없으나 내용은 훨씬 훌륭함을 이르는 말
- **마른나무를 태우면 생나무도 탄다** : 안 되는 일도 대세를 타면 잘될 수 있음을 비유적으로 이르는 말
- **마파람에 게 눈 감추듯** : 음식을 매우 빨리 먹어 버리는 모습을 비유적으로 이르는 말 ㈜ 남양 원님 굴 회 마시듯, 두꺼비 파리 잡아먹듯
- **말 많은 집은 장맛도 쓰다** : 1. 집안에 잔말이 많으면 살림이 잘 안 된다는 말 2. 입으로는 그럴듯하게 말하지만 실상은 좋지 못하다는 말
- **밑구멍으로 호박씨 깐다** : 겉으로는 점잖고 의젓하나 남이 보지 않는 곳에서는 엉뚱한 짓을 하는 경우 를 비유적으로 이르는 말
- **바닷속의 좁쌀알 같다** : 넓고 넓은 바닷속에 뜬 조그만 좁쌀알만 하다는 뜻으로, 그 존재가 대비도 안 될 만큼 보잘것없거나 매우 작고 하찮은 경우를 비유적으로 이르는 말
- **비단옷 입고 밤길 가기** : 비단옷을 입고 밤길을 걸으면 아무도 알아주지 않는다는 뜻으로, 생색이 나지 않는 공연한 일에 애쓰고도 보람이 없는 경우를 비유적으로 이르는 말
- **산 까마귀 염불한다** : 산에 있는 까마귀가 산에 있는 절에서 염불하는 것을 하도 많이 보고 들어서 염 불하는 흉내를 낸다는 뜻으로, 무엇을 전혀 모르던 사람도 오랫동안 보고 듣노라면 제법 따라 할 수 있게 됨을 비유적으로 이르는 말
- **삼밭에 쑥대** : 쑥이 삼밭에 섞여 자라면 삼대처럼 곧아진다는 뜻으로, 좋은 환경에서 자라면 좋은 영향 을 받게 됨을 비유적으로 이르는 말
- **성난 황소 영각하듯** : 성난 황소가 크게 울듯이 무섭게 고함치는 모양을 비유적으로 이르는 말
- **소문난 잔치에 먹을 것 없다** : 떠들썩한 소문이나 큰 기대에 비하여 실속이 없거나 소문이 실제와 일치 하지 아니하는 경우를 비유적으로 이르는 말
- **술 익자 체 장수(장사) 간다** : 술이 익어 체로 걸러야 할 때에 마침 체 장수가 지나간다는 뜻으로, 일이 공교롭게 잘 맞아 감을 비유적으로 이르는 말
- **얼음에 박 밀듯** : 말이나 글을 거침없이 줄줄 내리읽거나 내리외는 모양을 비유적으로 이르는 말

- 오뉴월 감주 맛 변하듯 : 매우 빨리 변하여 못 쓰게 됨을 비유적으로 이르는 말
- 입은 비뚤어져도 말은 바로 해라(하랬다) : 상황이 어떻든지 말은 언제나 바르게 하여야 함을 이르는 말
  ㈜ 입은 비뚤어져도 주라는 바로 불어라
- 자빠져도 코가 깨진다 : 일이 안되려면 하는 모든 일이 잘 안 풀리고 뜻밖의 큰 불행도 생긴다는 말
- 치마가 열두 폭인가 : 남의 일에 쓸데없이 간섭하고 참견함을 비꼬는 말
- 코 막고 답답하다(숨막힌다)고 한다 : 제힘으로 쉽게 할 수 있는 일을 어렵게 생각하여 다른 곳에서 해결 책을 찾으려 함을 비유적으로 이르는 말
- 터진 꽈리 보듯 한다 : 사람이나 물건을 아주 쓸데없는 것으로 여겨 중요시하지 아니함을 비유적으로 이르는 말
- 파방에 수수엿 장수 : 기회를 놓쳐서 이제는 별 볼 일 없게 된 사람이나 그런 경우를 비유적으로 이르는 말
- 하루가 여삼추(라) : 하루가 삼 년과 같다는 뜻으로, 짧은 시간이 매우 길게 느껴짐을 비유적으로 이르는 말
- 혀 아래 도끼 들었다 : 말을 잘못하면 재앙을 받게 되니 말조심을 하라는 말
- 황소 뒷걸음치다가 쥐 잡는다 : 어쩌다 우연히 이루거나 알아맞힘을 비유적으로 이르는 말

주요 한자성어

ㄱ

- 가렴주구(苛斂誅求) : 세금을 가혹하게 거두거나 백성의 재물을 무리하게 빼앗음을 이르는 말
- 각골난망(刻骨難忘) : 남에게 입은 은혜가 뼈에 깊이 사무치어 결코 잊혀지지 아니함 ㈜ 백골난망(白骨難忘)
- 각주구검(刻舟求劍) : '칼을 강물에 떨어뜨리자 뱃전에 그 자리를 표시했다가 나중에 그 칼을 찾으려 한다'라는 뜻으로, 융통성 없이 현실에 맞지 않는 생각을 고집하는 어리석음을 이르는 말
- 간담상조(肝膽相照) : '간과 쓸개를 내놓고 서로에게 내보인다'라는 뜻으로, 서로 속마음을 털어놓고 친밀하게 사귐을 이르는 말
- 강구연월(康衢煙月) : 태평한 세상의 평화로운 풍경을 이르는 말 ㈜ 고복격양(鼓腹擊壤), 태평성대(太平聖代)
- 견강부회(牽强附會) : 이치에 맞지 않는 말을 억지로 끌어 붙여 자기에게 유리하게 함
- 고식지계(姑息之計) : 우선 당장 편한 것만을 택하는 꾀나 방법. 임시변통의 계책. 고식책
- 고장난명(孤掌難鳴) : '외손뼉만으로는 소리가 울리지 아니한다'라는 뜻으로, 혼자의 힘만으로 어떤 일을 이루기 어려움을 이르는 말

- 교각살우(矯角殺牛) : '소의 뿔을 잡으려다가 소를 죽인다'라는 뜻으로 잘못된 점을 고치려다가 수단이 지나쳐 오히려 일을 그르침을 이르는 말
- 구우일모(九牛一毛) : '아홉 마리의 소 가운데 박힌 하나의 털'이라는 뜻으로, 매우 많은 것 가운데 극히 적은 수를 이르는 말
- 권토중래(捲土重來) : '흙먼지를 날리며 다시 온다'라는 뜻으로, 한 번 실패에 굴하지 않고 몇 번이고 다시 일어남을 이르는 말

<table><tr><td>ㄴ</td></tr></table>

- 난형난제(難兄難弟) : '누구를 형이라 하고 누구를 아우라 하기 어렵다는 뜻'으로, 두 사물이 비슷하여 낫고 못함을 정하기 어려움을 이르는 말
- 낭중지추(囊中之錐) : '주머니 속에 있는 송곳'이란 뜻으로, 재능이 뛰어난 사람은 숨어 있어도 저절로 사람들에게 알려짐을 이르는 말
- 능소능대(能小能大) : 모든 일에 두루 능함

<table><tr><td>ㄷ</td></tr></table>

- 단사표음(簞食瓢飮) : '대나무로 만든 밥그릇에 담은 밥과 표주박에 든 물'이라는 뜻으로, 청빈하고 소박한 생활을 이르는 말
- 당랑거철(螳螂拒轍) : 자기 힘은 헤아리지 않고 강자에게 함부로 덤빔을 비유적으로 이르는 말
- 동상이몽(同床異夢) : 겉으로는 같이 행동하면서도 속으로는 각각 딴 생각을 하고 있음을 이르는 말
- 등고자비(登高自卑) : 1. 일을 순서대로 하여야 함을 이르는 말 2. 지위가 높을수록 스스로 몸을 낮춤

<table><tr><td>ㅁ</td></tr></table>

- 마부위침(磨斧爲針) : '도끼를 갈아 바늘을 만든다'라는 뜻으로, 아무리 이루기 힘든 일도 끊임없는 노력과 끈기 있는 인내로 성공하고야 만다는 뜻
- 마중지봉(麻中之蓬) : '구부러진 쑥도 꼿꼿한 삼밭에 나면 자연히 꼿꼿하게 자란다'라는 뜻으로 선한 사람과 사귀면 감화를 받아 자연히 선해짐을 이르는 말
- 망양보뢰(亡羊補牢) : '양을 잃고 우리를 고친다'라는 뜻으로, 이미 어떤 일을 실패한 뒤에 뉘우쳐도 아무 소용이 없음을 이르는 말
- 면종복배(面從腹背) : 겉으로는 복종하는 체하면서 속으로는 배반함을 이르는 말
- 묘두현령(猫頭縣鈴) : '고양이 목에 방울 달기'라는 뜻으로, 헛된 일을 의논함을 이르는 말
- 미생지신(尾生之信) : 미련하고 우직하게 지키는 약속을 이르는 말

ㅂ

- 백년하청(百年河淸) : 아무리 바라고 기다려도 이루어지기 어려움을 이르는 말
- 백척간두(百尺竿頭) : 매우 어렵고 위태로운 지경을 이르는 말
- 불공대천(不共戴天) : 하늘을 함께 이지 못한다는 뜻으로, 이 세상에서 같이 살 수 없을 만큼 큰 원한을 가짐을 비유적으로 이르는 말
- 불치하문(不恥下問) : 손아랫사람이나 지위나 학식이 자기만 못한 사람에게 모르는 것을 묻는 일을 부끄러워하지 아니함
- 빙탄지간(氷炭之間) : '얼음과 숯 사이'란 뜻으로, 둘이 서로 어긋나 맞지 않는 사이나 서로 화합할 수 없는 사이를 말함

ㅅ

- 사면초가(四面楚歌) : 사방이 모두 적으로 둘러싸인 형국이나 누구의 도움도 받을 수 없는 '고립된 상태'에 빠짐을 이르는 말
- 새옹지마(塞翁之馬) : 인생의 길흉화복은 변화가 많아 미리 헤아릴 수가 없다는 말
- 수주대토(守株待兔) : '그루터기를 지켜 토끼를 기다린다'라는 뜻으로, 달리 변통할 줄 모르고 한 가지 일에만 얽매여 발전을 모르는 어리석은 사람을 비유적으로 이르는 말
- 순망치한(脣亡齒寒) : '입술이 없으면 이가 시리다'라는 뜻으로, 서로 이해관계가 밀접한 사이에 어느 한쪽이 망하면 다른 한쪽도 그 영향을 받아 온전하기 어려움을 이르는 말

ㅇ

- 양두구육(羊頭狗肉) : '양의 머리를 걸어 놓고 개고기를 판다'라는 뜻으로, 겉은 훌륭해 보이나 속은 그렇지 못한 경우를 이르는 말
- 염량세태(炎涼世態) : 권세가 있을 때는 아부하고, 몰락하면 푸대접하는 세상인심을 비유적으로 이르는 말
- 오비이락(烏飛梨落) : '까마귀 날자 배 떨어진다'라는 뜻으로, 아무런 관계도 없이 한 일이 공교롭게 다른 일과 때가 일치해서 혐의를 받게 됨을 이르는 말
- 오상고절(傲霜孤節) : '서릿발이 심한 속에서도 굴하지 아니하고 외로이 지키는 절개'라는 뜻으로, 충신 또는 국화를 뜻함
- 우공이산(愚公移山) : '우공이 산을 옮긴다'는 말로 남이 보기엔 어리석은 일처럼 보이지만 어떤 일이라도 끊임없이 노력하면 반드시 이루어짐을 이르는 말
- 인면수심(人面獸心) : '사람의 얼굴을 하고 있으나 마음은 짐승과 같다'라는 뜻으로, 마음이나 행동이

몹시 흉악함을 이르는 말

- 적반하장(賊反荷杖) : '도둑이 도리어 매를 든다'라는 뜻으로, 잘못한 사람이 아무 잘못도 없는 사람을 나무라는 경우를 이르는 말
- 전인미답(前人未踏) : 이제까지 아무도 발을 들여 놓거나 손을 댄 일이 없음을 이르는 말
- 전전긍긍(戰戰兢兢) : 몹시 두려워서 벌벌 떨며 조심함을 이르는 말
- 절차탁마(切磋琢磨) : 부지런히 학문과 덕행을 갈고 닦음을 이르는 말
- 조령모개(朝令暮改) : 법령을 자꾸 고쳐서 갈피를 잡기가 어려움을 비유하는 말
- 조변석개(朝變夕改) : 아침저녁으로 뜯어 고친다는 뜻으로, 계획이나 결정을 일관성 없이 자주 고치는 것을 이르는 말
- 지어지앙(池魚之殃) : '연못에 사는 물고기의 재앙'이라는 뜻으로, 아무런 상관도 없는데 화를 당하는 경우를 이름

- 창해일속(滄海一粟) : 넓고 큰 바닷속의 좁쌀 한 알이라는 뜻으로, 아주 많거나 넓은 것 가운데 있는 매우 하찮고 작은 것을 이르는 말
- 천의무봉(天衣無縫) : '선녀의 옷에는 바느질한 자리가 없다'라는 뜻으로, 1. 성격이나 언동 등이 매우 자연스러워 조금도 꾸민 데가 없음 2. 시나 문장이 기교를 부린 흔적(痕跡)이 없어 극히 자연스러움을 이르는 말
- 천재일우(千載一遇) : '천 년에 한 번 만난다'라는 뜻으로, 좀처럼 얻기 어려운 좋은 기회를 말함
- 청출어람(靑出於藍) : '쪽에서 뽑아 낸 푸른 물감이 쪽보다 더 푸르다'라는 뜻으로, 제자나 후배가 스승이나 선배보다 나음을 비유적으로 이르는 말
- 초미지급(焦眉之急) : '눈썹이 타게 될 만큼 위급한 상태'란 뜻으로, 그대로 방치할 수 없는 매우 다급한 일이나 경우를 이르는 말

- 타산지석(他山之石) : '다른 산의 돌'이라는 뜻으로, 다른 사람의 하찮은 언행도 자기의 지식과 인격을 닦는 데 도움이 될 수 있음을 뜻함
- 토사구팽(兔死拘烹) : '토끼를 다 잡고 나면 사냥개를 삶는다'라는 뜻으로, 필요할 때 요긴하게 써 먹고 쓸모가 없어지면 가혹하게 버리는 경우를 이르는 말

- 파죽지세(破竹之勢) : '대나무를 쪼개는 기세'라는 뜻으로, 적을 거침없이 물리치고 쳐들어가는 기세를 이르는 말
- 풍수지탄(風樹之嘆) : 부모에게 효도를 다하려고 할 때에는 이미 돌아가셔서 그 뜻을 이룰 수 없음을 이르는 말
- 필부지용(匹夫之勇) : 좁은 소견을 가지고 어떤 계획이나 방법도 없이 혈기만을 믿고 마구 날뛰는 행동을 뜻함

- 허장성세(虛張聲勢) : 실속 없이 큰소리치거나 허세를 부림
- 호가호위(狐假虎威) : '여우가 호랑이의 위세를 빌려 호기를 부린다'라는 뜻으로, 남의 권세를 빌려 위세를 부림
- 후생가외(後生可畏) : 젊은 후학들을 두려워할 만하다는 뜻으로, 후진들이 선배들보다 젊고 기력이 좋아, 학문을 닦음에 따라 큰 인물이 될 수 있으므로 가히 두렵다는 말
- 흥진비래(興盡悲來) : 즐거운 일이 다하면 슬픈 일이 닥쳐온다는 뜻으로, 세상일은 순환되는 것임을 이르는 말

주제별 한자성어

효(孝)

- 冬溫夏凊(동온하청) : 부모에 효도함. 부모님을 겨울에는 따뜻하게 여름에는 시원하게 해드림을 이르는 말
- 望雲之情(망운지정) : '멀리 구름을 바라보며 어버이를 생각한다'라는 뜻으로, 자식이 객지에서 고향에 계신 어버이를 생각하는 마음 ㈜ 望雲之懷(망운지회)
- 反哺之孝(반포지효) : 자식이 자란 후에 어버이의 은혜를 갚는 효성을 이르는 말
- 白雲孤飛(백운고비) : 멀리 떠나는 자식이 어버이를 그리워 함
- 伯兪之孝(백유지효) : 중국 한나라 때 효자로 유명한 한백유(韓伯兪)와 관련된 고사에서 유래한 말로, 어버이에 대한 지극한 효심을 일컫는 말 ㈜ 伯兪泣杖(백유읍장)
- 出必告反必面(출필고반필면) : 나갈 때는 반드시 가는 곳을 아뢰고, 되돌아와서는 반드시 얼굴을 보여드림을 이르는 말 ㈜ 出告反面(출고반면)
- 風樹之歎(풍수지탄) : 효도하고자 할 때에 이미 부모는 돌아가셔서, 효행을 다하지 못하는 슬픔을 이르

는 말
- 昊天罔極(호천망극) : 어버이의 은혜가 넓고 큰 하늘과 같이 다함이 없음을 이르는 말
- 昏定晨省(혼정신성) : '저녁에 잠자리를 살피고 아침에 일찍이 문안을 드린다'라는 뜻으로, 부모를 잘 섬기고 효성을 다함을 이르는 말

우정(友情)

- 肝膽相照(간담상조) : '간과 쓸개를 내놓고 서로에게 보인다'라는 뜻으로, 서로 마음을 터놓고 친하게 사귐을 이르는 말
- 管鮑之交(관포지교) : 관중과 포숙의 사귐이란 뜻으로, 우정이 아주 돈독한 친구 관계를 이르는 말
- 膠漆之交(교칠지교) : 아주 친밀하여 서로 떨어질 수 없는 교분을 이르는 말
- 金蘭之契(금란지계) : 친구 사이의 매우 두터운 정을 이르는 말 ㉴ 金蘭之交(금란지교)
- 金石之交(금석지교) : 쇠와 돌처럼 굳고 변함없는 사귐을 이르는 말
- 斷金之交(단금지교) : '쇠라도 자를 수 있을 만큼 우정이 단단히 맺어져 있다'라는 뜻으로, 매우 두터운 우정을 이르는 말 ㉴ 斷金之契(단금지계)
- 莫逆之友(막역지우) : 허물이 없이 아주 친한 친구를 이르는 말 ㉴ 막역지간(莫逆之間)
- 刎頸之交(문경지교) : 죽고 살기를 같이 할만한 아주 가까운 사이나 친구를 이르는 말
- 朋友有信(붕우유신) : 친구 사이의 도리는 믿음에 있음을 뜻하는 말로 오륜(五倫)의 하나
- 水魚之交(수어지교) : '물과 고기의 관계'처럼 아주 친밀하여 떨어질 수 없는 사이를 이르는 말
- 知音知己(지음지기) : 소리를 듣고 나를 인정해 주는 친구를 이르는 말
- 布衣之交(포의지교) : 베옷을 입고 다닐 때의 사귐이라는 뜻으로, 벼슬을 하기 전에 사귄 친구를 이르는 말

학문(學問)

- 曲學阿世(곡학아세) : 바른 길에서 벗어난 학문으로 세상 사람에게 아첨함
- 敎學相長(교학상장) : 가르치는 사람과 배우는 사람이 서로의 학업을 증진시킨다는 뜻
- 讀書三到(독서삼도) : 독서하는 데는 눈으로 보고, 입으로 읽고, 마음으로 깨우쳐야 한다는 뜻 ㉴ 讀書三昧(독서삼매), 讀書尙友(독서상우), 三餘(삼여)
- 亡羊之歎(망양지탄) : '갈림길이 많아 양을 잃고 탄식한다'라는 뜻으로, 학문의 길이 여러 갈래여서 한 갈래의 진리도 얻기 어렵다는 말 ㉴ 多岐亡羊(다기망양)
- 發憤忘食(발분망식) : 일을 이루려고 끼니조차 잊고 분발하여 노력함을 이르는 말
- 手不釋卷(수불석권) : 손에서 책을 놓을 사이 없이 늘 책을 가까이 하여 열심히 공부함을 이르는 말

- 盈科後進(영과후진) : 구덩이에 물이 찬 후 밖으로 흐르듯 학문도 단계에 맞게 진행해야 한다는 뜻
- 日就月將(일취월장) : 학문이 날로 달로 성장함을 이르는 말 ㉤ 刮目相對(괄목상대)
- 切磋琢磨(절차탁마) : '옥·돌 따위를 갈고 닦아 빛을 낸다'라는 뜻으로, 부지런히 학문이나 인격을 배우고 닦음을 뜻함
- 走馬加鞭(주마가편) : '달리는 말에 채찍을 더한다'라는 뜻으로, 잘하는 사람을 더욱 장려함
- 換骨奪胎(환골탈태) : '뼈를 바꾸어 끼고 태를 바꾸어 쓴다'라는 뜻으로, 1. 옛사람이나 타인의 글에서 그 형식이나 내용을 취하거나 모방하여 자기의 작품인 것처럼 꾸미는 일 2. 용모가 환하고 아름다워 딴 사람처럼 됨
- 螢窓雪案(형창설안) : '반딧불이 비치는 창과 눈(雪)이 비치는 책상'이라는 뜻으로, 어려운 가운데서도 학문에 힘씀을 비유한 말 ㉤ 螢雪之功(형설지공)

부부(夫婦)

- 琴瑟之樂(금슬지락) : 거문고와 비파의 조화로운 소리라는 뜻으로, 부부 사이의 다정하고 화목함을 이르는 말
- 夫唱婦隨(부창부수) : 남편이 주장하면 부인이 이에 잘 따른다는 뜻으로, 부부 화합의 도리를 이르는 말
- 賢婦令夫貴和六親(현부영부귀화육친) : 현명한 부인은 남편을 귀하게 하고 또한 일가친척을 화목하게 함을 이르는 말
- 百年佳約(백년가약) : 젊은 남녀가 부부가 되어 평생을 같이 지낼 것을 굳게 다짐하는 아름다운 언약

세태(世態)

- 桑田碧海(상전벽해) : 뽕나무밭이 변하여 푸른 바다가 됨, 즉 세상이 몰라볼 정도로 바뀐 것을 이르는 말
- 天旋地轉(천선지전) : 세상일이 크게 변함을 이르는 말
- 吳越同舟(오월동주) : 서로 적의를 품은 사람들이 한자리에 있게 된 경우나 서로 협력하여야 하는 상황을 비유적으로 이르는 말

일의 형세(形勢)

- 鷄肋(계륵) : '닭의 갈비'라는 뜻으로, 먹자니 먹을 것이 없고 버리자니 아까워 이러지도 저러지도 못하는 형편
- 累卵之勢(누란지세) : 새알을 층층이 쌓아놓은 듯한 위태로운 형세를 이르는 말
- 命在頃刻(명재경각) : 거의 죽게 되어 숨이 끊어질 지경에 이름을 뜻하는 말
- 百尺竿頭(백척간두) : '백 척 높이의 장대 위에 올라섰다'라는 뜻으로, 몹시 어렵고 위태로운 지경을 이

르는 말

- 如履薄氷(여리박빙) : '살얼음을 밟는 것과 같다'라는 뜻으로, 아슬아슬하고 위험한 일을 비유적으로 이르는 말
- 一觸卽發(일촉즉발) : 한 번 건드리기만 해도 폭발할 것같이 몹시 위급한 상태
- 進退兩難(진퇴양난) : 앞으로 나아가기도 어렵고 뒤로 물러나기도 어려워 이러지도 저러지도 못하는 어려운 처지를 비유하는 말 ⑪ 進退維谷(진퇴유곡)
- 風前燈火(풍전등화) : '바람 앞에 놓인 등불'이라는 뜻으로, 매우 위태로운 처지에 놓여 있음을 비유하는 말

미인(美人)

- 傾國之色(경국지색) : 임금이 혹하여 나라가 기울어져도 모를 정도의 미인이라는 뜻으로, 뛰어나게 아름다운 미인을 이르는 말
- 傾城之美(경성지미) : 한 성(城)을 기울어뜨릴 만한 미색(美色)을 이르는 말
- 丹脣皓齒(단순호치) : 붉은 입술에 하얀 치아라는 뜻으로, 아름다운 여자를 이르는 말
- 花容月態(화용월태) : 꽃같은 얼굴과 달 같은 자태, 아름다운 여인의 얼굴과 맵시를 이르는 말

거리(距離)

- 咫尺之地(지척지지) : 매우 가까운 곳을 뜻함
- 咫尺之間(지척지간) : 매우 가까운 거리를 뜻함
- 指呼之間(지호지간) : 손짓하여 부를 만큼 가까운 거리를 뜻함

희생(犧牲)

- 先公後私(선공후사) : 공적인 것을 앞세우고 사적인 것은 뒤로 미룸을 이르는 말
- 大義滅親(대의멸친) : 큰 도리를 지키기 위하여 부모나 형제도 돌아보지 않음
- 見危致命(견위치명) : 나라가 위태로울 때 자기의 몸을 나라에 바침
- 滅私奉公(멸사봉공) : 사(私)를 버리고 공(公)을 위해 힘씀을 이르는 말

향수(鄕愁)

- 首邱初心(수구초심) : 여우가 죽을 때에 머리를 자기가 살던 굴 쪽으로 향한다는 뜻으로, 고향을 그리워하는 마음을 이르는 말

- 看雲步月(간운보월) : 낮에는 구름을 바라보고 밤에는 달빛 아래 거닌다는 뜻으로, 객지에서 집을 생각함을 이르는 말

자연 친화적인 삶

- 吟風弄月(음풍농월) : '바람을 읊고 달을 보고 시를 짓는다'라는 뜻으로, 시를 짓고 흥취를 자아내며 즐김을 뜻함
- 煙霞痼疾(연하고질) : 자연의 아름다운 경치를 몹시 사랑하는 것이 마치 고치지 못할 병이 든 것과 같음을 이르는 말 ⑪ 泉石膏肓(천석고황)
- 羽化登仙(우화등선) : 사람의 몸에 날개가 돋아 하늘로 올라가 신선이 됨을 이르는 말
- 風月主人(풍월주인) : 맑은 바람과 밝은 달 따위의 아름다운 자연을 즐기는 사람을 이르는 말

독서(讀書)

- 韋編三絕(위편삼절) : 옛날에 공자(孔子)가 주역(周易)을 즐겨 열심히 읽은 나머지 책을 맨 가죽 끈이 세 번이나 끊어졌다는 데서 유래한 말로, 책을 정독(精讀)함을 일컬음
- 男兒須讀五車書(남아수독오거서) : 당(唐)의 두보(杜甫)가 한 말로, 남자라면 다섯 수레 정도의 책은 읽어야 한다는 뜻으로 책을 다독(多讀)할 것을 당부하는 말
- 晝耕夜讀(주경야독) : 낮에는 밭을 갈고 밤에는 책을 읽는다는 뜻으로, 어려운 여건 속에서도 꿋꿋이 공부함을 이르는 말
- 三餘之功(삼여지공) : 독서하기에 가장 좋은 '거울, 밤, 음우(陰雨)'를 일컬음
- 汗牛充棟(한우충동) : '수레에 실으면 소가 땀을 흘리고, 쌓아 올리면 들보에까지 찬다'라는 뜻으로, 가지고 있는 책이 매우 많음을 이르는 말
- 博而不精(박이부정) : 여러 방면으로 널리 알고 있으나 정밀하지는 못함

소문(所聞)

- 街談巷語(가담항어) : 거리나 항간에 떠도는 소문을 이르는 말 ⑪ 街談巷說(가담항설)
- 道聽途說(도청도설) : 길거리에 퍼져 떠돌아다니는 뜬소문을 이르는 말
- 流言蜚語(유언비어) : 아무 근거 없이 널리 퍼진 소문, 풍설, 떠돌아다니는 말을 뜻함

애정(愛情)

- 戀慕之情(연모지정) : 이성을 사랑하여 간절히 그리워하는 마음

• 相思不忘(상사불망) : 서로 그리워하여 잊지 못함
• 同病相憐(동병상련) : 같은 병을 앓는 사람끼리 서로 가엾게 여김. 처지가 비슷한 사람끼리 동정함을
  이르는 말

기쁨/좋음

• 錦上添花(금상첨화) : '비단 위에 꽃을 놓는다'는 뜻으로, 좋은 일이 겹침을 비유하는 말
• 弄璋之慶(농장지경) / 弄璋之喜(농장지희) : '장(璋)'은 사내아이의 장난감인 '구슬'이라는 뜻으로, 아들을
  낳은 기쁨. 또는 아들을 낳은 일을 이르는 말
• 弄瓦之慶(농와지경) / 弄瓦之喜(농와지희) : '와(瓦)'는 계집아이의 장난감인 '실패'라는 뜻으로, 딸을 낳
  은 기쁨을 이르는 말
• 拍掌大笑(박장대소) : 손뼉을 치며 크게 웃음을 이르는 말
• 抱腹絕倒(포복절도) : 배를 끌어안고 넘어질 정도로 몹시 웃음을 이르는 말

슬픔

• 悲憤慷慨(비분강개) : 슬프고 분한 느낌이 마음속에 가득 차 있음을 뜻함
• 哀而不悲(애이불비) : 속으로는 슬프지만 겉으로는 슬픔을 나타내지 아니함을 이르는 말
• 哀而不傷(애이불상) : 슬퍼하되 정도를 넘지 아니함을 이르는 말
• 切齒腐心(절치부심) : 몹시 분하여 이를 갈면서 속을 썩임을 이르는 말
• 天人共怒(천인공노) : 하늘과 사람이 함께 분노한다는 뜻으로, 누구나 분노할 만큼 증오스럽거나 도저
  히 용납할 수 없음을 이르는 말
• 含憤蓄怨(함분축원) : 분하고 원통한 마음을 품는 것을 이르는 말

불행/행복

• 雪上加霜(설상가상) : '눈 위에 서리가 덮인다'라는 뜻으로, 불행한 일이 거듭하여 일어남을 비유함
• 七顚八倒(칠전팔도) : '일곱 번 구르고 여덟 번 거꾸러진다'라는 말로, 수없이 실패를 거듭하거나 매우
  심하게 고생함을 이르는 말
• 鷄卵有骨(계란유골) : '달걀에도 뼈가 있다'라는 뜻으로, 운수가 나쁜 사람은 좋은 기회를 만나도 역시
  일이 잘 안됨을 이르는 말
• 前途有望(전도유망) : 앞으로 잘 될 희망이 있음. 장래가 유망함을 일컫는 말
• 風雲兒(풍운아) : 좋은 기회를 타고 활약하여 세상에 두각을 나타내는 사람을 뜻하는 말
• 遠禍召福(원화소복) : 재앙을 물리치고 복을 불러들임

무례(無禮)

- 傍若無人(방약무인) : 곁에 사람이 없는 것처럼 거리낌 없이 함부로 행동하는 태도가 있음
- 眼下無人(안하무인) : 방자하고 교만하여 다른 사람을 업신여김을 이르는 말
- 回賓作主(회빈작주) : '손님으로 온 사람이 도리어 주인 행세를 한다'는 뜻으로, 남의 의견이나 주장을 무시하고 자기 마음대로 행동함을 이르는 말
- 厚顔無恥(후안무치) : 뻔뻔스러워 부끄러움이 없음

무식(無識)/어리석음

- 目不識丁(목불식정) : '고무래를 보고도 그것이 고무래 정(丁) 자인줄 모른다'라는 뜻으로, 글자를 전혀 모름, 또는 그런 사람을 비유하는 말
- 魚魯不辨(어로불변) : '어(魚)자와 노(魯)자를 구별하지 못한다'라는 뜻으로, 아주 무식함을 비유적으로 이르는 말
- 菽麥不辨(숙맥불변) : '콩인지 보리인지를 구별하지 못한다'라는 뜻으로 세상 물정을 잘 모름을 이르는 말
- 牛耳讀經(우이독경) : '쇠귀에 경 읽기'라는 뜻으로, 아무리 가르치고 일러주어도 알아듣지 못함을 이르는 말
- 緣木求魚(연목구어) : '나무에 올라가서 물고기를 구한다'라는 뜻으로, 불가능한 일을 굳이 하려 함을 비유적으로 이르는 말

인재(人才)

- 群鷄一鶴(군계일학) : '닭의 무리 가운데 있는 한 마리의 학'이란 뜻으로, 여럿 가운데서 가장 뛰어난 사람을 이르는 말
- 棟梁之材(동량지재) : 한 집안이나 한 나라의 기둥이 될 만한 훌륭한 인재를 이르는 말
- 鐵中錚錚(철중쟁쟁) : 평범한 사람들 가운데서 특별히 뛰어난 사람을 이르는 말
- 囊中之錐(낭중지추) : '주머니 속의 송곳'이란 뜻으로, 재능이 뛰어난 사람은 숨어 있어도 저절로 사람들에게 알려짐을 이르는 말
- 泰斗(태두) : '泰山北斗(태산북두)'의 준말로 남에게 존경받는 뛰어난 존재를 이르는 말

한자 유의어

가공(架空) = 허구(虛構)　　가권(家眷) = 권솔(眷率)　　가련(可憐) = 측은(惻隱)

가벌(家閥) = 문벌(門閥)　　가정(苛政) = 패정(悖政)　　각축(角逐) = 축록(逐鹿)

간난(艱難) = 고초(苦楚)　　간병(看病) = 간호(看護)　　간주(看做) = 치부(置簿)

갈등(葛藤) = 알력(軋轢)　　감시(瞰視) = 부감(俯瞰)　　강박(强迫) = 겁박(劫迫)

강탈(强奪) = 늑탈(勒奪)　　개량(改良) = 개선(改善)　　개전(改悛) = 반성(反省)

개제(皆濟) = 완료(完了)　　검약(儉約) = 절약(節約)　　격조(隔阻) = 적조(積阻)

결재(決裁) = 재가(裁可)　　결핍(缺乏) = 부족(不足)　　고무(鼓舞) = 고취(鼓吹)

공명(共鳴) = 수긍(首肯)　　공헌(公憲) = 기여(寄與)　　과격(過激) = 급진(急進)

광정(匡正) = 확정(廓正)　　괴수(魁首) = 원흉(元兇)　　교란(攪亂) = 요란(擾亂)

교사(敎唆) = 사주(使嗾)　　교섭(交涉) = 절충(折衷)　　구속(拘束) = 속박(束縛)

구축(驅逐) = 구출(驅出)　　구획(區劃) = 경계(境界)　　귀감(龜鑑) = 모범(模範)

귀향(歸鄕) = 귀성(歸省)　　기대(企待) = 촉망(囑望)　　기아(飢餓) = 기근(饑饉)

기질(氣質) = 성격(性格)　　나태(懶怠) = 태만(怠慢)　　낙담(落膽) = 실망(失望)

남상(濫觴) = 효시(嚆矢)　　달변(達辯) = 능변(能辯)　　대가(大家) = 거성(巨星)

독점(獨占) = 전유(專有)　　등한(等閑) = 소홀(疏忽)　　망각(忘却) = 망기(忘棄)

매료(魅了) = 매혹(魅惑)　　매진(邁進) = 맥진(驀進)　　명석(明晳) = 총명(聰明)

명함(名銜) = 명판(名判)　　모반(謀反) = 반역(反逆)　　목도(目睹) = 목격(目擊)

미연(未然) = 사전(事前)　　민첩(敏捷) = 신속(迅速)　　발췌(拔萃) = 선택(選擇)

백미(白眉) = 출중(出衆)　　범상(凡常) = 심상(尋常)　　불후(不朽) = 불멸(不滅)

사려(思慮) = 분별(分別)　　산책(散策) = 소요(逍遙)　　선철(先哲) = 선현(先賢)

쇄도(殺到) = 답지(遝至)　　수척(瘦瘠) = 초췌(憔悴)　　시사(示唆) = 암시(暗示)

시정(市井) = 여염(閭閻)　　시조(始祖) = 비조(鼻祖)　　알선(斡旋) = 주선(周旋)

압박(壓迫) = 위압(威壓)　　연혁(沿革) = 변천(變遷)　　영원(永遠) = 영구(永久)

요서(夭逝) = 요절(夭折)　　위엄(威嚴) = 위신(威信)　　유명(有名) = 고명(高名)

유미(唯美) = 탐미(耽美)　　은닉(隱匿) = 은폐(隱蔽)　　일률(一律) = 획일(劃一)

일치(一致) = 합치(合致)　　일호(一毫) = 추호(秋毫)　　자부(自負) = 자신(自信)

재능(才能) = 기량(器量)　　저가(低價) = 염가(廉價)　　전심(專心) = 몰두(沒頭)

질곡(桎梏) = 속박(束縛)　　질책(叱責) = 문책(問責)　　창공(蒼空) = 벽공(碧空)

천지(天地) = 건곤(乾坤)　　초옥(草屋) = 모옥(茅屋)　　최고(最高) = 지상(至上)

타계(他界) = 영면(永眠)　　표변(豹變) = 돌변(突變)　　풍부(豐富) = 윤택(潤澤)

풍정(風情) = 정취(情趣)   피력(披瀝) = 고백(告白)   하자(瑕疵) = 결함(缺陷)

횡사(橫死) = 비명(非命)   후락(朽落) = 퇴락(頹落)   힐난(詰難) = 지탄(指彈)

한자 반의어

가결(可決) ↔ 부결(否決)   간선(幹線) ↔ 지선(支線)   간섭(干涉) ↔ 방임(放任)

간헐(間歇) ↔ 지속(持續)   감퇴(減退) ↔ 증진(增進)   강건(剛健) ↔ 유약(柔弱)

강고(强固) ↔ 박약(薄弱)   개방(開放) ↔ 폐쇄(閉鎖)   개연(蓋然) ↔ 필연(必然)

객체(客體) ↔ 주체(主體)   거부(拒否) ↔ 승인(承認)   건조(乾燥) ↔ 습윤(濕潤)

걸작(傑作) ↔ 졸작(拙作)   경박(輕薄) ↔ 중후(重厚)   경상(經常) ↔ 임시(臨時)

경솔(輕率) ↔ 신중(愼重)   경직(硬直) ↔ 유연(柔軟)   경화(硬化) ↔ 연화(軟化)

계람(繫纜) ↔ 해람(解纜)   고답(高踏) ↔ 세속(世俗)   고상(高尚) ↔ 저속(低俗)

고아(高雅) ↔ 비속(卑俗)   곤란(困難) ↔ 용이(容易)   공명(共鳴) ↔ 반박(反駁)

공용(共用) ↔ 전용(專用)   관목(灌木) ↔ 교목(喬木)   관철(貫徹) ↔ 좌절(挫折)

교묘(巧妙) ↔ 졸렬(拙劣)   구심(求心) ↔ 원심(遠心)   균점(均霑) ↔ 독점(獨占)

근면(勤勉) ↔ 태타(怠惰)   근소(僅少) ↔ 과다(過多)   급성(急性) ↔ 만성(慢性)

급행(急行) ↔ 완행(緩行)   기결(旣決) ↔ 미결(未決)   기립(起立) ↔ 착석(着席)

긴밀(緊密) ↔ 소원(疏遠)   긴장(緊張) ↔ 해이(解弛)   긴축(緊縮) ↔ 완화(緩和)

길조(吉兆) ↔ 흉조(凶兆)   낙관(樂觀) ↔ 비관(悲觀)   낙천(樂天) ↔ 염세(厭世)

낭독(朗讀) ↔ 묵독(默讀)   내포(內包) ↔ 외연(外延)   노마(駑馬) ↔ 준마(駿馬)

노회(老獪) ↔ 순진(純眞)   농후(濃厚) ↔ 희박(稀薄)   눌변(訥辯) ↔ 달변(達辯)

능멸(凌蔑) ↔ 추앙(推仰)   단축(短縮) ↔ 연장(延長)   담천(曇天) ↔ 청천(晴天)

도심(都心) ↔ 교외(郊外)   동요(動搖) ↔ 안정(安定)   둔감(鈍感) ↔ 민감(敏感)

둔탁(鈍濁) ↔ 예리(銳利)   득의(得意) ↔ 실의(失意)   만조(滿潮) ↔ 간조(干潮)

모두(冒頭) ↔ 말미(末尾)   모방(模倣) ↔ 창조(創造)   밀집(密集) ↔ 산재(散在)

박무(薄霧) ↔ 농무(濃霧)   박토(薄土) ↔ 옥토(沃土)   백발(白髮) ↔ 홍안(紅顔)

보수(保守) ↔ 혁신(革新)   부상(扶桑) ↔ 함지(咸池)   비번(非番) ↔ 당번(當番)

비범(非凡) ↔ 평범(平凡)   상술(詳述) ↔ 약술(略述)   세모(歲暮) ↔ 연두(年頭)

수리(受理) ↔ 각하(却下)   수절(守節) ↔ 훼절(毀節)   심야(深夜) ↔ 백주(白晝)

쌍리(雙利) ↔ 편리(片利)   애호(愛好) ↔ 혐오(嫌惡)   양수(讓受) ↔ 양도(讓渡)

억제(抑制) ↔ 촉진(促進)   엄격(嚴格) ↔ 관대(寬大)   역경(逆境) ↔ 순경(順境)

영겁(永劫) ↔ 편각(片刻)   영전(榮轉) ↔ 좌천(左遷)   요절(夭折) ↔ 장수(長壽)

우연(偶然) ↔ 필연(必然)   우회(迂廻) ↔ 첩경(捷徑)   원양(遠洋) ↔ 근해(近海)

유사(類似) ↔ 상위(相違)　　융기(隆起) ↔ 함몰(陷沒)　　이단(異端) ↔ 정통(正統)

임대(賃貸) ↔ 임차(賃借)　　정산(精算) ↔ 개산(槪算)　　정착(定着) ↔ 표류(漂流)

조객(弔客) ↔ 하객(賀客)　　조악(粗惡) ↔ 정교(精巧)　　직계(直系) ↔ 방계(傍系)

질서(秩序) ↔ 혼돈(混沌)　　참신(斬新) ↔ 진부(陳腐)　　치졸(稚拙) ↔ 세련(洗練)

편파(偏頗) ↔ 공평(公平)　　폐지(廢止) ↔ 존속(存續)　　하락(下落) ↔ 앙등(仰騰)

할인(割引) ↔ 할증(割增)　　호전(好轉) ↔ 악화(惡化)　　횡단(橫斷) ↔ 종단(縱斷)

부사관 기본 지식

군대 계급

병사

병사는 이병, 일병, 상병, 병장의 4단계로 구성되어 있고, '이병→일병→상병→병장'의 순서대로 계급이 올라간다. 병사 계급장은 지구 요소인 4개 층을 표시한 것으로 군 기반 형성의 상징을 뜻하고, 계급이 오를수록 전투력과 임무수행의 숙달을 뜻한다.

부사관

부사관은 장교와 병사 사이에 있는 계급으로, 하사, 중사, 상사, 원사의 4단계로 구성되어 '하사→중사→상사→원사'의 순서대로 계급이 올라간다. 부사관 계급장은 굳건한 기초 위에 자라난 나뭇가지를 형상화한 것으로, 전문화된 기술과 숙련된 전투력의 개발 능력을 의미한다.

장교

- **위관 장교** : 위관 장교는 준위, 소위, 중위, 대위로 구성된다. 이 중 준위는 특수한 계급으로, 부사관 중 상사 이상의 계급이 돼야 준위로 지원할 수 있다. 위관 장교 계급장은 다이아몬드를 형상화한 깃으로, 이는 가장 단단하면서도 깨지지 않는 다이아몬드의 특성을 통해 초급장교로서 국가 수호의 굳건한 의시를 나타낸 것이다.
- **영관 장교** : 영관 장교는 소령, 중령, 대령의 3단계로 구성되어 '소령→중령→대령'의 순서대로 계급이 올라간다. 영관 장교 계급장의 대나무는 사계절 내내 푸르름과 굳건한 기상, 절개를 상징한다.
- **장군** : 장군은 준장, 소장, 중장, 대장으로 구성된다. 장군은 참모총장이나 각 군, 군단, 사단, 여단급의 지휘 체계를 담당하는 군 최고 지휘관으로 활동한다. 장군은 그 자체로 사관이 되거나 지휘관을 보좌하여 임무를 수행하게 된다. 장군 계급장의 별은 스스로 빛을 내는 천체로서 군에서의 모든 경륜을 익힌 완숙한 존재임을 상징한다.

분대[squad]

소대의 하위 부대로서 가장 작은 부대 단위로, 보통 구성원은 7~10명 정도이다. 분대의 지휘관은 분대장이 맡고 분대장의 계급은 보통 상병 또는 병장이다.

소대[platoon]

중대의 하위 부대로서 보통 4개 분대로 구성된다. 소대의 지휘관은 소대장이 맡고 소대장의 계급은 보통 소위 또는 중위이다. 소대장의 부재시 소대장의 역할을 대신할 부소대장이 존재하며, 보통 부사관이 부소대장을 맡는다.

중대[company]

대대의 하위 부대로서 보통 본부를 포함하여 4개의 소대로 구성된다. 중대의 지휘관은 중대장이 맡고 중대장의 계급은 보통 대위이다. 중대 이상의 지휘관은 인사권을 부여 받게 된다.

대대[battalion]

중대보다는 큰 규모이고, 보통 대대본부와 3개의 중대로 구성된다. 대대의 지휘관은 대대장이 맡고 대대장의 계급은 보통 중령이다.

연대[regiment]

사단이나 여단보다는 작고, 대대보다는 큰 행정 및 전술단위 부대이며, 연대의 지휘관은 연대장이 맡고 연대장의 계급은 보통 대령이다. 연대의 편성으로는 보병 연대 외에 포병 연대, 전차 연대, 공병 연대 등이 있다.

여단[brigade]

연대보다는 큰 규모이고, 사단보다 작은 규모로 보통 2개 연대로 구성되어 있다. 여단의 지휘관은 여단장이 맡고 여단장의 계급은 보통 준장이다.

사단[division]

군단보다 작고 여단 및 연대보다 큰 규모이고, 독립적으로 전술작전을 수행할 수 있는 최소의 단위 부대이다. 사단의 지휘관은 사단장이 맡고 사단장의 계급은 보통 소장이다. 사단의 편성으로는 보병사단, 기갑사단, 공수사단, 산악사단 등이 있다.

군단[corps]

사단보다는 크고 야전군보다 작은 규모의 전술부대로 보통 2개 이상의 사단으로 구성되어 있다. 군단의 지휘관은 군단장이 맡고 군단장의 계급은 보통 중장이다.

공군 부사관 대표유형 + 실전문제

정답 및 해설

실전모의고사 1회
실전모의고사 2회

실전모의고사 1회

정답										
	01 ③	02 ②	03 ①	04 ⑤	05 ①	06 ⑤	07 ③	08 ②	09 ⑤	10 ④
	11 ②	12 ①	13 ④	14 ⑤	15 ②	16 ③	17 ③	18 ⑤	19 ④	20 ②
	21 ③	22 ②	23 ①	24 ②	25 ③					

01 ③

정답해설 문맥상 ㉠에는 '스스로를 굽히는 마음'이라는 뜻의 '자굴지심(自屈之心)'이, ㉡에는 '눈을 비비고 다시 보다. 즉, 학식이나 재주가 부쩍 진보하다'는 뜻의 '괄목상대(刮目相對)'가 들어가는 것이 옳다.

오답해설 ① 자격지심(自激之心) : 자기가 한 일에 대하여 스스로 미흡하게 여기는 마음을 뜻한다.

사상누각(沙上樓閣) : 모래 위에 세운 다락집이라는 뜻으로, 기초가 약하여 무너질 염려가 있을 때나 실현 불가능한 일을 두고 이르는 말이다.

② 자포자기(自暴自棄) : 자신을 스스로 해치고 버린다는 뜻으로, 몸가짐이나 행동을 되는대로 취한다는 뜻이다.

청출어람(靑出於藍) : 푸른색은 쪽에서 나왔지만 쪽빛보다 더 푸르다라는 뜻으로, 제자가 스승보다 더 나음을 비유하는 말이다.

④ 방약무인(傍若無人) : 곁에 아무도 없는 것처럼 여긴다는 뜻으로, 주위에 있는 다른 사람을 전혀 의식하지 않고 제멋대로 행동하는 것을 이르는 말이다.

자화자찬(自畫自讚) : 자기가 그린 그림을 스스로 칭찬한다는 뜻으로, 자기가 한 일을 자기 스스로 자랑함을 이르는 말이다.

⑤ 심기일전(心機一轉) : 마음의 기틀이 한 번 변한다는 뜻으로, 어떠한 계기를 통해 지금까지 지녔던 생각과 자세를 완전히 바꾸는 것을 이르는 말이다.

작심삼일(作心三日) : 지어 먹은 마음이 사흘을 가지 못한다는 뜻으로, 결심이 굳지 못함을 이르는 말이다.

02 ②

정답해설 간담상조(肝膽相照)는 '간과 쓸개를 내놓고 서로에게 내보인다'라는 뜻으로, 서로 마음을 터놓고 친밀(親密)히 사귐을 뜻한다. 실패 후 악착같이 공부하는 모습에 쓰일 한자 성어는 아니다.

적절한 한자성어는 칠전팔기(七顚八起), 와신상담(臥薪嘗膽) 등이 있다.

03 ①

정답해설 '소 잃고 외양간 고친다.'는 준비를 소홀히 하다가 실패한 후에야 후회하고 뒤늦게 수습한다는 뜻을 가진 속담으로, 인간의 소유욕과 관련이 없다.

04 ⑤

정답해설 제시문에서의 '빼고'는 '전체에서 일부를 제외하거나 덜어 내다'라는 뜻으로 사용되었고 이와 같은 의미로 사용된 것은 ⑤이다.

오답해설 ① 꼭 그대로 물려받다.

② 박혀 있는 것을 밖으로 나오게 하다.

③ 저금이나 보증금 따위를 찾다.

④ 셋방 따위를 비우다.

05 ①

정답해설 제시문의 '차다'는 '감정이나 기운 따위가 가득하게 되다'는 의미이다. 이러한 의미로 사용된 것은 ①이다.

오답해설 ② 일정 공간에 냄새 등이 가득하게 되다.

③, ④ 어떤 것을 몸의 한 부분에 달아매달거나 끼워서 지니다.

⑤ 정해진 기간이나 나이, 수량 등이 다 되다.

06 ⑤

정답해설 벼린 도끼가 이 빠진다는 속담은 애써서 벼린 도끼의 날이 그만 이가 빠져서 꼴사납게 되었다는 뜻으로, 공을 들여 잘 장만한 것이 오히려 빨리 못쓰게 되는 경우를 비유적으로 이르는 말이다.

07 ③

정답해설 '고루(固陋)'는 '굳을 고(固)'와 '좁을 루(陋)'를 쓴 것으로, '견문이 좁고 고집이 셈' 또는 '생각하는 것이 낡고 새로운 것을 받아들이지 아니함'을 의미하는 말이다. 따라서 뜻이 잘못 설명되었다.

08 ②

정답해설 '고조(高調)'는 '감정이나 사상, 세력 등이 한참 무르익거나 높아짐 또는 그런 상태'를 의미한다.

09 ⑤

정답해설 '상응(相應)'은 '(~에, ~과) 서로 응하거나 어울리다. 서로 기맥이 통하다'의 뜻을 가진다. 따라서 빈칸에 들어갈 말로 가장 적절한 것은 상응(相應)이다.

10 ④

정답해설 ㉣의 '가다'는 '지나거나 흐르다'의 의미로 사용되었다.

11 ②

정답해설 제시문은 언어가 어떤 사물에 이름을 붙여 그 사물의 개념이 형성된다는 언어의 지시적 기능에 대한 내용을 담고 있다. 지시적 기능은 말하는 사람이 듣는 사람에게 어떤 정보나 내용을 알려 주는 기능을 의미하므로 정보적 기능이라고도 한다.

12 ①

정답해설 제시문은 '현재의 문화 창조에 이바지할 수 있느냐'를 기준으로 전통을 과거의 인습이나 단순한 유물과 구분하고 있다. 즉, 현재의 문화 창조에 이바지할 수 있는 것만을 전통으로 보고 있다. 따라서 ①이 가장 적합한 진술이다.

13 ④

정답해설 해당 문장에서 높여야 할 대상은 주체인 '교장 선생님'이다. 그러나 여기에서의 주어는 '말씀'이므로 직접높임법을 사용할 경우 '말씀'을 꾸미는 '계시다'가 사용되는데, 이는 잘못된 표현이다. 실제 높임을 받는 주체인 교장 선생님이라는 높이기 위해서는 간접높임법의 표현을 사용해 '있으시겠습니다.'로 표현하는 것이 옳다.

14 ⑤

정답해설 주어진 보기에서 '두째'와 '둘째'의 예를 들어 차례의 표현과 수량의 표현의 표준어를 설명하고 있다. 십 단위 이상에서 수량을 나타내는 ⑤의 '스물둘째'가 올바른 표준어 사용이다.

 ① 열하나째
② 첫째
③ 스물셋째
④ 열넷째

15 ②

 '지꺼리는'은 동사 '지껄이다'에 관형사형 어미가 결합된 것으로, '지껄이는'이 맞는 표기이다.
 ① '잠가야'는 동사 '잠그다'의 어간에 어미 '-아야'가 결합된 것으로, 이 경우에 '잠그다'가 활용할 때에는 '으'가 탈락하는 현상이 나타난다. 따라서 '잠궈야'가 아니라 '잠가야'가 맞는 표기이다.
③ '사물이나 영역의 안과 밖'을 뜻하는 '안팎'은 옳은 표기이다.
④ '얼굴에 핏기나 생기가 없어 파리하다.'를 뜻하는 '해쓱하다'는 옳은 표기이다.
⑤ '하는 짓이나 모양이 격에 어울리지 않다.'를 뜻하는 '멋쩍다'는 옳은 표기이다.

16 ③

 '법석'이 바른 표현이다. 한 단어 안에서 뚜렷한 까닭 없이 나는 된소리는 다음 음절의 첫소리를 된소리로 적지만, 'ㄱ, ㅂ' 받침 뒤에서 나는 된소리는 같은 음절이다 비슷한 음절이 겹쳐 나는 경우가 아니면 된소리로 적지 않는다.
 ① '찌푸렸다'가 바른 표현이다.
② '개고'가 바른 표현이다.
④ '홑몸이 아니다'가 바른 표현이다.
⑤ '짜깁기'가 바른 표현이다.

17 ③

 이어지는 내용이 단일 한자 또는 복수 한자어로 구성된 친족지칭어에 대한 내용이므로 '한국의 친족지칭어는 거의 한자어로 이루어져 있다'가 들어가는 것이 적절하다.

18 ⑤

 오늘날 학자들의 행동양식은 지행일치(知行一致)의 자세와는 거리가 멀며, 지식의 습득에만 치중하고 있음을 비판하는 내용이 들어가야 적절하다.

19 ④

 거대 기계는 인간을 소외시키고 착취와 억압을 상징하지만, 물레는 그러한 것이 없는 인간적 규모의 기계를 상징한다. 따라서 물레는 거대 기계처럼 인간을 소외시키지 않으면서 도움을 주고, 평등한 관계를 유지할 수 있게 하는 기계인 것이다.
 ① 거대 기계는 착취와 억압을 상징하며, 복잡하고 거대한 기계는 그 자체로 비인간화와 억압의 구조를 강화하기 쉬운 것이다.
② '근대 산업 문명은 사람들의 정신을 병들게 하고, 끊임없이 이기심을 자극하며, 금전과 물건의 노예로 타락시킬 뿐만 아니라, 내면적인 평화와 명상의 생활을 불가능하게 만든다.'라고 첫 문장에 언급되어 있다.
③ '간디는 산업화의 확대, 또는 경제 성장이 참다운 인간의 행복에 기여한다고는 결코 생각할 수 없었다.'라고 언급되어 있다.
⑤ '물레'가 갖는 상징적인 의미는 세 가지가 있다. 지배와 착취와 억압의 구조 타파, 심리적 습관과 욕망의 근절, 내면적인 평화와 명상의 생활이 그것이다. 물레라는 것은 비폭력주의의 본질인 것으로 추론할 수 있다.

20 ②

 제시문은 종교에 대한 진지한 성찰이 교양인에게 필요한 이유를 설명하고 있는 글이다. ②의 경우 종교의 근본적 의미와 인간 구원의 가능성을 연관시켰는데 이는 글에 언급되어 있지 않은 내용이며 구원의 문제가 글에서 중심적으로 부각되지도 않았으므로 적절한 반응이 아니다.

21 ③

정답해설 3문단에서 근육에서는 혈당을 에너지원으로 이용하고 남은 것은 글리코겐으로 저장하는데, 인슐린은 간에서도 혈당을 글리코겐으로 변화시켜 저장한다고 하였다. 따라서 혈당은 글리코겐으로 변화되어 근육이나 간에 저장되기도 한다는 ③의 설명은 적절하다.

오답해설 ① 3문단을 통해 근육 세포로 보내지는 혈당은 에너지원이 되지만 지방 세포로 보내지는 혈당은 체지방이 됨을 알 수 있다.

② 1문단에 의하면 췌장의 랑게르한스섬에서는 24시간 동안 쉬지 않고 인슐린이 분비되는데, 이는 특별한 자극을 받지 않고도 분비되는 것이므로 공복 상태가 되면 췌장에서 인슐린 분비가 촉진된다고 볼 수 없다.

④ 4문단에서 인슐린이 분비되지 않게 되면 몸속은 고혈당 상태가 지속될 것이라고 하였다. 즉, 인슐린 작용이 약하면 우리 몸은 고혈당 상태가 지속될 수 있는 것이다.

⑤ 혈당은 인슐린에 의해 근육 세포로 보내지고, 근육에서는 혈당을 에너지원으로 이용한다.

22 ②

정답해설 '연구팀이 미토콘드리아 유전자를 원인으로 지목하는 이유는 이 유전자가 세포질 속에만 존재하는 것으로서 수정 과정에서 난자를 통해 어미로부터만 유전되기 때문이다.'를 통해 ②가 제시문의 내용과 일치함을 알 수 있다.

오답해설 ①, ③ 제시문과 일치하지 않는다. 일란성 쌍둥이와는 달리, 복제인간은 난자 제공자가 다른 경우 각기 다른 미토콘드리아 DNA를 가지게 된다.

④ 제시문과 일치하지 않는다. 복제인간이 체세포와 난자를 한 사람으로부터 제공받으면, 핵 속의 DNA와 미토콘드리아 DNA를 모두 물려받아 체세포 제공자와 동일한 DNA를 갖는다.

⑤ 제시문과 일치하지 않는다. 복제인간의 경우 환경의 영향이 일란성 쌍둥이에 비해 훨씬 크게 작용할 수 있다.

23 ①

정답해설 ㉠은 논리적 사고의 개념 정의에 해당하며, ㉡은 논리적 사고의 의의, ㉢은 오늘날 인류에 미치는 논리적 사고의 의의(부연), ㉣은 ㉢의 예시, ㉤은 오늘날 논리의 역할에 대한 내용이다. 따라서 ①의 순서가 논리적으로 가장 적절하다.

핵심정리 논리적으로 문장 나열하기

주어진 문장을 읽고 글의 흐름에 맞게 재배열하는 문제유형의 경우, 앞의 내용을 가리키는 지시대명사나 대명사, 앞문장과 뒷문장의 관계를 알 수 있는 접속사 등을 주의 깊게 살펴야 한다. 문장 진제를 읽는 데에 시간을 소비하기보다는 지시어, 접속어 능과 관계된 문장 속의 단어와 내용을 파악해 앞, 뒤에 이떤 문징이 와야 하는지 논리적인 구조를 생각하는 깃이 쭝요하다.

24 ②

정답해설 만약 시간 여행 중에 발생하는 사건으로 인해 역사가 바뀌지 않는다면 시간 여행의 모순은 존재하지 않을 것이므로 시간 여행과 논리 법칙은 서로 어긋나지 않을 것이다.

오답해설 ① 시간 여행이 논리 법칙에 어긋난다고 하는 이유는 거슬러 올라가는 시간의 길이에 있지 않다. 만약 시간 여행자가 과거를 여행하는 도중 미래에 영향을 끼칠 행동을 한 경우, 이 영향이 시간 여행자의 행동 자체에 미쳐 모순이 발생할 수 있다. 바로 이 모순 때문에 시간 여행이 논리 법칙과 양립할 수 없다는 결론이 나오는 것이다.

③ 시간 여행자가 나비를 밟아 역사를 변화시켰다는 것은 웰즈의 소설 〈타임머신〉에 등장하는 내용이다. 제시문에서 이것은 시간 여행과 관련된 모순을 설명하기 위한 하나의 예일 뿐, 모든 모순이 나비를 밟는 것으로 인해 발생하는 것은 아니므로 ③은 설득력을 갖지 못한다.

④ 과거로의 시간 여행자가 자신의 할아버지를 만나 살해하는 내용은 시간 여행이 갖는 모순을 설명하기 위한 예로 사용되었을 뿐이다. 그러므로 과거로 시간 여행을 하는 시간 여행자가 자신의 할아버지를 만날 수 있다는 내용은 제시문에서 말하고자 하는 바와 아무런 연관성을 갖지 못한다.

⑤ 호킹박사를 과거로 데려가 아인슈타인과 공동 연구를 시킬 경우 더 많은 업적을 남긴다는 것은 과거로의 시간 여행을 옹호하는 내용으로 보인다. 그러나 '더 많은 업적'은 과거로의 시간 여행이 미래에 영향을 끼친 결과 발생한 것으로,

제시문에 따르면 이것은 모순에 해당하여 논리 법칙과 양립할 수 없다.

25 ③

정답해설 제시된 ㉠~㉣의 내용을 검토해 보면 다음과 같다.
㉠ 학문을 한다면서 논리를 불신하는 것은 용납할 수 없다.
㉡ 학문은 논리화된 진실을 탐구하는 행위이다.
㉢ 교수는 학문을 와해시켜서는 안 된다(학문을 하여야 한다).
㉣ 논리를 불신하는 것은 자유이나, 학문은 논리를 신뢰하는 사람만이 하여야 한다.
먼저 ㉡은 이 글의 전제로서 제일 앞에 나올 수 있으며, 다음으로 본론에 해당하는 ㉣(반론의 제시와 이 반론에 대한 반박을 제시)과 ㉠(㉣의 반박을 부연·강조)이, 마지막으로 결론을 담고 있는 ㉢이 연결되는 것이 논리적으로 가장 적절하다.

★ 자료해석

정답										
01 ④	02 ①	03 ②	04 ③	05 ③	06 ②	07 ③	08 ①	09 ①	10 ②
11 ④	12 ④	13 ②	14 ②	15 ③	16 ③	17 ②	18 ④	19 ①	20 ④

01 ④

정답해설 아버지의 나이를 x라 할 때

형의 나이 : $\frac{1}{3}x$, 동생의 나이 : $\frac{1}{5}x$

형과 동생의 나이 차는 8살이므로

$\frac{1}{3}x - \frac{1}{5}x = 8$, $x = 60$(세)

∴ 아버지의 나이는 60세이다.

02 ①

정답해설 서로 다른 주사위 A, B가 나온 눈을 (A, B)로 표시할 때, 각각의 경우의 수는 다음과 같다.
눈의 합이 2가 되는 경우 : $(1, 1)$
눈의 합이 4가 되는 경우 : $(1, 3)$, $(2, 2)$, $(3, 1)$
∴ 눈의 합이 2 또는 4가 되는 경우의 수는 4가지이다.

03 ②

정답해설 나무의 간격이 10m일 때 필요한 나무의 그루 수를 x라 하면
$10x = 5(x+11)$, $x = 11$(그루)
∴ 연못의 둘레 $= 10 \times 11 = 110(\mathrm{m})$

04 ③

정답해설 도수에 총합에 대한 각 계급의 도수의 비율을 그 계급의 상대도수라고 한다. 상대도수의 총합은 항상 1이므로
$0 + 0.05 + 0.15 + 0.25 + x + 0.1 + 0.1 = 1$
$x = 0.35$

상대도수 $= \dfrac{\text{그 계급의 도수}}{\text{도수의 총합}}$ 이므로 16초 이상 17초 미만인 학생 수는 $0.35 \times 40 = 14$명

05 ③

정답해설 신입 부사관의 수를 x라 하면, $x-3$은 5, 6, 8의 공배수이므로 120, 240, 360, …이다. 그런데 학생수가 200명 이하이므로 $x-3=120$, $x=123$(명)

06 ②

정답해설 여기서 정가는 '원가$(1+$이익률$)$'이 되며, 할인된 판매가는 '정가$(1-$할인율$)$'이 된다.
개당 원가가 4,000원이므로, 정가는 '$4,000(1+0.6)=6,400$(원)'이 된다.
또한 할인된 판매가는 '$6,400(1-0.4)=3,840$(원)'이 된다.
'판매가$-$원가'는 '$3,840-4,000=-160$(원)'이 되므로, 이 물품 하나를 팔 때 160원의 손실이 발생한다.

07 ③

정답해설 시계 상 1시간은 실제 58분이므로, 시계가 4시간 30분을 움직였다면 실제 경과한 시간은 $270 \times \dfrac{58}{60}=261$(분)이다.

즉 4시간 21분이 경과 했으므로, 현재 시각은 5시 21분이다.

08 ①

정답해설 거리$=$속력$\times$시간이므로

A군이 80분 동안 걷는 거리 : 4×80분$=4 \times \dfrac{80}{60}=\dfrac{16}{3}$

$\therefore$ B군의 속력 : $\dfrac{16}{3} \div \dfrac{100}{60}=3.2(\text{km/h})$

09 ①

정답해설 에너지 섭취량은 2015년에는 2,034kcal, 2020년에는 2,055kcal, 2025년에는 2,058kcal로 24kcal 증가했으나 활동량은 2020년 75.5%에서 2025년 60.7%로 14.8% 감소했다.

오답해설 ② 2020년 지질 섭취 비율은 16.4%, 2025년 지질 섭취 비율은 18.3%로 약 2% 증가했다.
③ 2015년 소아 및 청소년 비만 유병률은 6.8%, 2025년 소아 및 청소년 비만 유병률은 12%로 약 2배 증가하였다.
④ 2015년 남자 청소년 비만 유병률은 7.2%, 여자 청소년 비만 유병률은 6.4%, 2025년 남자 청소년 비만 유병률은 14.4%, 여자 청소년 비만 유병률은 9.3%로 남자 청소년의 비만 유병률이 상대적으로 높다.

10 ②

정답해설 양천구는 8월(24)보다 7월(21)의 미세먼지의 대기오염도가 더 낮다.

11 ④

정답해설 총 학생 수$=$전체 학교 수$\times$학교당 학급 수$\times$학급당 학생 수
중학교의 총 학생 수 : $70 \times 36 \times 35=88,200$(명)
고등학교의 총 학생 수 : $60 \times 33 \times 32=63,360$(명)
$\therefore 88,200-63,360=24,840$(명)

12 ④

정답해설 총 주간 수업시수$=$전체 학교 수$\times$학교당 학급 수$\times$학급당 주간 수업시수(시간)
초등학교의 주간 수업시수 : $150 \times 30 \times 28=126,000$(시간)
중학교의 주간 수업시수 : $70 \times 36 \times 34=85,680$(시간)

13 ②

정답해설 ㄴ. 2023년 5월 온라인쇼핑 거래액은 전월대비 $\frac{(73,821-71,000)}{71,000} \times 100 ≒ 4\%$ 증가했다.

ㄷ. 2024년 5월 모바일 거래액은 전월대비 $\frac{(56,285-53,556)}{53,556} \times 100 ≒ 5.1\%$ 증가했다.

오답해설 ㄱ. 2024년 4월 온라인쇼핑 거래액은 전년동월대비 $\frac{(87,355-71,000)}{71,000} \times 100 ≒ 23\%$ 증가했다.

ㄹ. 2023년 5월 온라인쇼핑 거래액 중 모바일 거래액의 비율은 $\frac{42,055}{73,821} \times 100 ≒ 57\%$ 이다.

14 ②

정답해설 4월 모바일 거래액의 비율 : $\frac{53,556}{87,355} \times 100 ≒ 61.3\%$

5월 모바일 거래액의 비율 : $\frac{56,285}{90,544} \times 100 ≒ 62.2\%$

즉, $62.2-61.3=0.9\%$ 증가하므로 6월 모바일 거래액의 비율은 $62.2+0.9=63.1\%$

∴ $100,000 \times 0.631 = 63,100$(억 원)

15 ③

정답해설 연도별 인구 10만 명당 범죄 발생건수는 '$\frac{범죄발생건수}{총인구수} \times 100,000$'이므로, 2021년 인구 10만 명당 범죄 발생건수는

'$\frac{18,258}{49,346,000} \times 100,000 ≒ 37건$'이 된다.

16 ③

정답해설 ⓒ 2024년 4대 범죄의 발생건수와 검거건수를 비교할 때, 발생건수 대비 검거건수 비율이 낮은 범죄유형은 '상해'와 '절도'이다. 상해의 경우 발생건수 대비 검거건수 비율이 '$\frac{122}{132} \times 100 ≒ 92.4\%$'이며, 절도의 경우 '$\frac{12,525}{14,778} \times 100 ≒ 84.8\%$'이므로, '절도'가 2024년 발생건수 대비 검거건수 비율이 가장 낮은 범죄유형이다. 따라서 ⓒ은 옳지 않다.

ⓒ 2021년 강도와 상해 발생건수의 합이 4대 범죄 발생건수에서 차지하는 비율은 '$\frac{(5,753+132)}{22,310} \times 100 ≒ 26.4\%$'이며, 2024년 강도와 상해 검거건수의 합이 4대 범죄 검거건수에서 차지하는 비율은 '$\frac{(5,481+122)}{19,774} \times 100 ≒ 28.3\%$'이 된다. 따라서 전자는 후자보다 낮으므로, ⓒ은 옳지 않다.

오답해설 ㄱ 인구 10만 명당 발생건수 증가율을 참고로 할 때, 전년대비 4대 범죄 발생건수 증가율이 가장 낮은 연도는 2023년이다. 전년대비 4대 범죄 검거건수 증가율의 경우도 2023년이 '$\frac{(16,630-16,404)}{16,404} \times 100 ≒ 1.4\%$'로 가장 낮다.

ㄹ 〈표1〉을 통해 매년 4대 범죄의 발생건수와 검거건수가 증가하고 있음을 알 수 있다.

17 ②

정답해설 총 8가지 경로가 가능하고, 중복되는 경우가 두 가지씩 있으므로 네 가지 경로에 대해서만 계산해보면

(i) 회사－A－D－F－E－C－B－회사(회사－B－C－E－F－D－A－회사)

$8+8+7+8+10+9+10=60$km

(ii) 회사－A－D－F－C－E－B－회사(회사－B－E－C－F－D－A－회사)

$8+8+7+12+10+12+10=67$km

(iii) 회사－A－D－C－F－E－B－회사(회사－B－E－F－C－D－A－회사)

$8+8+15+12+8+12+10=73$km

(iv) 회사－A－C－D－F－E－B－회사(회사－B－E－F－D－C－A－회사)

$8+11+15+7+8+12+10=71$km

따라서 박대리가 출장을 다녀올 수 있는 최단거리는 (ⅰ)의 경우이므로 60km이다.

18 ④

정답해설 회사에서 출발하여 B를 경유하여 F에 도착하는 경로는 2가지가 가능하다.
(ⅰ) 회사 $-$ B $-$ C $-$ F
$10+9+12=31$km
(ⅱ) 회사 $-$ B $-$ E $-$ F
$10+12+8=30$km
따라서 한과장이 갈 수 있는 최단거리는 30km이다.

19 ①

정답해설 미술관의 관람률은 계속 증가하고 있다. ($12.3\% \rightarrow 12.8\% \rightarrow 13.5\%$)
오답해설 ② 2025년 문화예술 관람률은 남자가 61.6%, 여자가 66.3%로 여자가 더 높다.
③ 모든 연령층에서 문화예술 관람률이 증가하고 있다.
④ 2024년 60세 이상 사람들의 문화예술 관람률이 28.9%로 가장 낮다.

20 ④

정답해설 연극의 관람률은 15%이므로 $500 \times 0.15 = 75$명
박물관의 관람률은 16.7%이므로 $500 \times 0.167 = 83.5 ≒ 84$명

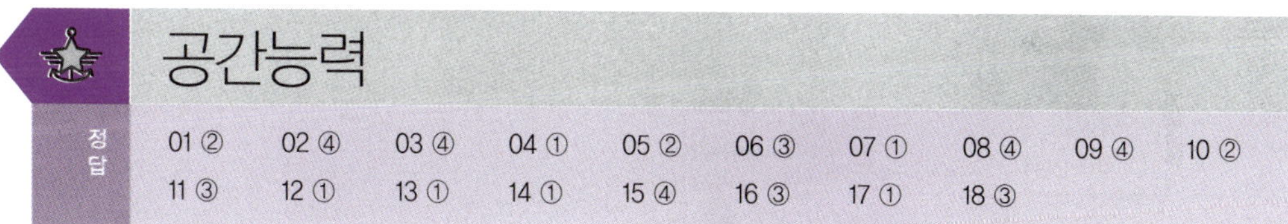

공간능력

정답	01 ②	02 ④	03 ④	04 ①	05 ②	06 ③	07 ①	08 ④	09 ④	10 ②
	11 ③	12 ①	13 ①	14 ①	15 ④	16 ③	17 ①	18 ③		

01 ②

정답해설

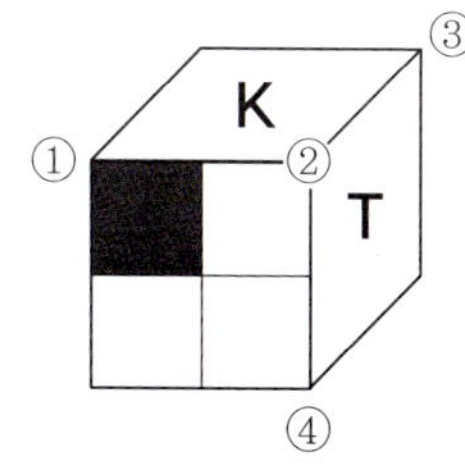
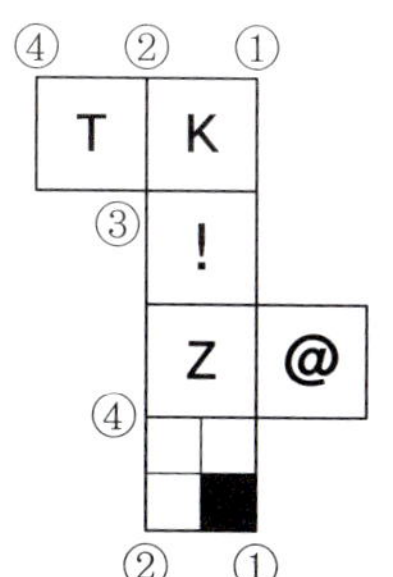

정답해설

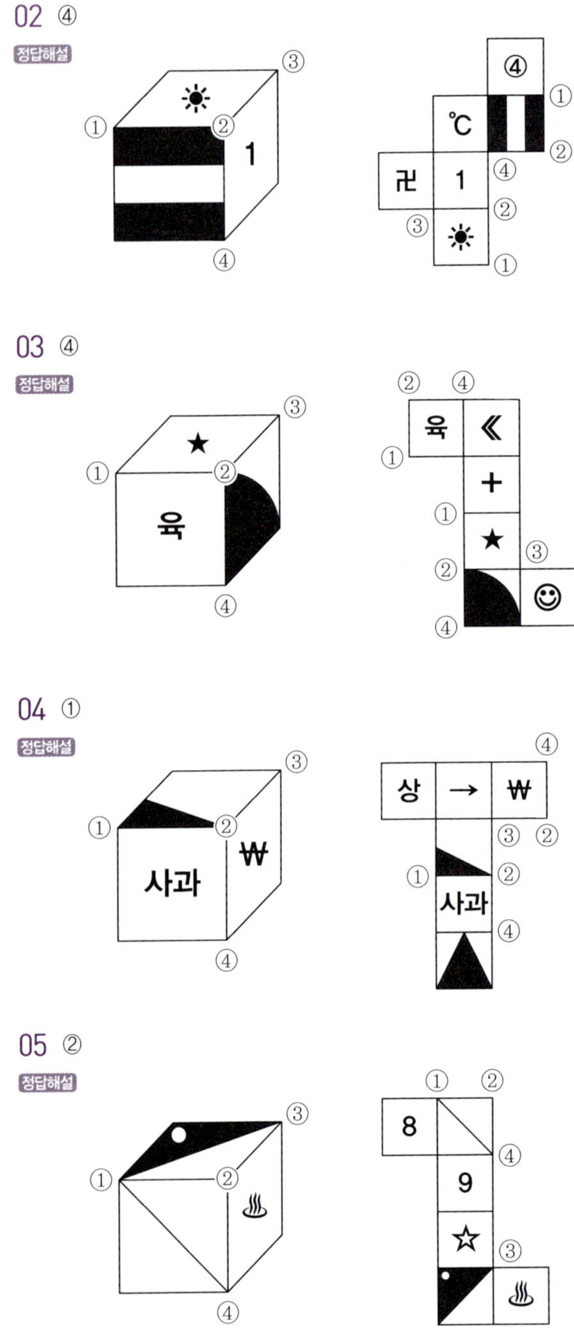

정답해설

정답해설

정답해설

06 ③

정답해설

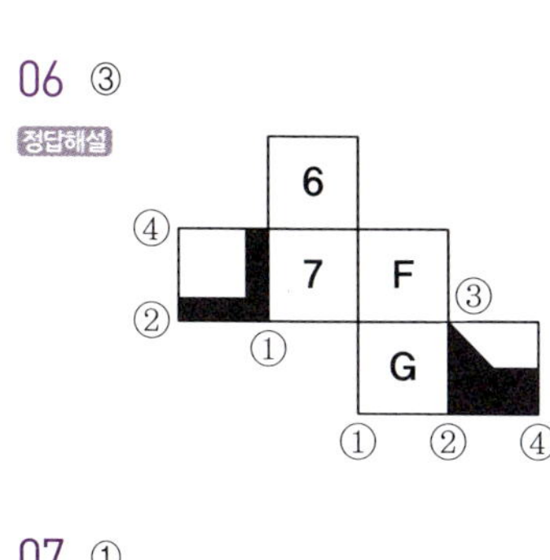 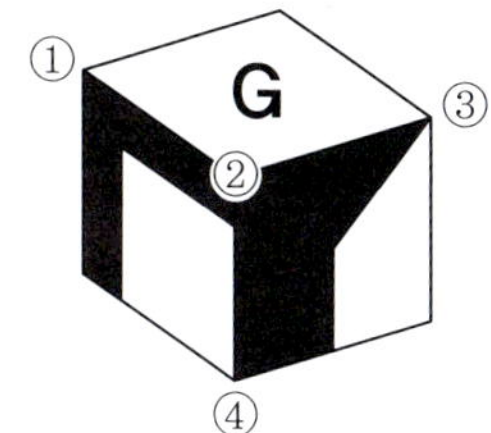

07 ①

정답해설

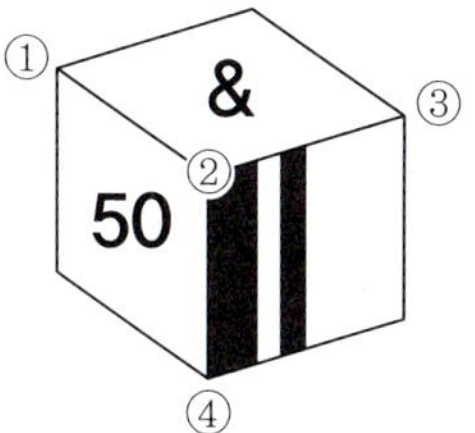 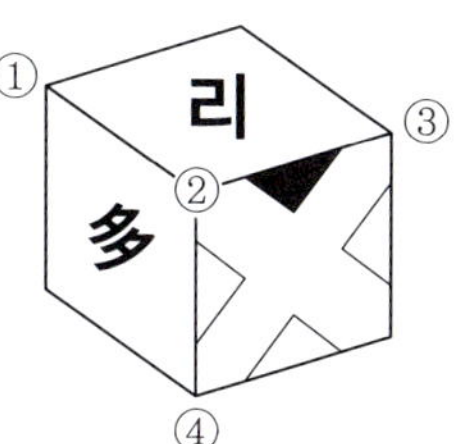

08 ④

정답해설

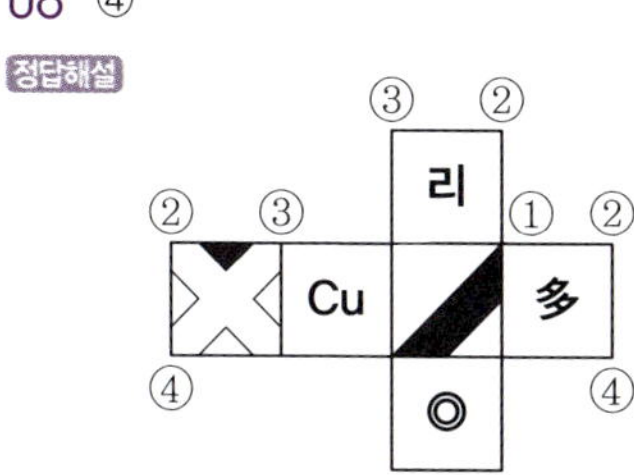 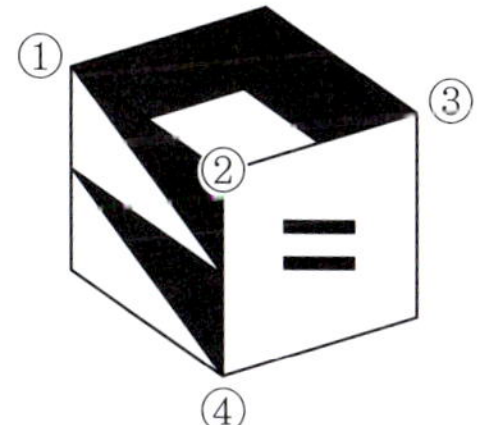

09 ④

정답해설

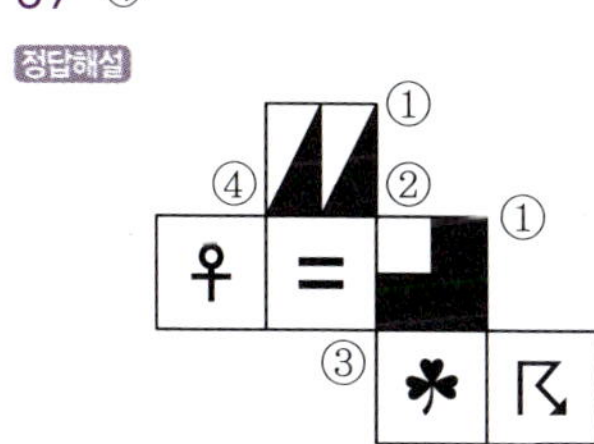 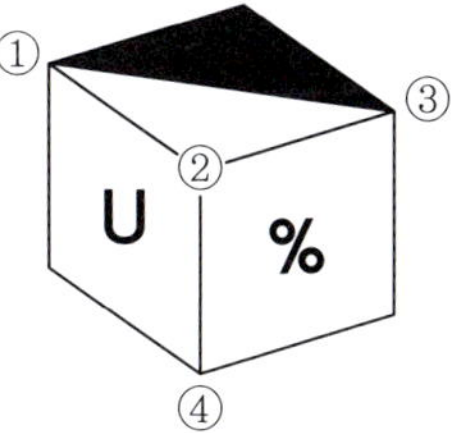

10 ②

정답해설

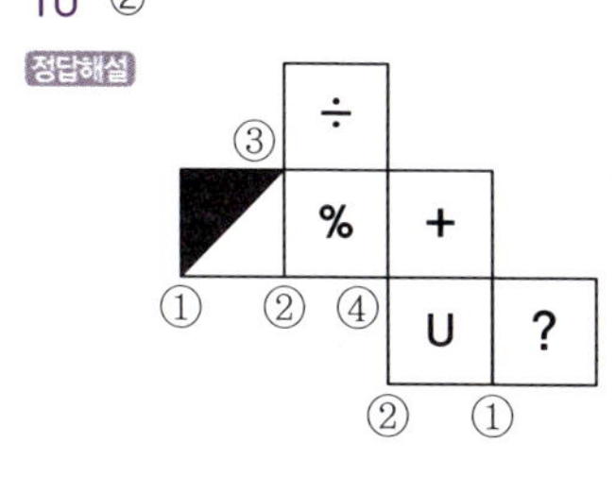

11 ③

정답해설 왼쪽 열부터 차례대로 세어 보면 5＋3＋5＋7＋4＋2＋10＋2＝38개

12 ①

정답해설 왼쪽 열부터 차례대로 세어보면 13＋6＋5＋7＋7＋2＝40개

13 ①

정답해설 왼쪽 열부터 차례대로 세어보면 2＋10＋11＋9＋10＋3＝45개

14 ①

정답해설 왼쪽 열부터 차례대로 세어보면 5＋6＋11＋3＋1＋17＋1＝44개

15 ④

정답해설 왼쪽 열부터 층을 세어 보면 '1−2−1−1−2−3−6−6'이다.

16 ③

정답해설 왼쪽 열부터 층을 세어 보면 '6−6−1−1−1−1−1'이다.

17 ①

정답해설 왼쪽 열부터 층을 세어 보면 '4−3−1−2−(1,1)−(2,2)−4−3−2'이다.

18 ③

정답해설 왼쪽 열부터 층을 세어 보면 '3−(3,1)−4−(3,1)−(1,1,1)−(1,1,1)−(1,1)−(2,1)−4−3−(1,1)'이다.

지각속도

정답	01 ②	02 ①	03 ①	04 ②	05 ②	06 ②	07 ②	08 ②	09 ②	10 ②
	11 ①	12 ①	13 ②	14 ①	15 ②	16 ①	17 ②	18 ②	19 ①	20 ①
	21 ②	22 ①	23 ②	24 ②	25 ①	26 ②	27 ③	28 ③	29 ④	30 ①

01 ②

정답해설 11 20 08 07 <u>14</u> − ♣ ♧ ♠ ♤ ◀

02 ①

03 ①

04 ②

정답해설 ◀ ▶ ♧ ♣ ♤ − 14 <u>25</u> 20 11 07

05 ②

정답해설 08 ▷ ◁ 12 <u>25</u> − ♠ 22 12 ◁ ▶

06 ②

정답해설 ↑ ↓ ↘ ↗ → − 小 山 大 <u>田</u> 文

07 ②

정답해설 ← ↘ ↘ → ↓ − 口 立 大 文 <u>山</u>

08 ②

정답해설 <u>山</u> 文 羽 田 立 − ↓ → ↗ ↗ ↘

09 ②

정답해설 小 羽 <u>田</u> 山 大 − ↑ ↗ ↗ ↓ ↘

10 ②

정답해설 → 口 <u>大</u> ↑ ↓ − 文 ← ↘ 小 山

11 ①

12 ①

13 ②

정답해설 <u>토</u>요일 일주일 일주년 수요일 − <u>975</u> 777 365 216

14 ①

15 ②

정답해설 일요일 일주일 일주년 <u>금</u>요일 − 119 777 365 <u>224</u>

16 ①

17 ②

정답해설 마늘 식물 <u>은</u>행 안경 피리 − 커피 숫자 <u>호</u>박 홍차 장구

18 ②

정답해설 사탕 안경 참새 <u>식물</u> 어름 − 종이 홍차 휴지 <u>숫자</u> 겨울

19 ①

20 ①

21 ②

정답해설 & @ $ + *_ – 전북 경기 강원 서울 부산

22 ①

23 ②

정답해설 * % @ ₩ $ – 부산 광주 경기 충남 강원

24 ②

정답해설 + * % # &_ – 서울 부산 광주 제주 전북

25 ①

26 ②

정답해설 ㄹㄵㄹㅋㄲㄹㄱㄹㄱㄱㄹㄱㅋㄱㄷㄸㄸㄸㄷ<u>ㄸ</u>ㄹㄶㄷㄲㄱㄷㄹㄱㄷㄱㄷㅋ<u>ㄸ</u>ㄸㄲㄲㅋㄹㄹㄸㄹㄷㄷㄷㄸ<u>ㄸ</u>ㄸㄷㄷ
ㄸㄵㄷㄹㅋㄷㄱㄷ

27 ③

정답해설 Driver<u>s</u> should keep a <u>s</u>afe di<u>s</u>tance from the car in front

28 ③

정답해설 버켄스탁의 열매는 대단히 매<u>혹</u>적인 향기를 갖고 있지<u>만</u> 식용이 아니<u>며</u> 그것을 <u>먹</u>을 경우 아주 심한 복통이 일어난다.

29 ④

정답해설 슌숀순숀산선숀산숀솟숏솓숀산솟숀숀순솔숏숩숀<u>송</u>솓숔숀숩솜솓숀숀숏선순샨숟숀숦션삽숀샅삭삼송슨슫

30 ①

정답해설 kgksoekr3904<u>j</u>f8264995kakfo03o1969450392kjdkf1o7q<u>4</u>o237dkw5s8d9g6w5d5s56329814df4856975w4sdf2

실전모의고사 2회

언어논리

정답										
	01 ③	02 ④	03 ③	04 ⑤	05 ③	06 ①	07 ④	08 ①	09 ③	10 ④
	11 ②	12 ⑤	13 ⑤	14 ③	15 ④	16 ②	17 ②	18 ①	19 ④	20 ⑤
	21 ⑤	22 ②	23 ④	24 ③	25 ③					

01 ③

정답해설 제시문의 "빈대 잡으려다 초가삼간 태운다."라는 속담처럼 부분적 결점을 바로잡으려다 본질을 해치는 어리석음을 의미하는 한자성어는 '교각살우(矯角殺牛)'이다. '교각살우(矯角殺牛)'란 소의 뿔을 바로잡으려다가 소를 죽인다는 뜻으로, 잘못된 점을 고치려다가 그 방법이나 정도가 지나쳐 오히려 일을 그르침을 이르는 말이다.

오답해설 ① '개과불린(改過不吝)'이란 허물을 고침에 인색(吝嗇)하지 않음을 이르는 말이다.

② '경거망동(輕擧妄動)'이란 가볍고 망령되게 행동한다는 뜻으로, 도리나 사정을 생각하지 아니하고 경솔하게 행동함을 의미한다.

④ '부화뇌동(附和雷同)'이란 우레 소리에 맞춰 함께한다는 뜻으로, 자신의 뚜렷한 소신 없이 그저 남이 하는 대로 따라가는 것을 의미한다.

⑤ '권토중래(捲土重來)'란 한번 싸움에 패하였다가 다시 힘을 길러 쳐들어오는 일, 또는 어떤 일에 실패한 뒤 다시 힘을 쌓아 그 일에 재차 착수하는 일을 의미한다.

02 ④

정답해설 교씨는 결국 처형되고 사씨는 누명을 벗는 등 모든 일이 바른 길로 돌아오게 되었으니 '사필귀정'이 이 상황에서 가장 적절한 한자 성어이다.

오답해설 ① 교언영색(巧言令色) : 남에게 잘 보이려고 그럴듯하게 꾸며 대는 말과 알랑거리는 태도를 뜻한다.

② 절치부심(切齒腐心) : 이를 갈면서 속을 썩인다는 뜻으로, 매우 분하여 한을 품음을 이르는 말이다.

③ 만시지탄(晚時之歎) : 어떤 일에 알맞은 때가 지났음을 안타까워하는 탄식을 말한다.

⑤ 마이동풍(馬耳東風) : 말 귀에 봄바람이 스쳐간다는 뜻으로 남의 말을 귀담아듣지 않고 흘려버림 또는 전혀 관심이 없음을 비유이다.

03 ③

정답해설 '소 궁둥이에다 꼴을 던진다'는 속담은 '아무리 힘쓰고 밑천을 들여도 보람이 없음을 비유적으로 이르는 말', '몹시 둔하여 깨닫지 못할 사람에게는 아무리 교육을 시켜도 효능이 없음을 비유적으로 이르는 말'을 뜻한다.

오답해설 ① 몹시 뻔뻔스러운 사람을 두고 하는 말

② 재물 따위를 조금씩 조금씩 알뜰하게 모음을 이르는 말

④ 변명의 여지가 없음

⑤ 음식을 가리지 않고 마구 먹음

04 ⑤

정답해설 '호사가'는 '남의 일에 특별히 흥미를 가지고 말하기 좋아하는 사람' 또는 '일을 벌이기를 좋아하는 사람'을 의미한다.

"

05 ③

정답해설 ①, ②, ④, ⑤는 동음이의(同音異義) 관계에 있는 단어들이다. ③의 '길'은 앞 문장에서는 '사람이나 동물 또는 자동차 따위가 지나갈 수 있게 땅 위에 낸 일정한 너비의 공간'의 의미, 뒤 문장에서는 '시간의 흐름에 따라 개인의 삶이나 사회적·역사적 발전 따위가 전개되는 과정'의 의미로 쓰였다. 의미상 서로 관련이 있으므로 다의 관계로 보아야 한다.

06 ①

정답해설 '마음을 몹시 아프게 하다'를 뜻하는 표준어는 '에다'이다.

오답해설 ② '설레는'이 바른 표현이다.

③ '십상'이 바른 표현이다.

④ '바라다'에서 온 말이므로 '바람'이 바른 표현이다.

⑤ '눈초리'가 바른 표현으로, '눈꼬리'는 귀 쪽으로 가늘게 좁혀진 눈의 가장자리를 말한다.

07 ④

정답해설 '도대체 이게 얼마 만인가'에서 '-만'은 '동안이 얼마간 계속되었음'을 나타내는 의존 명사로 띄어 쓰는 것이 원칙이다.

오답해설 ① 좋아할만 한 → 좋아할 만한 : '만한'은 '만하다'라는 보조 용언의 어간에 관형사형 어미 'ㄴ'이 붙은 형태로 앞말과 띄어 쓰는 것을 원칙으로 한다.

② 살만도 → 살 만도 : '살만도'에서 '-만'은 의존 명사이므로 띄어 쓰는 것이 맞다.

③ 사흘만에 → 사흘 만에 : '사흘만에'에서 '-만'은 기간이 얼마간 계속되었음을 나타내는 의존 명사이므로 띄어 쓰는 것이 맞는 표현이다.

⑤ 옳은 지 → 옳은지 : '지'는 의존 명사일 때 앞말과 띄어 쓰는 것이 맞지만 '-ㄴ지/-ㄹ지'와 같이 추측이나 짐작을 나타낼 때에는 붙여 쓰는 것을 원칙으로 한다.

08 ①

정답해설 '십리'는 'ㅂ'과 'ㄹ'이 만나 자음동화가 일어나며 상호동화가 일어나므로 [심니]로 발음해야 한다.

오답해설 ② '옷 안'은 실질 형태소끼리 결합하였으므로 음절의 끝소리 규칙을 적용한 뒤 연음시켜 [오단]으로 발음해야 한다.

③ '갈등'은 한자어로 된 어휘에서 'ㄹ' 뒤에 된소리가 나면 된소리로 발음하는 것이 원칙이므로 [갈뜽]으로 발음해야 한다.

④ '침략'은 'ㅁ'과 'ㄹ'이 만나 유음화가 일어나므로 [침냑]이 표준 발음이다.

⑤ '국민윤리'는 우선 자음동화가 일어나 [궁민]이 되며 '윤리'를 연이어 발음하면서 'ㄴ'이 첨가되며 'ㄴ'과 'ㄹ'이 만나 설측음화가 일어나므로 [궁민뉼리]로 발음하는 것이 표준 발음이다.

09 ③

정답해설 '-ㄹ게'는 어떤 행동을 할 것을 약속하는 뜻을 나타내는 종결어미이므로 '내가 할게'처럼 1인칭 주어와 호응한다. 상대에게 어떤 행동을 하도록 요청하는 경우에 '-ㄹ게'가 쓰이는 것은 자연스럽지 않으므로 'ⓒ 들어가실게요'는 올바른 표현이 아니다.

10 ④

정답해설 객체높임법은 말하는 이가 문장의 목적어나 부사어에 해당하는 대상, 곧 서술의 객체를 높이는 표현이다. '아버님 뵌 지도 오래되었는데, 안부 전화나 드려야겠어요.'에서는 동사 '하다' 대신에 '드리다'를 사용하여 객체인 '아버님'을 높이고 있다.

11 ②

정답해설 제시문은 유구와 일본이 중국 문물과 기예를 배워 나라의 이익을 도모한 것처럼 우리나라도 중국 문물과 기예를 보다 적극적으로 수용하자는 것을 핵심 내용으로 하고 있다.

오답해설 ① 막연히 유구와 일본을 배우자는 것이 아니라, 그들이 중국의 문화를 적극적으로 수용한 것을 본받자는 내용이다.

⑤ '중국 문화의 적극적인 수용'에 대한 내용이며, 반드시 유구와 일본을 통해 중국 문화를 수용하자는 것은 아니다.

12 ⑤

정답해설 '세종 계획에 대한 연구 결과'라는 객관적인 사실에 대해 발표하는 상황이므로 청중의 반응에 따라서 자신의 생각을 바꾸어서는 안 된다.

오답해설 ① 연구 결과를 발표할 때에는 청중에게 결과물을 충분히 이해시키는 것이 중요하다.
② 발표 시간을 잘 분배하여야 효과적으로 정보를 전달할 수 있다.
③ 쾌활한 인상과 함께 청중들에게 성의를 가지고 말하는 것은 효과적인 말하기의 기본적인 사항이다.
④ 발표의 목적 중 하나는 청중에게 도움이 되는 정보를 제공하는 것이다.

13 ⑤

정답해설 (마)는 논지를 분명히 하는 동시에 논의를 마무리 짓고 있다.

14 ③

정답해설 지문에 등장한 진보의 과정은 첫째, 반사회성, 둘째, 인간 사이의 갈등, 셋째, 소질의 계발, 넷째, 지속적인 계몽, 다섯째, 성숙한 사유방식의 확립이다.

15 ④

정답해설 뒤이어 나오는 내용이 피부색의 변화에 관련된 것이므로 인종을 구분 짓는 차이점으로 '피부색'이 큰 부분을 차지하고 있음을 짐작할 수 있다.

16 ②

정답해설 원형 감옥에서 죄수는 감시자를 볼 수 없으므로 감시 여부를 알 수 없으며, 이로 인해 간수가 죄수를 통제하는 것 외에 죄수가 스스로 자신을 억제·통제하는 이중적 통제 장치가 된다.

오답해설 ① 감시자와 죄수 간의 시선이 차단될 뿐 시선의 불균형을 확인시키는 장치는 아니다.
③ 원형 감옥은 받아들여지지 않았으므로 이후 이것이 다른 사회 부분에 적용되었다고 보기도 어렵다. 또한 이는 이글의 내용만으로는 추론할 수 없다.
④ 원형 감옥은 관찰자를 전지전능한 신의 위치로 격상시키기 위해 고안된 것이 아니다.
⑤ 원형 감옥은 피관찰자인 죄수들이 언제나 감시받고 있다는 느낌을 받게 하여 죄수가 스스로를 감시하는 효과를 얻는다.

17 ②

정답해설 지시문의 두 번째 문단에서, 국가 이익 중 중복되는 부분이 아무리 증가해도 이익이 같아질 수는 없으며, 따라서 이익 간의 충돌은 사라지지 않고 단지 수정되고 변형될 뿐이라 했다.

오답해설 ① 제시문의 내용을 통해 예측하기 어려운 내용이다.
③ 제시문에서 궁극적으로는 실현 불가능하다고 본 것은 '국가 간 이익의 자연스러운 조화'이다.
④ 제시문에서 이익이 자연스럽게 조화되는 일은 상호의존과 진보된 기술로부터 나오지는 않을 것이라고 했다.
⑤ 제시문을 통해서는 알 수 없다.

18 ①

정답해설 ㉠ 앞에서 말한 일(연주의 의미)이 뒤에서 말할 일(연주자의 역할)의 원인, 이유, 근거가 됨을 나타내는 접속부사인 '따라서'가 들어가야 한다.
㉡ 앞에서 말한 것을 풀어서 말하고 있으므로, '다시 말해'가 들어가는 것이 적절하다.
㉢ 앞서서 18세기의 연주의 개념에 대해 설명하고, 이어서 19세기 연주의 개념으로 내용이 전환되므로 상반된 사실을 이어주는 접속 부사 '하지만'이 들어가야 한다.

핵심정리 **접속어의 종류**
  • 순접관계 : 앞뒤의 내용이 상반되지 않고 앞의 내용을 이어받아 연결되는 것을 말한다.

· 역접관계 : 앞의 내용과 다르거나 부정하는 내용이 연결되는 것을 말한다.
　　예 그래도, 반면에, 하지만, 다만 등
· 인과관계 : 앞문장이 뒤에 오는 문장과 원인과 결과로 연결되는 것을 말한다.
　　예 그러니까, 왜냐하면, 따라서 등
· 대등관계 : 앞뒤의 내용이 같은 자격으로 나열되어 연결되는 것을 말한다.
　　예 혹은, 및, 그리고 등
· 전환 : 앞의 내용과 다른 생각이나 사실을 말하여 화제를 바꾸는 것을 말한다.
　　예 그런데, 그러면, 아무튼 등

19 ④

정답해설 '기억'은 과거를 그대로 재현하는 것이 아니라 주관적인 인식과 시대적 상황, 선입견 등에 의해 재구성되고 왜곡되기 때문에 진리를 판단하는 규범이라고 보기는 어렵다.

20 ⑤

정답해설 윗글에서 석가탑의 탑신과 옥개는 상층으로 올라가면서 폭과 높이가 줄어들도록 만들어져 있어 전체적으로 균제미(均齊美)가 드러난다고 하였고, 상층 기단 괴임의 하단 모서리는 둥글게, 상단 모서리는 각지게 변화를 주어 율동감을 느끼게 한다고 했으므로 직선적 미감에 곡선미를 가미했다는 설명은 옳다.

오답해설 ① 윗글에서 기단부의 하층은 낮지만 넓게, 상층은 다소 좁지만 높게 구성되어서 안정감을 준다고 서술되어 있으므로, 하층보다 상층의 높이를 줄인 것이 아니다.
② 윗글에서 살며시 추켜올려진 옥개의 전각은 직선 중심의 강한 외관을 반전시키고 있다고 서술되어 있으므로, 직선적 조형이 아니다.
③ 윗글에서 현재의 상륜부는 신라 시대에 제작된 다른 석탑의 것을 본떠 근래에 새롭게 만든 것이라고 서술되어 있으므로, 현대적인 것이 아니다.
④ 윗글에서 석가탑은 수십 개의 석재들이 정교하게 하나의 구조물로 짜 맞추어져 있어 정치(精緻)한 아름다움을 보인다고 서술되어 있으므로, 목조의 형식이 아니다.

21 ⑤

정답해설 지문에서는 관리자가 직원에게 충고를 할 때, 당사자가 난감해하거나 반발이 생길 수 있으므로 성격을 개입시키는 것은 옳지 않은 방법이라고 말하고 있다.

22 ②

정답해설 윗글에서 어떤 사물에 대해 그림을 그리듯이 생생하게 표현하는 묘사의 서술 방식은 사용되지 않았다.

오답해설 ① '사람을 예로 들어 보자.'라고 하며 예시의 진술 방식을 사용하였다.
③, ④ "'본질'이 존재론적 개념이라면 거기에 언어적으로 상관하는 것은 '정의'이다.'의 문장에서 대조와 정의의 진술 방식이 사용되었다.
⑤ 반례의 예시에서 2개 이상을 열거하였다.

23 ④

정답해설 본문의 마지막 부분에서 '사물의 본질이라는 것은 단지 인간의 가치가 투영된 것에 지나지 않는다는 것이 반본질주의의 주장이다.'라고 한 것에서 알 수 있다.

오답해설 ①, ②, ③, ⑤ 본질주의에 해당하는 내용이다.

24 ③

정답해설 글의 논리적 순서를 파악하기 위해서는 접속어와 지시어에 유의하여야 한다. (다)에서 화제를 제시하고 있다. '그러나'라는 역접의 접속어가 사용되고 밤에도 빛을 이용하게 되었다는 내용이 제시되었으므로 (다) 뒤에 (라)가 위치하는 것이 적절하다. 이후 '그'가 가리키는 것은 (라)에서 언급한 밤에 인간의 활동이 많아졌다는 내용이므로 (라)에 이어지는 것은 (가)이다. (나)의 '그'가 가리키는 것은 (가)에서 언급한 '인류의 문명 발달'이므로 (가)에 이어지는 것이 적절하다.

25 ③

정답해설 제시된 (가)~(라)의 내용을 검토해 보면 다음과 같다.
(가) 이질화 극복의 구체적 방법의 제시
(나) 이질화 극복의 단계(과정)의 제시
(다) 남북언어의 이질화 상황 및 동질성 회복(문제제기)
(라) 이질화 극복을 위한 우선적 절차의 제시(이질화 극복을 위한 전제)
따라서 ③의 순서가 논리적으로 가장 적절하다.

자료해석

정답									
01 ③	02 ①	03 ①	04 ④	05 ②	06 ④	07 ②	08 ④	09 ②	10 ④
11 ④	12 ③	13 ②	14 ③	15 ④	16 ①	17 ④	18 ②	19 ②	20 ①

01 ③

정답해설 현재 딸의 나이 : x, 현재 어머니의 나이 : y
$x+y=64 \cdots$ ①
$y-8=3(x-8)$, $y=3x-16 \cdots$ ②
①과 ②를 연립해서 풀면
$x+3x-16=64$, $4x=80$
$\therefore x=20$(세)

02 ①

정답해설 자연수 5개의 중앙값이 83이고 최빈값이 85이므로, 자연수의 5개는 ㅇ, ㅇ, 83, 85, 85이다. 가장 큰 수와 가장 작은 수의 차가 70이므로 가장 작은 수는 15이다. 평균이 69이므로 두 번째로 작은 수를 구하면
$(15+ㅇ+83+85+85) \div 5=69$, ㅇ$=77$

03 ①

정답해설 집에서 출발한 시간 : 10시−1시간 15분+10분+15분+20분=9시 30분
각 시간의 각도 : 360÷12=30°
시침이 움직인 각도 : 30×9+30×0.5=270+15=285°
분침이 움직인 각도 : 30×6=180°
$\therefore 285°-180°=105°$

04 ④

정답해설 주어진 조건에 따라 상의와 하의를 구분하면 다음과 같다.

구분	상의	하의
갑	흰색	파란색
을	검정색	분홍색
병	분홍색	흰색
정	파란색	노란색
무	노란색	검정색

따라서 정의 하의는 노란색이다.

05 ②

정답해설 5%의 식염수 200g의 식염 양 : $200 \times \dfrac{5}{100} = 10(\mathrm{g})$

10%의 식염수 200g의 식염 양 : $200 \times \dfrac{10}{100} = 20(\mathrm{g})$

$\therefore \dfrac{10+20}{200+200} \times 100 = 7.5(\%)$

06 ④

정답해설 정상가격을 a라 하면 20% 할인했을 때의 가격은

$a - 0.2a = 0.8a$

30% 추가 할인했을 때의 가격은

$0.8a - (0.8 \times 0.3)a = 0.56a$

$\therefore$ 세일 기간에는 물품을 정상가격에서 44% 할인하여 판매한다.

07 ②

정답해설 총 소요시간 $= \dfrac{\text{총 작업량}}{\text{평균 작업량}}$ 이므로 전체 작업량을 1이라고 하면,

처음 2분간 A의 작업량 : $\dfrac{2}{12}$

나머지 작업량 : $\dfrac{10}{12}$

나머지 복사 시간 : $\dfrac{10}{12} \div \left(\dfrac{1}{12} + \dfrac{1}{8} \right) = 4(\text{분})$

$\therefore$ 총 걸리는 시간 : $2 + 4 = 6(\text{분})$

핵심정리 **일의 양**

전체 일의 양을 1이라 하면 다음의 공식이 성립한다.

- 작업속도 $= \dfrac{1}{\text{걸리는 시간}}$
- 걸리는 시간 $= \dfrac{\text{일의 양}}{\text{작업속도}}$

08 ④

정답해설 보증기간 내에 A/S가 신청된 10개의 제품 중 3개를 선택하여 적어도 1개가 제품 불량이라는 것은, 1개나 2개, 또는 3개 모두가 불량인 경우를 말한다. 이는 전체 확률에서 선택한 3개 제품 모두 불량이 아닐 확률을 빼주면 된다.

A/S가 신청된 10개의 제품에서 임의로 3개의 제품을 선택할 때 3개 모두 제품 불량이 아닐 확률은

'$\dfrac{7}{10} \times \dfrac{6}{9} \times \dfrac{5}{8} = \dfrac{7}{24}$'이 된다.

따라서 3개의 제품을 선택할 때 적어도 1개가 불량품일 확률은 '$1 - \dfrac{7}{24} = \dfrac{17}{24}$'이다.

09 ②

정답해설 일본의 노동인구 천 명당 연구원 수가 8명이므로 노동인구 500명당 연구원 수를 x라 하면
$1,000 : 8 = 500 : x$, $x = 4$(명)
따라서 일본의 노동인구 500명당 연구원 수는 4명이다.

10 ④

정답해설 2025년 가구원 1인당 경지면적이 가장 큰 영농형태는 특용작물임을 표를 통해 바로 알 수 있다.

11 ④

정답해설 9,500만 원×0.004＝38만 원이다. 그러나 한도액인 30만 원을 넘었으므로 최대 수수료는 30만 원이 된다.

12 ③

정답해설 2024년에는 인도의 농촌 인구(749백만 명)가 중국의 농촌 인구(744백만 명)를 앞지른다.

오답해설 ① 2010년 중국 인구는 1,278백만 명으로 같은 해의 인도와 파키스탄 인구의 합인 1,170백만 명보다 많다.

④ 2010년 인도의 도시 인구는 288백만 명으로 2024년 파키스탄 전체 인구(281백만 명) 혹은 인도네시아 전체 인구(284백만 명)보다도 많다.

13 ②

정답해설 (가)에서 야생 동물의 교통사고의 원인으로 자동차 과속을 들고 있으므로 속도를 줄일수록 사고를 줄일 수 있다고 해석할 수 있다. 또한 (다)에서 속도가 낮을 때 배출되는 일산화탄소의 농도가 더 높게 나타나므로 ②가 적절하지 않다.

오답해설 ① (나)에서는 교통 혼잡비용이 증가하는 것을 보여주고 있으므로 이를 통해 '교통 혼잡을 개선하기 위해서 도로를 신설'해야 한다는 내용을, (가)에서는 생태 도로가 동물의 행동 특성을 고려하지 못했다고 했으므로 이를 통해 '동물의 행동 특성을 고려한 생태 도로'를 만들어야 한다는 내용을 이끌어낼 수 있다.

③ (나)를 통해 교통이 혼잡하면 사회적 비용이 증가한다는 내용을 알 수 있다. 또 교통이 혼잡하면 속도가 줄어들게 되는데 (다)를 통해 속도가 줄면 자동차 배출 가스의 오염 물질 농도가 증가한다는 것을 알 수 있다.

④ (다)는 일산화탄소의 농도를 차량의 종류(승용차, 트럭·버스)와 속도에 따라 제시하였으므로 적절한 내용이다.

14 ③

정답해설 2023년의 설문에서 자원봉사라고 응답한 사람은 모두 5명이다. 2024년 같은 항목에 응답한 사람은 모두 20명이므로 전년 대비 15명 증가했다.

따라서 2023년 대비 2024년은 $\dfrac{15}{5} \times 100 = 300(\%)$ 증가했다.

15 ④

정답해설 2023년 신·재생에너지 발전량비율＝$\dfrac{37,079}{560,974} \times 100 = 6.61$

2024년 신·재생에너지 발전량비율＝$\dfrac{40,656}{561,826} \times 100 = 7.24$

따라서 전년대비 2024년 신·재생에너지발전량비율은 $7.24 - 6.61 = 0.63\%$ 증가했다.

16 ①

정답해설 병의 조언을 통해 D가 가장 먼저 일어났다는 사실을 알 수 있다. 다음으로 갑의 조언에서 'B−A−E' 또는 'E−A−B'의 순서가 되며, 을의 조언에서 'A−C−D' 또는 'D−C−A'의 순서가 된다는 것을 알 수 있다. 그런데 D가 가장 먼저 일어났다는 것은 참이므로, 을의 조언에서 'D−C−A'의 순서만 참이 된다. 정의 조언에 따라 A와 C는 연이어 일어나지 않았으므로, D−C−A에 갑의 조언을 연결시키면 'D−C−B−A−E' 또는 'D−C−E−A−B'가 참이 된다는 것을

알 수 있다. 따라서 어떤 경우이든 네 번째로 일어난 사건은 'A'가 된다.

17 ④

 60대 이상 2012년 투표율은 지난 선거 대비 4.6% 늘었다. 투표자는 주어진 자료에서 알 수 없다.

18 ②

 경쟁률은 합격자 수 대비 응시자 수를 말하므로, 합격자 수가 1일 때 응시자 수의 비를 구하면 된다. 우선, 인문과학부의 경쟁률을 구하면, '$1 : 1,000 = x : 2,400$'에서 '$x=2.4$'이므로 경쟁률은 '$1 : 2.4$'이다. 마찬가지 방법으로 경쟁률을 구하면, 사회과학부의 경쟁률은 '$1 : 1,450 = x : 3,600$'이므로 대략 '$1 : 2.5$', 자연과학부의 경쟁률은 '$1 : 850 = x : 1,950$'이므로 대략 '$1 : 2.3$', 법학부의 경쟁률은 '$1 : 700 = x : 1,650$'이므로 대략 '$1 : 2.4$'이다. 따라서 가장 경쟁률이 높은 학과는 사회과학부이다.

19 ②

 1분기 A제품의 총 생산액은 '$(4,200+4,500+5,000) \times 3,000 = 41,100,000$(원)'이며, B제품의 총 생산액은 '$(2,600+2,500+2,800) \times 5,500 = 43,450,000$(원)'이다. 따라서 이 공장의 1분기 총 생산액은 84,550,000(원)이다.

20 ①

 각 제품의 월별 생산액과 그 차이를 구하면 다음과 같다.

구분	A제품 생산액	B제품 생산액	차액
1월	$4,200 \times 3,000 = 12,600,000$(원)	$2,600 \times 5,500 = 14,300,000$(원)	170만 원
2월	$4,500 \times 3,000 = 13,500,000$(원)	$2,500 \times 5,500 = 13,750,000$(원)	25만 원
3월	$5,000 \times 3,000 = 15,000,000$(원)	$2,800 \times 5,500 = 15,400,000$(원)	40만 원

따라서 월 생산액의 차가 가장 큰 달은 1월, 가장 작은 달은 2월이다.

공간능력

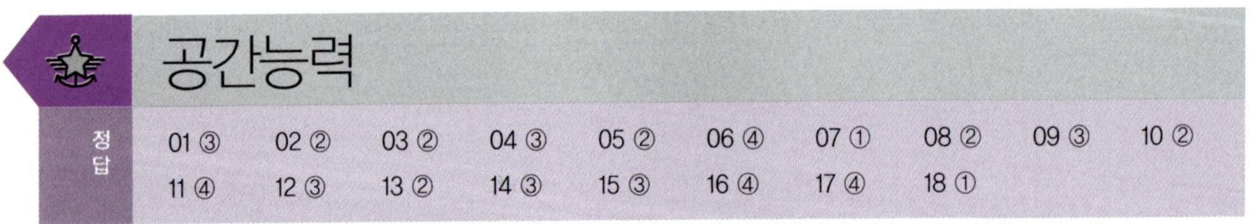

정답	01 ③	02 ②	03 ②	04 ③	05 ②	06 ④	07 ①	08 ②	09 ③	10 ②
	11 ④	12 ③	13 ②	14 ③	15 ③	16 ④	17 ④	18 ①		

01 ③

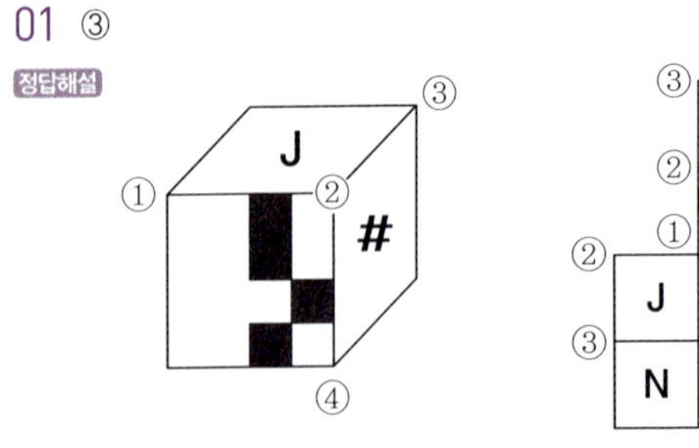

02 ②

정답해설

03 ②

정답해설

04 ③

정답해설

05 ②

정답해설

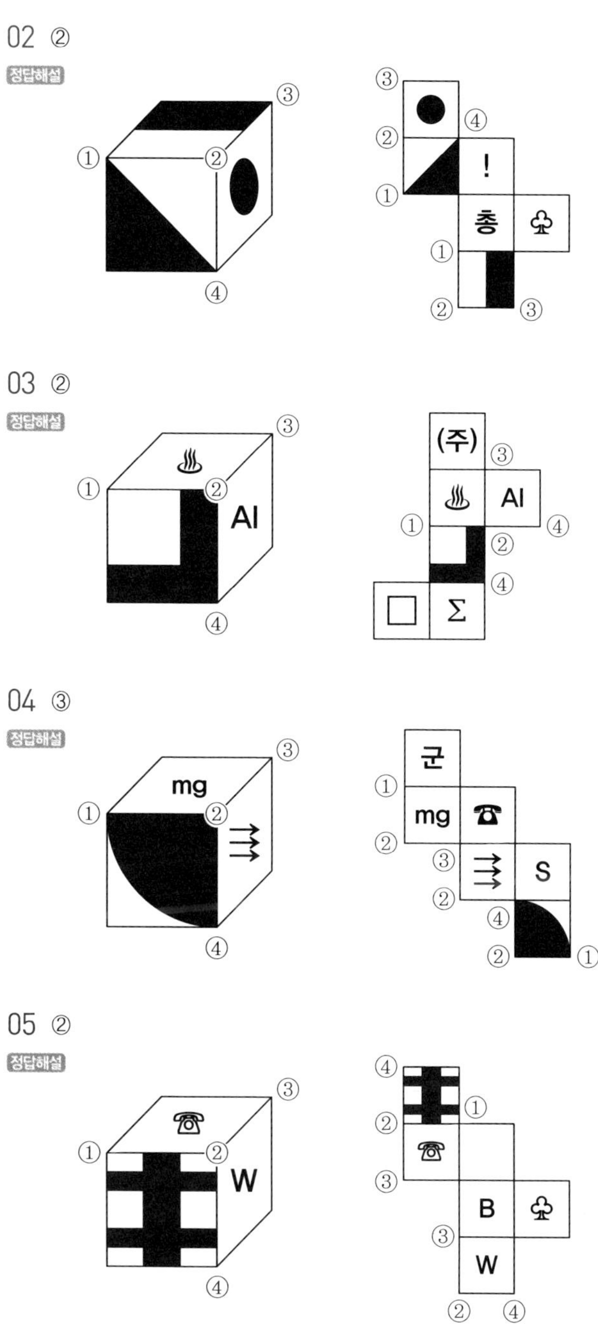

06 ④
[정답해설]

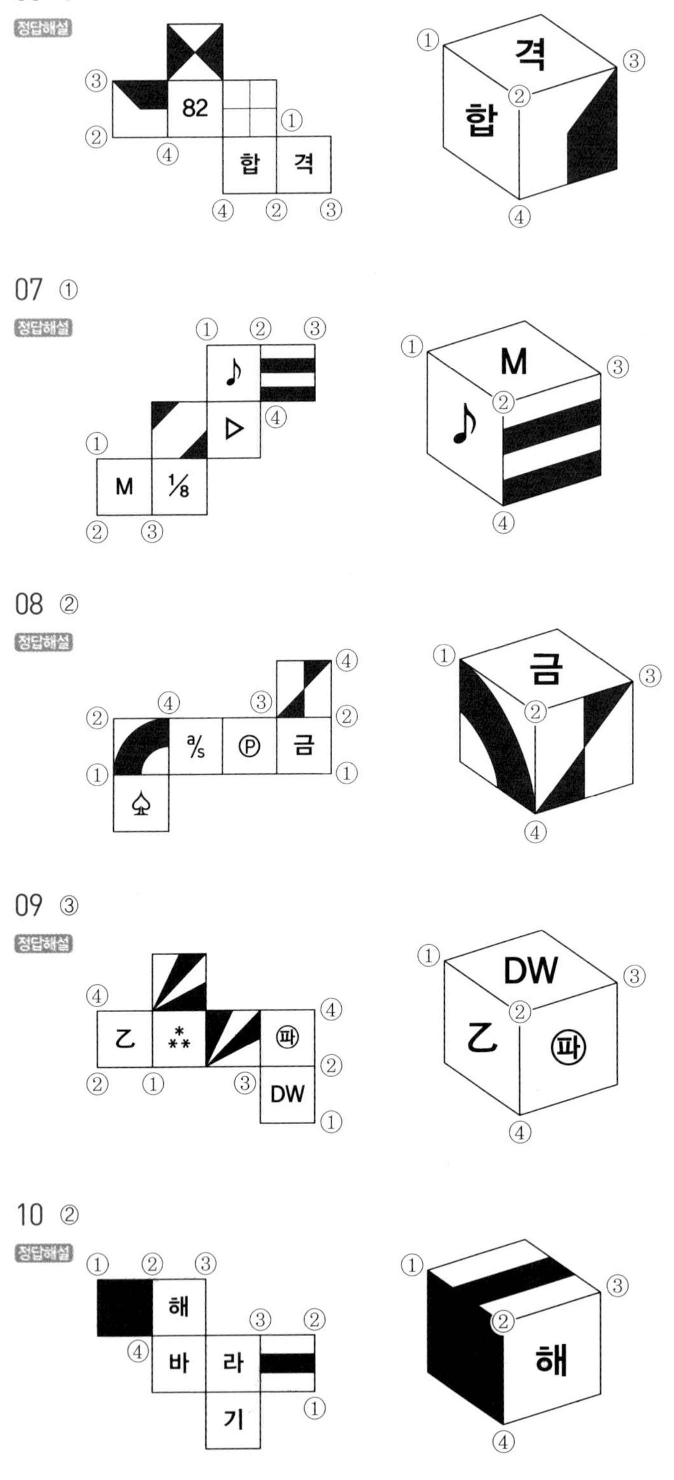

07 ①
[정답해설]

08 ②
[정답해설]

09 ③
[정답해설]

10 ②
[정답해설]

11 ④

정답해설 왼쪽 열부터 차례대로 세어 보면 13＋9＋8＋5＋8＝43개

12 ③

정답해설 왼쪽 열부터 차례대로 세어 보면 8＋9＋8＋7＋7＋8＋1＋2＝50개

13 ②

정답해설 왼쪽 열부터 차례대로 세어보면 12＋7＋5＋4＋7＋11＋7＋3＝56개

14 ③

정답해설 왼쪽 열부터 차례대로 세어보면 7＋8＋5＋6＋5＋6＝37개

15 ③

정답해설 왼쪽 열부터 층을 세어 보면 '4－3－3－2－5－2－3－4－1－1－0－1'이다.

16 ④

정답해설 왼쪽 열부터 층을 세어 보면 '1－3－4－3－3－4－3－3－1－3－2－1'이다.

17 ④

정답해설 왼쪽 열부터 층을 세어 보면 '3－3－4－7'이다.

18 ①

정답해설 왼쪽 열부터 층을 세어 보면 '4－5－2－2－1－1'이다.

지각속도

정답										
01 ①	02 ②	03 ①	04 ②	05 ①	06 ②	07 ①	08 ①	09 ①	10 ②
11 ①	12 ②	13 ①	14 ②	15 ①	16 ①	17 ②	18 ①	19 ②	20 ①
21 ②	22 ①	23 ①	24 ①	25 ②	26 ④	27 ③	28 ③	29 ①	30 ③

01 ①

02 ②

정답해설 ｈｇｃｅｄ － 공 부 육 성 군

03 ①

04 ②
정답해설 관 사 부 군 육 – f b g d c

05 ①

06 ②
정답해설 @ * % & ~ – 강릉 대전 수원 부산 제주

07 ①

08 ①

09 ①

10 ②
정답해설 ! 수원 @ # 제주 – 독도 % 강릉 인천 ~

11 ①

12 ②
정답해설 water mouth sugar woman – 맹자 농부 거지 부장

13 ①

14 ②
정답해설 paper money water candy – 기지 부자 맹자 놀부

15 ①

16 ①

17 ②
정답해설 ㊿ ㊺ ⑰ ㉖ – Ø ㄴ Ð ㅒ

18 ①

19 ②
정답해설 ㉜ ㉖ ㊳ ㊿ – IJ ㅒ ㄸ Ø

20 ①

21 ②

정답해설 honest patient foolish superb – 황보 선우 남궁 독고

22 ①

23 ①

24 ①

25 ②

정답해설 positive blossom charming foolish – 제갈 황목 어금 남궁

26 ④

정답해설 전쟁억제에 기여한다. 지상전에서 승리한다. 국민편익을 지원한다. 정예강군을 육성한다.

27 ③

정답해설 부사관이란 병사와 장교 사이의 중간 간부로서 각급 제대의 지휘관을 보좌하고, 사병의 업무를 감독, 지시, 통제한다.

28 ③

정답해설 강강강강검검강강강강경강강경강강강경강강경강강검강강검강강검강강강강강강강강경강강강강강강강강강검강강강강강

29 ①

정답해설 There are difficulties that we cannot deal with right away, or perhaps ever.

30 ③

정답해설 People unconsciously signal that they are lying through inconsistencies in their nonverbal behavior.